Sebastian Schnoy
Von Krösus lernen, wie man den Goldesel melkt

Inhalt

Ohne Moos nix los?

Das Ende des Kapitalismus: Traum und Albtraum – Warum die DDR am Geld gescheitert ist – Demontage – Sabotage – Blamage – Go West! – Junkerland in Bauernhand – Eine kapitalistische Insel in der DDR ist grün – Wer braucht schon Innovation? – Die Sache mit der Freiheit – Als die DDR Ikea erfand – War doch nicht alles schlecht – Sag Honecker, ich habe geweint – Wie der Sozialismus fast die Kurve bekommen hätte – Frankreichs Sozialismus in 100 Tagen – Kommunismus als Hobby – Das Missverständnis mit der Natur

»Was ist letzte Preis?«

Irgendwas muss man ja tun – Die Freiheit, die Unfreiheit zu wählen – Von den unverkäuflichen Dingen – Wenn Kinder sparen

Was uns lieb und teuer ist

Wachstum, Konzerne und anderes Teufelszeug – Sind wir zu viele? – Ein neuer Prophet: Michael Braungart – Die Globalisierung des Glücks

»Über Geld redet man nicht.«
Großmutter

1
Warum denken die Deutschen öfter ans Geld als an die Liebe?

»Als ich klein war, glaubte ich,
Geld sei das Wichtigste im Leben.
Heute, da ich alt bin, weiß ich, es stimmt.«

Oscar Wilde

Umzüge waren die letzte Sache in meinem Leben, die noch ohne Geld ablief. Zog ich um, waren rund acht Freunde zur Stelle, meine Mutter machte Kartoffelsalat, es wurde geschleppt, gelacht und am Ende Bier getrunken. Als ich vor einem Jahr erneut den Stadtteil wechselte, stöhnten auch meine treuesten Kumpel am Telefon: »Wieso lässt du das nicht eine Spedition machen?« Dabei ging es doch nur um vier Stunden Arbeit für einen Freund. Sehnsüchtig dachte ich an die Familie meines Nachbarn Dimitri, der aus Russland stammt. Als er in die Wohnung neben mir einziehen wollte, erschienen zunächst zahllose Cousins und Freunde, die ihm alle Zimmer strichen und eine neue Küche einbauten. Für den Umzug selbst hatte er nicht nur unzählige Helfer, einer war sogar im Besitz eines Lkw. Das

11

Buffet seiner Mutter reichte selbst für mich als nicht helfenden Nachbarn, der nur zufällig durchs Treppenhaus gegangen war. »Komm, Sebastian, iiiiß was«, sagte er mit dem spitzen »i«, das er aus Jekaterinenburg mitgebracht hatte.

Dimitri sparte sich aber nicht nur die Maler, die Spedition und den Cateringservice – in der Zeit nach seinem Einzug bemerkte ich, dass er sich auch in anderen Lebensbereichen weitgehend aus dem Geldsystem raushielt. Wenn seine Tochter mit Fieber zu Hause bleiben musste, zogen vorübergehend die Großeltern ein. Wenn mein Sohn erkrankt war, mussten meine Frau und ich ein kostspieliges Kindermädchen engagieren, da meine Eltern am Telefon sagten: »Wir fahren doch morgen nach Martinique, das Essen soll sehr gut sein auf der Queen Mary.«

Wenn Dimitri in den Urlaub fuhr, besuchte er stets irgendeinen seiner Verwandten, die sich über ganz Europa verteilt hatten. Sogar in London wohnte ein Schwager. Ich musste dort für viel Geld ein Hotelzimmer buchen. Er hatte Freunde, die ihm das Auto reparierten. Ich muss bis heute zum Audi-Händler und hasse ihn für Gespräche wie dieses: »Die Inspektion lief tadellos, Herr Schnoy, Ihr Wagen hat nichts.«

»Klasse!«

»Das macht dann 623,56 Euro. Zahlen Sie mit Karte?«

Dimitri vermied jede Art von Ausgaben. Das akzeptierte sogar der Mann von der GEZ, deren Geldeintreiber in

Deutschland eigentlich als besonders hartnäckig gelten. Als dieser bei ihm klingelte, wurde ich von empörtem Russisch aufgeschreckt, das durch den Hausflur tönte. Durch den Spion sah ich, dass er den Mann durch den Flur führte und rief:»Heizung kaputt! Wann Sie machen heil?« Das waren dann auch die einzigen deutschen Wörter, die er in diesem Gespräch benutzte. Später sagte er mir dazu lächelnd:»Jetzt habe ich wieder Ruhe.«

Er war weder in einem Sportclub Mitglied noch im ADAC. Buchte keine Pauschalreisen und bestellte nichts im Internet. Als an sich marktliberal eingestellter Bürger machte ich im Geiste eine Liste. Auf die notierte ich Dimitris Partys, die ohne DJ und Cateringervice auskamen, die Tochter, die Klavier bei seiner Schwester lernte, und die Oma, die gegen alle möglichen Krankheiten ein Mittel »von zu Hause« anfertigen konnte. Alles zusammen belief sich der volkswirtschaftliche Schaden, den allein die Familie von Dimitri Jahr für Jahr anrichtete, auf mindestens 30 000 Euro. Man muss kein Volkswirt sein, um diese Summe auf alle ähnlich lebenden Familien hochzurechnen und dabei auf einen Millionenschaden zu kommen. Ein Heer von Erzieherinnen, Heilpraktikerinnen, Mechanikern, Musiklehrern und Handwerkern blieb arbeitslos, weil ein Teil der Bevölkerung einfach alles selbst machte. Ein Skandal!

Als Dimitris Ehe kriselte, hörte ich erst laute Wortwechsel durch die Wand, dann verschwand Dimitri mehrere Tage mit einem Kumpel. Als es in meiner Ehe kriselte, suchten wir Rat bei einer Beziehungstherapeutin. Ihre astronomischen Rechnungen ließen die von Audi wie einen Freundschaftsdienst aussehen, aber wir wollten professionelle Hilfe. Später zog Dimitri wieder ein und meine Frau aus. Ich hatte daraufhin einen Anflug von Depressionen.

»Wodka hilft, und russische Frauen auch!«, grinste Dimitri, aber ich zog eine Psychologin vor. Als ich dieser meine Geschichte erzählte und die Frage aufwarf, ob der Nachbar mit einem Freund als psychologischem Beistand nicht vielleicht besser dran sei als ich, sagte sie, dass gerade diese Äußerung zeige, wie sehr ich an einem ernst zu nehmenden Syndrom leide. Ich konnte mir den Namen meiner Störung nicht merken, aber sie schlug vor, besser noch fünf weitere Termine auszumachen.

Einige Jahre und viele erhellende Dimitri-Momente später zog ich in ein anderes Viertel, nach Hamburg-Othmarschen. Es war jener Umzug, bei dem mir niemand mehr ohne Bezahlung helfen wollte. Hier in den sogenannten Elbvororten waren auch Bereiche vom Geldsystem befallen, bei denen ich es bis dahin für völlig undenkbar gehalten hatte. Dienstleister suchten nicht nur die Möbel und Vorhänge aus, mein neuer Nachbar Marc bezahlte sogar jemanden, der mit ihm joggen ging. An meinem ersten Wochenende am Elbstrand sah ich große Range Rover in dunkelgrüner Lackierung, aus denen Windhunde sprangen, die zweisprachig erzogen wurden. Natürlich nicht von den Eigentümern der Hunde, sondern von Leuten, die Geld damit verdienten, anderer Leute

Hunde auszuführen. Hier gab es sogar einen Poloclub, wobei man nicht selbst Polo spielte, sondern spielen ließ.

Der Unterschied zwischen Dimitris Kunst, aus der Not eine Tugend zu machen, und der Tugend meiner neuen Nachbarn, ohne Not viel Geld auszugeben, wird anhand dieser Erlebnisse sehr deutlich. Dimitris geldloses Leben war schlicht dem Umstand geschuldet, dass er nur wenig Geld hatte und den Rest anders organisieren musste. Seine Freunde waren solidarisch, weil die Mittel knapp waren. Diese Solidarität ist genau das, was viele Menschen, die in der DDR lebten, in guter Erinnerung haben, man half sich, war füreinander da. Aber wieso hilft man sich nicht mehr gegenseitig beim Tapezieren, wenn alle in Wohlstand leben? Wieso hatte Dimitri Freunde, die für ihn alles machten, und ich nicht? Ich hatte ihn einmal darauf angesprochen, ihm sinngemäß gesagt, ich beneide ihn dafür, dass er für jeden Fall jemanden kenne, der ihm helfe. »Du hast Geld, ich habe Freunde«, antwortete er lapidar und ließ mich mit meinen Rechnungen zurück.

Geld bestimmt inzwischen so unser Denken, dass wir völlig überrascht sind, wenn es bei anderen auch ohne geht. Ich hatte eine Begegnung, die mich immer noch peinlich berührt, wenn ich daran denke. Eine Freundin aus Griechenland, die in Hamburg lebt, erzählte mir, sie wolle ihr Ferienhaus an der Ägäis aufgeben. Es lohne sich nicht, sie fahre einfach zu selten hin. Ich wandte sofort ein: »Du kannst es doch an Freunde vermieten.« Sie schaute mich

einen Moment lang still an und sagte dann:»Ich kann
doch von Freunden kein Geld nehmen.«

Und das sollten wir auch nicht. Geld erobert schon so immer größere Bereiche unseres Lebens. Meine Oma hat
sich immer dagegen gewehrt und gesagt:»Über Geld redet
man nicht.« Ich werde in diesem Buch dagegen fast nur
über die Macht und den Siegeszug des Geldes reden und
sehe sie förmlich vor mir, wie sie die Augenbrauen hoch-
zieht und ihre Dose mit Bohnenkaffee zurück ins Regal
stellt. In Büchern hat man die Zeit, gründlich zu sein, und
so sei gesagt, dass meine Oma durchaus ihren Grundsatz,
nicht über Geld zu reden, brach, wenn sie hin und wieder
rief:»Ich bin doch nicht Krösus!«

Wenn Sie dieses Buch gekauft haben, um zu erfahren, wie
man endlich reich wird, werden Sie es nicht bereuen. Es
gibt dafür unendlich viele Möglichkeiten, es bleibt nur die
Frage, ob Sie bereit sind, alles zu tun, um reich zu werden,
auch Dinge, die man nicht tun sollte. Ich mache mich in
diesem Buch daher auch auf die Suche nach Alternativen,
Lebensentwürfen und Gegenden, die es schaffen, ohne
Geld zu leben. Welche drei Dinge würden Sie zum Beispiel auf eine einsame Insel mitnehmen? Hoffentlich kein
Geld – wozu auch? Vielleicht ein Buch? Oder besser gleich
drei Bücher? Ich persönlich habe tatsächlich mal eine

unbewohnte Insel in der Karibik betreten. Sie ist winzig, namenlos und liegt in der Nähe von St. Martin. Hier die drei Sachen, die ich dorthin mitgenommen habe: eine Schnorchelbrille, eine Badehose und rund 1800 Gäste der »Aida Luna«, die an diesem Tag ebenfalls eine einsame Insel kennenlernen wollten. Stundenlang wurden sie mit Tenderbooten übergesetzt. So konnte ich am Strand an einer von der Crew aufgebauten Bar einen Caipirinha trinken, und der Bordfotograf machte ein Foto von mir. Für das Foto wurden mir später 8 Euro, für den Cocktail knapp 6 Euro in Rechnung gestellt. Und das auf einer Insel, auf der es vorher noch nie Geld gegeben hatte und danach wohl nie wieder geben würde. Dieses kleine Beispiel zeigt, zu welchen Eroberungszügen Geld fähig ist. Die ganze Welt war einst so friedlich wie diese Insel, doch dann hat das Geld nicht nur unsere Arbeit, nein, auch unsere Beziehungen zu anderen Menschen und schließlich unsere Gedanken erobert.

Mit Geld ist es wie mit Chips, hat man einen im Mund, will man alle! Geld regiert nicht nur die Welt, es unterwirft sie. Die einen vergöttern es, die anderen verteufeln es als schmutzig und Grund für alles Elend auf dieser Welt. Mein Ansatz ist ein anderer: Es kann gut sein, Schulden zu haben. Kredite können Fluch, aber auch Segen sein. Und im Geld zu schwimmen kann auch trostlos sein. Das mussten die Deutschen im Jahr 1923 feststellen, als eine Badewanne voll Geld billiger war als eine Badewanne voll

Wasser. In jenem Jahr wurde auch die 10-Millionen-Mark-Briefmarke ausgegeben – für einen Standardbrief. Nach der Krise waren dann wieder diejenigen reicher, die schon zuvor die Reichsten waren, und dieser Effekt, dass Krisen Reiche reicher und Arme ärmer machen, gilt bis heute. Wir sollten das im Hinterkopf behalten, wenn wir uns nach den Ursachen von Krisen fragen. Es ist überraschend, dass ausgerechnet ein Fabrikant wie Henry Ford sagte: »Würden die Menschen das Geldsystem verstehen, hätten wir eine Revolution, noch vor morgen früh.«

Und wer nicht rauben kann, wer keine Gefolgschaft hat, die für irgendeine Idee Mitgliedsbeiträge bezahlt, wer nichts zu verkaufen hat, der kann es immer noch machen wie Viktor Lustig im Jahr 1925. Ihm gelang es, in Paris den Eiffelturm an einen Alteisenhändler zu verkaufen. Über den Abriss war zuvor schon oft diskutiert worden. Nach der Weltausstellung rostete er, und man fand, er passe nicht in die Stadt. Das brachte Viktor Lustig auf eine geniale Geschäftsidee. Er lud die sechs größten Schrotthändler ins feine Hotel de Crillon am Place de la Concorde ein. Im Auftrag der Stadt Paris wolle er Gebote für die Verwertung des Turms einholen. André Poisson bot 50 000 Franc, verlangte aber einen Beweis dafür, dass Victor Lustig die Stadt Paris vertrat. Als dieser daraufhin ein zusätzliches Schmiergeld von 3000 Franc für die Vermittlung forderte, gab ihm der Händler anstandslos das Geld und sagte später: Er habe gedacht, wenn sich der Mann bestechen lässt, muss er ein echter Politiker sein.

Übrigens schreibe ich dieses Buch ohne jeden ideologischen Ansatz. Ich bin weder Globalisierungsgegner noch Wirtschaftsenthusiast. Ich bin kein Kommunist und auch kein FDP-Wähler, weder konservativ noch grün oder Sozi. Aber wahrscheinlich von allem etwas. Das Besondere an meinem Leben als Autor und Künstler ist, dass ich ständig auf Reisen zwischen den gesellschaftlichen Schichten bin. Ich kenne das Leben in Arbeitervierteln, in denen des Sommers ein Sofa aus dem dritten Stock geworfen und vor ihm ein Feuer aus Pressspanplatten gemacht wird. Ebenfalls zu Gast war ich beim Grillfest eines Hamburger Reeders in Blankenese, der einmal jährlich zu einem solchen unter das Blätterdach der alten Kastanien in seinem Garten einlädt. Ich kenne das Geräusch, das Kies macht, wenn er in der Auffahrt von den Reifen eines Wiesmann-Cabrios aufgewühlt wird, ebenso weiß ich, wie es klingt, wenn jemand mit den Zähnen eine Flasche Astra öffnet. Ich treffe regelmäßig Menschen, die mehr als eine Million Euro in der Wirtschaftskrise 2008 verloren haben und trotzdem noch reich sind, und solche, die sich beim Kauf einer Waschmaschine für Ratenzahlung entscheiden. Der Blick auf die Welt ist vom Blankeneser Elbhang hinab auf Segler und Containerschiffe ideologisch ebenso geschärft wie in der mobilen Küche im G8-Camp der Attac-AktivistInnen. Am Kuchenbuffet im Gewerkschaftshaus ist die Meinung genauso gefestigt wie beim Neujahrsempfang der Handelskammer. Allerdings bleibt unsere eigene Haltung zum Wirtschaftssystem nur so lange unerschütterlich, wie wir es schaffen, uns konsequent in nur einem Milieu aufzuhalten. Wir passen uns unserer Umgebung an. Ein Punk unter Punks verhält sich genauso angepasst wie ein Banker unter Bankern. Reist man aber von einer Schicht in die nächste, passiert Folgendes, zumindest ist es mir passiert: Plötzlich erscheint einem auch das Weltbild der anderen irgendwie plausibel. Jeder erzählt eine Geschichte, die schlüssig ist. Ich erinnere mich an die Veranstaltung einer großen Bank für mittelständische Unternehmen, auf der mir der Inhaber einer Firma für Pumpen mit strahlenden Augen erklärte, wie wunderbar das Freihandelsabkommen TTIP für ihn wäre. »Schauen Sie, es dauert vier Jahre, bis wir eine Pumpe in Deutschland zugelassen bekommen. Wenn wir sie in den USA verkaufen wollten, ginge alles von vorne los. Es gibt da große rechtliche Risiken. Mit TTIP wäre alles anders, ist die Pumpe hier geprüft, ist sie auch da zugelassen, perfekt!« Mir fiel kein Argument ein, warum man seinen Pumpen unnötig das Leben schwer machen sollte, und das, obwohl ich auch viel Zeit mit linken Kulturredakteuren und Journalistinnen der *taz* verbringe, für die das Wort TTIP aus vielerlei Gründen ein Synonym für das Böse ist. Zwischenzeitlich beunruhigte mich dieser Vorgang sogar. Habe ich etwa keine belastbare Meinung?, fragte ich mich. Bin ich ein Fähnchen im Wind? Doch dann stieß ich auf einen Satz des Schriftstellers Jonathan Franzen. Er sagte sinngemäß, dass niemand ein gutes Buch schreiben könne, der eine gefestigte Meinung hat. Das beruhigte mich. Aber nicht nur für ein gutes Buch, auch für die ganz private Suche nach der Wahrheit braucht es diese Unsicherheit. Ich empfehle allen, ihr Milieu, soweit möglich, ebenfalls mal zu verlassen. Das ist schon bei kleinen Themen hilfreich. Wer täglich mit dem Auto zur Arbeit fährt und über Radfahrer flucht, die sich angeblich rücksichtslos verhalten, der erweitert seinen Horizont, wenn er nur drei Tage aufs Rad umsteigt. Man wechselt schneller das Lager, als man es jemals für möglich hielt, und flucht ab sofort über rücksichtslose Autofahrer.

Wenn ich in diesem Buch die Macht des Geldes beleuchte, geht es immer auch um Wirtschaft, Arbeit und Jobs, bei denen Geld erwirtschaftet wird. Und auch hier gibt es Fahrrad- und Autofahrer. Wer Unternehmen schon an sich für dreist und egoistisch hält, sollte einfach mal ein kleines Café eröffnen. Dann wird er sehen, wie schnell es sich über die Regelungswut des Staates fluchen lässt.

In welches Lager gehören Sie? Sie können das mit folgender Frage klären: »Wer zahlt den Arbeitnehmeranteil an den Sozialabgaben? Der Arbeitnehmer oder der Arbeitgeber?« Eine in Deutschland verwirrende Regelung suggeriert, dass Arbeitnehmer die Hälfte der Sozialbeiträge selbst bezahlen. Das unterstreicht zumindest die Lohnabrechnung, auf der, sagen wir mal, 3800 Euro brutto steht, wovon dann die immensen Beiträge abgezogen werden. Doch so wie alle Angestellten nur interessiert, was sie netto mit nach Hause nehmen, interessiert den Unternehmer nur, was die Angestellten brutto kosten, denn diese Summe, inklusive der gesamten Sozialabgaben, muss er auf deren Konto überweisen. Ist es also nicht doch das Unternehmen, das alles bezahlt? Kommunisten antworten darauf, der Arbeiter würde den Mehrwert schaffen, also das, was ein Auto mehr wert ist als die Summe seiner Rohstoffe. Um diesen Mehrwert würden die Fabrikanten die Arbeiter betrügen, wenn sie Reichtum anhäufen und keine anständigen Löhne zahlen. Henry Ford hatte noch eine andere, besonders brillante Theorie zu dieser Frage, als er sagte: Nicht der Arbeiter, nicht der Unternehmer, sondern allein das Produkt zahlt die Löhne und auch den Gewinn, den der Chef einstreichen kann. Und natürlich: Es ist das Geld der Kunden, die eine Pumpe kaufen, das auf dem Konto der Pumpenfirma landet. Von diesem Geld wird alles bezahlt, auch der Lohn der Arbeiter.

Egal wohin uns diese Grundsatzdiskussion treibt, man wird sich darauf einigen können: Geld kann Wohlstand schaffen, und Geld kann Wohlstand zerstören. Wenn eine Frau Hoffmann Schuhe designt, die gut ankommen, dann kann sie sich mit dem verdienten Geld jemanden leisten, der mit ihren Hunden Gassi geht, während sie eben Schuhe designt. Und der Schüler Jakob, der mit ihren Hunden Gassi geht, kann sich mit dem verdienten Geld genau diese Schuhe kaufen. Doch was, wenn uns das davon abhält, Dinge zu tun, die wir wirklich tun wollen? Was, wenn die Schuhdesignerin ihre Hunde liebt, aber zu wenig Zeit hat, bei ihnen zu sein, weil sie zu viel arbeitet? Wirklich lachen musste ich, als mein neuer Nachbar Marc einen Schnupfen hatte und nicht mit seinem Personal

Trainer joggen gehen konnte. Marc ließ ihn einfach allein die Strecke laufen, schließlich hatte er ja für die Stunde bezahlt.

Geld erobert auch Bereiche, in denen es nichts zu suchen hat. Es gibt heute viele Menschen, die geradezu geldverseucht sind. Sie können keinen einzigen Satz mehr sagen, ohne einen Preis zu nennen. Ich unterhielt mich einmal in einem Fitnessclub mit einer Frau, die dort auch trainierte. Wir trafen uns an der Proteinbar und kamen bei einem Eiweißshake ins Gespräch. Ich hob meinen Plastikbecher und sagte:

»Zum Wohl.«

»Danke. 3,20 Euro für 0,2 Liter, ganz schön happig.«

»Tja.«

»Gut, dafür ist die Grundgebühr hier echt in Ordnung. Da kann man nicht meckern.«

»Das stimmt«, pflichtete ich ihr bei und fand sie attraktiv. Ich habe eine Schwäche für Frauen, die ein Baseball-Cap tragen, aus denen hinten ihr Pferdeschwanz herausschaut.

»Warst du in New York?«, fragte ich und zeigte auf den NY-Aufdruck auf ihrem Cap.

»Ja, vor zwei Jahren, da war der Euro noch nicht so schwach. Aber die Hotels, Hölle, zum Glück habe ich im Internet die Seite lastcall.com gefunden, da werden so Kontingente vertickt, die erst spät freigegeben werden. 99 Dollar für ein Holiday Inn, und das in Midtown, das kriegt man sonst nirgendwo.«

»Als ich da war, war es sehr heiß«, sagte ich. »New York liegt ja auf demselben Breitengrad wie Rom, das wusste ich vorher gar nicht.«

»Nee, ich war im November da, da sind die Flüge günstiger.«

Es gelang mir, sie zum Essen einzuladen, auf ihren Wunsch ins Vapiano. Sie hatte dort eine Treuekarte und bat mich, auch wenn ich zahlte, die Bonuspunkte auf ihrer Karte eintragen zu lassen. So konnte sie irgendwann mal eine Pasta umsonst essen. Bis zu dem peinlichen Moment mit den Bonuspunkten hatte ich in aller Ausführlichkeit erfahren, dass es kein Thema gab, bei dem ihr nicht ein Preis einfiel und ein Kommentar, ob dieser gut oder zu hoch sei.

»Auto oder Fahrrad in der Stadt?«

»Ich habe einen Einer-BMW geleast, konnte zum Glück einen Journalistenrabatt raushandeln.«

»Bist du Journalistin?«

»Nicht wirklich, aber…«

»Welche Musik magst du?«

»Alles querbeet. Ich lade die Songs immer von einer holländischen Seite runter, weißt schon, ist nicht ganz legal, aber…«

»Man muss nicht bezahlen…«, kam ich ihr zuvor.

Ich suchte händeringend nach Themenwelten, in denen es keinen Preis gab…

»Ist ja wirklich ein schöner, warmer Mai gerade…«

»Eigentlich zu warm, hab gelesen, dass uns der Klimawandel noch Milliarden Euro kosten wird.«

Dabei wird uns, wenn der Klimawandel wirklich so zerstörerisch sein sollte wie behauptet, auch eine Milliardenüberweisung nicht mehr helfen.

Die Frau aus dem Fitnessstudio war vielleicht extrem, doch ich treffe immer wieder solche Menschen und habe auch selbst Probleme damit, einen Tag lang nicht über Geld zu sprechen. Doch wie können wir verhindern, dass Geld Besitz von uns ergreift? Wieso lassen wir es zu, dass Feuerwehrleute, Krankenpfleger und Kindergärtnerinnen für wenig Geld viel schuften müssen, obwohl ihre Berufe bei Umfragen von der Bevölkerung stets als am wichtigsten und sinnvollsten angesehen werden? Wieso ist es trotzdem möglich, dass Immobilienmakler, Investmentbanker und Notare, die in denselben Umfragen nach dem Ansehen von Berufen auf den letzten Plätzen landen (noch hinter Zuhältern und Drogendealern), am allermeisten verdienen? Mit Tätigkeiten, die die meisten Menschen gering schätzen oder sogar verabscheuen? Zum Glück gibt es bis heute Grenzen des Geldsystems, vor allem bei allen, die nicht für jeden Preis zu haben sind. Es gab eine Zeit vor dem Geld, und es wird eine Zeit nach dem Geld geben. Es gibt Orte und Menschen, bei denen uns Geld schon heute nichts nützt, und ich hoffe, es gibt in den meisten Köpfen noch Bereiche, in denen Geld keine Kategorie ist. So wie bei Nicolas Berggruen. Der sagte: »Geld ist mir nicht wichtig.« Und das ist vorbildlich. Schließlich ist er Milliardär.

2
Als die Welt zu klimpern begann

*Es gibt ein Lachen, das sich wie der Klang
gefälschter Münzen anhört.*

Edmond Huot de Goncourt
(1822–1896), franz. Schriftsteller

Es ging lange auch ohne Geld. Fast zwei Millionen Jahre haben Menschen, seit sie als solche bezeichnet werden, ohne Kreditkarten gelebt, es ist kaum zu glauben. In dieser Zeit herrschte nie Inflation, es gab keine Rezession und keinen Sparkassenberater, der bei den Höhlenmenschen anrief, um ihnen mitzuteilen, dass ihre auf Island angelegte Altersversicherung leider verschwunden ist. Ohne Geld müssen die Menschen unglücklich gewesen sein, meinen Ökonomen, die nichts mehr lieben als die Theorie, dass das Leben ohne Geld wahnsinnig kompliziert gewesen sein muss. Dafür erfanden sie die Geschichte vom Tauschhandel. Was sollten sie auch machen, die armen Leute ohne Geld? Möchte man den Ökonomen Glauben schenken, lief das so: Wenn der eine Dorfbewohner eine Speerspitze aus einem Stein schlug und ein anderer Dorfbewohner damit auf die Jagd ging, erhielt Ersterer als »Bezahlung« ein erlegtes Wildschwein. So machte man damals wohl Geschäfte. Nein, nur wenn man so einfältig ist, unser aus der Gegenwart bekanntes Wirtschaftssystem auf jede Urgesellschaft zu übertragen, weil man zu wenig Fantasie hat, sich vorzustellen, dass Dinge auch ohne Kommerz laufen können.

»Schatz, du schuldest mir noch was!«

Wenn ich zu Hause koche und meine Frau die Wäsche wäscht, ist das ein Geschäft? Sie hat Hunger, ich brauche saubere Klamotten. Sie bekommt von mir Spaghetti mit Tomatensoße, ich bekomme von ihr ein gebügeltes Hemd. Ein perfekter Tauschhandel? Natürlich nicht. In einer Familie läuft es so, dass jeder und jede etwas für die Familie tut und alle davon zehren, so wie es bei Dimitri heute noch über den kompletten Freundes- und Familienkreis hinweg funktioniert. Dimitri sorgt dafür, dass der Abfluss wieder geht, baut Regale, seine Frau füllt den Kühlschrank mit selbstgemachten Pasteten. Genau so war es in den Urgesellschaften, in Familien, Stämmen und Dörfern. In jeder Gemeinschaft, in der sich alle kannten, machte jeder, was er als Bestes konnte. Der Typ, der die geniale Speerspitze geschlagen hatte, konnte sicher sein, dass er was zu essen bekam. Der Typ, der mit ihr einen Speer baute und damit auf anstrengender Jagd ein Wildschwein erlegte, konnte sich darauf verlassen, dass andere das Wildschwein zubereiten würden. Nach einem Mittagsschlaf setzte er sich mit ihnen ans Feuer, seine Beute kam gut an, und er freute sich an Beeren, die andere gesammelt hatten. Und der Mann oder die Frau, die das Feuer erfunden hatte, brachte die Gemeinschaft erst so richtig weiter. Noch gab es keinen Konzern, der sich das Patent auf Feuer hätte sichern können, auch Privateigentum gab es kaum. Das ist noch heute in Familien so. Abgesehen von ein paar Spielzeugen, bei denen meine Kinder rufen »Meins!«, und ein paar Flaschen Talisker Whiskey, bei denen ich sage: »Finger weg, meins!«, nutzen eigentlich alle alles. Wenn ich sehe, wie viel Kekskrümel in meinem Kombi rumliegen und wie sehr die Polster auf der Rückbank leiden, habe ich selbst bei meinem, eigentlich eigenen, Auto nicht das Gefühl, es gehörte wirklich mir. Auch in der Höhlengemeinschaft nutzten alle alles, und jeder rackerte für die Gemeinschaft. Trotzdem, oder gerade deswegen, müssen die Urgesellschaften nicht nur für Ökonomen herhalten, als Beweis, wie schlecht damals Wirtschaft und Handel funktionierten, weil es noch kein Geld gab, sondern auch für Linke, die in ihnen eine Art Ursozialismus sehen. Ideologien lassen sich über alles stülpen, darum sind sie so gefährlich.

Freunde teilen, Fremde handeln

Ereignisse, die wir wirklich Handel nennen sollten, gab es, wenn überhaupt, immer nur zwischen Leuten, die sich nicht kannten. Traf eine Gruppe Männer bei der Jagd auf fremde Zottelfreaks von einem anderen Stamm, die ebenfalls durch die Berge streiften, konnte es nach viel Vorsicht und Argwohn zu so einem Handel kommen. Die eine Hand öffnete sich, irgendwas funkelte darin. Bei Interesse präsentierten die anderen ebenfalls etwas, und es wurde getauscht. Handel ist allerdings immer dicht an Raub, denn nur ein Gleichgewicht der Kräfte sichert, dass man überhaupt tauschen muss. Ist man stärker, kann man sich die Sachen auch so nehmen. Als Kolumbus mit seinen Matrosen den Einwohnern der Bahamas Glasperlen, Mützen und anderen Tinnef schenkte und sich als Gegengeschenk über Gold freuen konnte, begann eine kurze Phase, in der die Ankömmlinge herausfanden, dass die Indianer sicher wenig Gegenwehr aufbringen würden, wenn man sie einfach beraubte und umbrachte. Sobald das klar war, gab es keinen Handel mehr, sondern eben Raub und Mord. Dieser Reflex funktioniert allerdings nicht nur bei Mächtigen, sondern auch bei kleinen Leuten, und das bis heute. Als vor wenigen Jahren eine Windhose über den Parkplatz eines Media Marktes in Hamburg-Harburg zog und schließlich das Dach am Eingangsbereich wegfliegen ließ, brach Panik aus. Diese Panik sah so aus: Die Menschen standen zunächst an der Kasse und warteten darauf, dass sie ihre TV-Geräte und Notebooks bezahlen konnten. Als das Wellblechdach lärmend zu Boden ging, Dinge durch die Luft flogen und die erste Kassiererin schreiend davonlief, gab es nur einen kurzen Moment der Lageeinschätzung in der Schlange an der Kasse, bis alle mit ihrer unbezahlten Ware nach draußen liefen und das Weite suchten. Handel und Krieg liegen nicht weit auseinander.

Ich war ganz überrascht, als ich hörte, dass das englische Wort »to pay«, also bezahlen, auch »befrieden« heißt. In der Tat steckt der französische Frieden »la paix« in »to pay«. Das Wissen um die befriedende Wirkung von Zahlungen ist in der Politik heute bestens bekannt. Ob streikende Stahlarbeiter in Frankreich oder Jugendliche, die an einem U-Bahnhof randaliert haben, stets kommt nach einigen Beratungen der Vorschlag, hier müsse man Geld bereitstellen, um das Problem zu lösen. Diese Art Politik zu betreiben wird deshalb auch Scheckbuch-Diplomatie genannt. Auf jeden Fall ist wieder Frieden, wenn man das Problem mit Geld abgelöscht hat.

Wie befriedend es sein kann, zu bezahlen, also den Frieden durch »to pay« wiederzuerlangen, können Sie mit einem einfachen Experiment nachvollziehen. Gehen Sie in ein Restaurant. Essen und trinken Sie, und teilen Sie dann dem Kellner mit, dass Sie kein Geld haben. Er wird sich vor Ihnen aufbauen, schimpfen, die Polizei alarmieren. Finden Sie in diesem Moment doch einen Geldschein in Ihrer Jacke, mit dem sich die Rechnung begleichen lässt, werden Sie sehen, wie befriedend Zahlungen sind. Auch bei einem echten Raub, bei dem uns jemand in einer dunklen Seitenstraße Handy und Bargeld abfordert, wird eben die Überreichung von Portemonnaie und iPhone für den ruhigsten Ausgang des Raubes sorgen, nämlich, dass der Räuber mit den Wertgegenständen abzieht und es nur bei der Androhung von Gewalt bleibt. Nur wer sich wehren kann, hat bessere Karten.

Das zahlen wir euch heim

Das deutsche Wort »Geld« haben die Germanen erfunden, obwohl sie noch gar kein Geld hatten. Sie sagten »geld-a« für Vergeltung, und das war positiv gemeint. Alte Großmütter auf Bauernhöfen in den Alpen flüstern noch heute: »Vergelt's Gott«, wenn wir ihnen über die Straße geholfen haben. Möge es Gott bezahlen. Doch wenn man im Technikmarkt mit einem DVD-Player an der Kasse steht, ist auf die Frage »Bar oder mit Karte?« ein »Vergelt's Gott« keine Option, dann noch eher die Windhose, so schwer sie auch einzuplanen ist.

Die alte Dame wünscht, Gott möge dem Helfer etwas ähnlich Freundliches zurückgeben. Stießen wir jedoch die alte Dame unfreundlich in den Graben, nähmen ihr gar die Handtasche weg – da es in einer Handelsgesellschaft keinen Grund gibt, mit Schwächeren freundlich umzugehen – und sähen dies zufällig der Bauer und vielleicht seine Söhne durch ein Fenster, dann würde auch unser schlechtes Verhalten zurückgezahlt. Gleich mehrere Redensarten schieben ihre wütende Reaktion in die Nähe eines schlechten Geschäftes: »Na warte, das gibt Belege! Dir zahlen wir's heim!«, könnten die jungen Männer brüllen und auf uns zulaufen. Und nachdem wir kräftig verprügelt worden wären, hörten wir vielleicht noch ein »So, da habt ihr die Quittung!«.

Bevor also das Wort »einkaufen« erfunden wurde, sah es so aus: Wer im Dorf Hunger hatte, ging zu denen, die die Vorräte beaufsichtigten, und bekam etwas zu essen, so wie wir heute zu Hause an den Kühlschrank gehen. Familienmitglieder dürfen sich bedienen. Aus linker Sicht ein paradiesischer Zustand, der jedoch – wie alle linken Utopien – mit einer gewissen Einschränkung des Warenangebots einhergeht. Denn manchmal schaute auch der Neandertaler lange in den Kühlschrank und nichts sprach ihn an. Schon wieder Beerenmus, verbranntes Fleisch und Körner? Wie öde! Als sich dann herausstellte, dass der Stamm auf der anderen Seite des Flusses eine süße, goldfarbene Flüssigkeit zum Tausch anbot, die sich Honig nannte, dauerte es nicht mehr lange, bis immer montags, lange bevor man diesen Tag Montag nannte, irgendwo die ersten Marktstände aufgebaut wurden. »Wenn du bei der Jagd nichts fängst, bring wenigstens Honig mit, wenn du eh schon drüben bist!«, rief die Frau ihrem Mann hinterher. Doch hatte er etwas zum Tauschen? Wenn von der Jagd nicht noch ein Hase übrig war, musste er seine Pfeilspitze gegen Honig anbieten. Was für eine Schmach! Wir wollen kurz Luft holen, denn hier sind wir Zeuge eines Augenblicks, in dem das Böse erfunden wurde. Zunächst Konsumdenken: »Bring Honig mit!« Dann ein erstes unheilvolles Stück Globalisierung, denn ohne diese Waren aus einem anderen Teil der Welt war doch alles gut. Und schließlich wirtschaftliche Not, denn wer seine beste Pfeilspitze gegen Honig eintauscht, wird in Abhängigkeit geraten. War es nicht besser, den Honig zu rauben, als die Pfeilspitze rauszurücken? Schließlich war sie für einen Angriff angefertigt worden. Da haben wir es: Auch bis zu den ersten grausamen Honigkriegen kann es nur ein kurzer Weg gewesen sein, nämlich der bis zum Fluss.

Eine Schnecke auf Weltreise

Zugegeben, auf den ersten noch geldlosen Märkten wurde getauscht, doch wer eine seiner beiden wertvollsten Kühe überreden musste, mit zum Markt zu kommen, sie dann bei einem Händler in einen Sack Weizen tauschen und, da die Kuh mehr wert war als der Sack, noch sechs Hühner als Wechselgeld bekam (von denen sich drei nicht ins Portemonnaie stecken lassen wollten), der wurde auch im Tausch der verbliebenen Hühner gegen sechzig Eier nicht froh, wenn diese auf dem Heimweg kaputtgingen. Deswegen wurde auf den Malediven schon vor über 4000 Jahren das Wechselgeld erfunden. Das Mittel der Wahl waren die sogenannten Kaurischnecken, die sich im Meer finden ließen und deswegen bis heute auch Kaurimuscheln genannt werden, obwohl es eigentlich Schnecken sind. Schnecken überwinden für gewöhnlich nur kleine Distanzen, schon wenige Meter gelten unter ihnen als ausgedehnte Reise, doch die Kaurischnecke eroberte große Teile der Welt, schaffte es über viele tausend Meilen, bis auf andere Kontinente. Sie wurde in China ab 1500 v. Chr. Zahlungsmittel, ebenso in vielen anderen Ländern Ostasiens und in großen Teilen Afrikas. In China konnte man mit einem Sack voller Kaurischnecken sogar seine Steuern bezahlen. Was für eine geniale Währung, denn die kleinen Schneckenhäuser waren und sind bis heute hübsch anzusehen und erfüllten wichtige Eigenschaften, die gutes Geld haben sollte. Ausgesprochen langlebig waren sie, und es gab sie nur in überschaubaren Mengen. Was für eine wunderbare Ökowährung. War man pleite, ließ sich dies bei einer Wattwanderung beheben. Bei Ebbe konnte man die Kauris mit etwas Glück finden, allerdings nur am Indischen und westlichen Pazifischen Ozean. Die »Zentralbank« der Kauris blieben jedoch die Malediven, dort gab es einfach am meisten von ihnen. Der arabische Händler und Malediven-Urlauber Suleiman al-Tajir berichtete im Jahr 851 davon, wie Frauen Palmenblätter ins Meer legten, um die Kaurischnecken dazu zu animieren, auf die Blätter zu krabbeln. Auf die Frage, warum sie dies taten, erzählten sie al-Tajir, dass der Schatz der Königin – eine Art Geldspeicher, wie wir ihn von Dagobert Duck kennen – leer war und sie ihn wieder füllen sollten. Und dies gelang mithilfe der Palmblätter innerhalb kürzester Zeit, sodass die Königin wieder shoppen gehen konnte. Auf Schiffen waren die Kauris ein echter Exportschlager, und man kann sich vorstellen, dass die porzellanartigen Schneckenhäuser, je weiter sie in das Innere Afrikas, Indiens oder Chinas vordrangen, also je weiter sie sich vom Meer entfernten, immer exotischer und schillernder wirkten. Dazu waren sie klein und passten in jedes Portemonnaie. Dies jedoch lockte auch Taschendiebe an, ein Problem, das wir bis heute kennen.

Deswegen seien an dieser Stelle die genialen Münzen erwähnt, die auf der Insel Yap in Mikronesien, einer zauberhaften Inselwelt im Südpazifik, erfunden wurden. Sie waren aus Stein und hatten einen Durchmesser von bis zu vier Metern. Taschendiebe konnten da einpacken. Die Monstermünzen waren so schwer, dass man sie, auch wenn sie ihren Besitzer wechselten, an Ort und Stelle stehen lassen musste. Wer also eine dieser Münzen, die übrigens immer aufrecht stehend gelagert werden mussten, da sie sonst ihren Wert verloren, in seinem Garten an einem Baum lehnen ließ und für sie eine Herde Kühe von einem Bauern namens Tameo kaufte, bezahlte zwar mit dieser Steinmünze, doch der Bauer beließ das gute Stück an Ort und Stelle. Es sprach sich in der kleinen Inselgesellschaft auch so schnell herum, dass die Münze nun Tameo gehörte. Dieses Prinzip erinnert an Goldanleihen, die es bis heute gibt. Auch Gold verbleibt oft im Tresor, weil es zu schwer ist, um es ständig hin und her zu transportieren. Nur die Besitzer des Goldes wechseln. Der Unterschied ist, dass man bei Gold nie sicher sein kann, ob es auch wirklich noch da ist, doch dazu kommen wir später. Anstatt es vor der Öffentlichkeit zu verstecken, sollten die Staaten lieber riesige Goldmünzen pressen, so wie die Menschen auf Yap es mit den Steinen gemacht haben. Ein paar Goldscheiben, die mehrere Tonnen wiegen, würden vor dem Portal der EZB in Frankfurt am Main das Vertrauen in den Euro sicher erhöhen.

Wirklich durchgesetzt hat sich das Steingeld aber nicht, ebenso wie die Kaurischnecken. Interessanterweise starben beide Zahlungsmittel durch Inflation aus, jeweils verursacht durch Invasoren. Als bekannt wurde, dass die Menschen auf Yap Steinscheiben großen Wert zumaßen, schaffte es irgendein windiger Kaufmann, auf seinem Schiff eine Ladung Steinscheiben einzuführen. Das gleiche Schicksal ereilte die Kaurischnecke, sie war in Afrika so lange in Umlauf, dass sie von deutschen Kolonialherren als »Negergeld« verspottet werden konnte. Ausgerechnet von Deutschen, die ihre Münzen von den Römern geerbt hatten und immer noch benutzten, als das Römische Reich schon längst untergegangen war. Auch die Kolonialherren fluteten die Märkte mit importierten Kaurischnecken und führten zudem noch eine größere Muschel ein, von der sie behaupteten, sie sei das Vielfache einer Kauri wert, sozusagen die 500-Euro-Kaurischnecke. Bald musste man für Waren riesige Berge Schnecken herbeischaffen, überall auf den Märkten boten Zähler ihre Dienste an, deren schnellste angeblich bis zu 300000 Schnecken pro Tag zählen konnten. Dennoch sollten wir uns die Kaurischnecke nicht als primitive Währung einprägen, sondern als langlebigste der Menschheitsgeschichte. Als 1960 ein paar Holländer eine Expedition in Neuguinea unternahmen, versuchten sie dort Träger zu engagieren. Diese verlangten als Lohn einen Betrag in Kaurischnecken. Damit waren sie nachgewiesenermaßen rund 4000 Jahre als Währung im Umlauf. Ob das der Euro auch schaffen wird? Rund fünfzehn Jahre hat er schon hinter sich und wird permanent angezweifelt. Vielleicht gab es ja in China im Jahr 1500 v. Chr. auch Wirtschaftsprofessoren, die den Zeigefinger in die Luft streckten und mahnten: »Die Kaurischnecke wird scheitern!«

Warum Krösus so prägend war

Richtiges Kleingeld aus Metall klimpert in den Taschen der Menschen erst seit dem Jahr 600 v. Chr. Krösus machte seinen Namen mit ihm unsterblich. Aber wer war überhaupt dieser Krösus? Er ist für dieses Buch sehr wichtig, da er angeblich das Geld erfunden hat und so wahnsinnig reich gewesen sein soll, dass man bis heute Wucher oder Unerschwingliches mit dem Satz »Ich bin doch nicht Krösus!« kommentiert.

Die ältesten, rund 2700 Jahre alten Münzen fand man in der westlichen Türkei, wo sich Krösus' Reich Lydien befand. Beim nächsten Türkeiurlaub in Antalya oder Izmir könnte man mit einem Leihwagen mal dorthin fahren und die Überreste von Sardes betrachten, einst Hauptstadt Lydiens. Eigentlich hatte schon Krösus' Vater Münzen in Umlauf gebracht, doch aufgrund ihrer mangelnden Qualität ist er nur ein Statist in dieser Geschichte. Ich bin ein Fan der Antike. Schaut man Filme über das Mittelalter, scheint es dort ununterbrochen geregnet zu haben, schlechtes Wetter als Symbol für eine Zeit, in der die Menschen durch den Schlamm robbten, die Pest hatten und es ansonsten auch nicht viel zu lachen gab. In jedweder Darstellung der Antike hingegen, ob nun im Film oder auf Abbildungen, ist gutes Wetter. Auch der Himmel war, und das entspricht wohl der Wahrheit, meistens hellblau. Der Boden muss so fruchtbar gewesen sein, dass die Bauern wenig Arbeit, dafür aber viel Müßiggang hatten. Schade nur, dass das Glücksspiel als Zeitvertreib noch nicht er-

funden war, denn ohne Münzen macht dies bis heute
kaum Freude – schon gar nicht auf der Insel Yap, wo es
immer noch keinen Automaten für die steinernen Vier-
metermünzen gibt –, aber nun ist Krösus an der Reihe:
Neben Traumwetter und traumhaft fruchtbaren Böden
floss auch noch ein traumhafter Fluss durch sein Lydien,
der Plaktolos. In ihm fanden sich Gold und Silber, allerdings in einem Gemisch, vermengt mit Blei und anderen
Metallen. Die aus diesen Metallklumpen geschlagenen
Münzen hatten mal einen Goldanteil von 20, mal von
80 Prozent, und darüber beschwerten sich die Leute. Auf
dunklen Basaltsteinen, die deswegen bis heute *lydischer
Stein* heißen, konnten die Lydier ihre Münzen reiben und
sofort sehen, ob sie etwas taugten oder nicht. Kaum saß
Sohn Krösus auf dem Thron, beschäftigte er sich mit diesem Thema und hatte eine bahnbrechende Idee, die bis
heute maßgeblich ist. Er ließ rund um seine Hauptstadt
300 Schmelzöfen bauen und das ganze Zeug einschmel-
zen, woraufhin sich Gold von Silber trennte und auch von
Blei, das noch heute neben den Öfen zu finden ist. Seine
Münzen wurden fortan nur noch aus reinem Gold oder
reinem Silber geschlagen. Auf ihr Gewicht war Verlass,
und sie verbreiteten sich deshalb rasend schnell. So was
nennt man Kurantmünzen, Münzen, deren Materialwert
genau dem Aufdruck entspricht. Das waren paradiesische
Zeiten. Unsere Gegenwart erscheint dagegen münzmäßig
höchst bescheiden. Zahlen wir auf dem Wochenmarkt mit
Silberunzen? Viel zu kostbar. Das, was sich in unseren
Geldbörsen findet, ist nur aus Messing, Nickel, Kupfer
und Eisen. Das muss reichen. Der Materialwert dieser

Münzen hat nur einen Bruchteil des Wertes, den unsere Zentralbank draufdruckt. Die Menschen in der DDR mussten sich sogar mit Münzen aus Aluminium zufriedengeben, leichten Chips, die freudlose Geräusche in der hohlen Hand machten. Und vom bedruckten Papier wollen wir hier noch gar nicht anfangen. Unsere kleinsten Münzen sind noch die wertvollsten, obwohl man selbst da zu geizig ist, reines Kupfer zu verwenden, daher haben die Ein-Cent-Stücke einen schnöden Eisenkern. Immerhin ummantelt sie ein bisschen Kupfer, und das macht sie viel wertvoller als 500-Euro-Scheine. Nicht umsonst gibt es Kupferdiebe, die entlang von Bahnstrecken die zugehörigen Kupferkabel aus dem Boden reißen – von einem ausgeraubten Altpapiercontainer habe ich hingegen noch nie gehört.

Früher hatte man beides nicht nötig, denn man konnte beim Bad im Plaktolos einfach nach Nuggets Ausschau halten. Auf den Malediven war es ein Bad im Meer, das einen reicher nach Hause kommen ließ. Krösus ließ ungeheuer viele Münzen prägen und galt als der reichste König überhaupt, was weniger an seinem absoluten Reichtum als eben an den Münzen lag, die überall die Runde machten. Der bis heute nachhallende Ruf seines Reichtums und auch seiner Großzügigkeit beruht wohl auch auf dieser Story: Als sich Krösus bei einem Mann namens Alkmeon bedanken wollte, sagte er ihm, er könne in die Schatzkammer gehen und dürfe so viel mitnehmen, wie er alleine tragen könne. Der gierige Alkmeon zog für diesen wunderbaren Besuch des Goldschatzes ein extra langes Kleid an, das er wie eine Schürze aufspannen und füllen konnte, dazu riesige Stiefel, in deren Schäften sich viel Platz fand. Letzteres ein Trick, der heute noch jedes Jahr von Kindern versucht wird, wenn sie ihren größten Stiefel für den Nikolaus rausstellen. Alkmeon war so gierig, dass er sich auch noch den Mund mit Gold vollstopfte. Als er so wieder an Krösus vorbeiwankte, beide Backenhöhlen prall gefüllt mit Gold, soll der König schallend gelacht und Alkmeon für diesen guten Gag noch einmal die gleiche Menge Gold zusätzlich geschenkt haben. Heute ist es üblich, dass sogar diejenigen noch mal in die Schatzkammer gehen, denen man nicht zu Dank verpflichtet ist – wie zum Beispiel Ron Sommer. Er schaffte es im Jahr 2002, sich 11,6 Millionen Euro in die Taschen zu stopfen, obwohl ein kräftiger Tritt in den Hintern als Dank für das, was er bei der Telekom angerichtet hatte, sicher eher angemessen gewesen wäre.

Das Orakel von Delphi hat Mittagspause

Auch Krösus' Ende ist legendär. Er verlor all seinen Besitz nach einem schlechten Anlagetipp, was es anscheinend damals schon gab. Beim berühmten Orakel von Delphi fragte Krösus persönlich nach, ob es eine gute Idee sei, Geld in eine Armee zu stecken und mit ihr die Perser anzugreifen. Das Orakel war eine legendäre Kultstätte, in der eine Priesterin zunächst nackt ein Bad nehmen musste und sich dann in Begleitung zweier männlicher Priester über eine Spalte setzte, aus der angeblich Dämpfe hinaufstiegen, die sie in Trance versetzten. Irgendwelche Drogen musste sie genommen haben, denn ihre Weissagungen waren stets etwas rätselhaft und verschwommen. Krösus war bereit, für diese Auskunft neun Tonnen Gold zu bezahlen, die er dabeihatte, unter anderem in Form einer aus 260 Kilo Gold gegossenen Löwenfigur. Die Weissagung des Orakels lautete: »Wenn du den Fluss überquerst, wirst du ein großes Reich zerstören.« Und genau das wollte Krösus, das große Reich der Perser zerstören, und zog voller Enthusiasmus in den Krieg. Doch es war dummerweise sein eigenes Reich, das dran glauben musste. Auch ein großes Reich, und so hatte das Orakel durchaus die Wahrheit gesagt. Kaum besiegt, wurde Krösus vom neuen Machthaber Kyros gezwungen, von einem Fenster über der Hauptstadt Sardes zuzuschauen, wie die Soldaten plünderten und randalierten. »Was machen deine Leute da?«, soll Krösus gefragt haben. Genüsslich soll Kyros geantwortet haben: »Har har, sie nehmen deine Schätze und tragen sie hinaus.« Was kann man da als Unterlegener noch entgegnen, um den anderen dumm aussehen zu lassen? Vielleicht diesen Satz, der Krösus zugeschrieben wird: »Nun, das sind jetzt nicht mehr meine Schätze. Es sind deine Schätze, die sie hinaustragen.« Heute erscheint uns der Tipp des Orakels genauso zweideutig wie die Einschätzungen von Investmentbankern, die eine Anlage mit »todsicher« oder »das bringt mindestens 10 Prozent pro Jahr« anpreisen. Am Ende bedeutet die Anlage den eigenen finanziellen Ruin – auch wenn die Rendite von 10 Prozent durchaus erzielt wurde, jedoch nicht für einen selbst, sondern für denjenigen, der einem das Schwachsinns-Produkt verkaufen konnte. Ihr Geld ist nicht weg, es hat jetzt nur ein anderer, pflegt man an der Börse zu sagen.

Vielleicht hat auch der ehemalige Porsche-Chef Wendelin Wiedeking das Orakel von Delphi angerufen, als er versuchte, mit Krediten die Macht im Volkswagenkonzern zu übernehmen. »Du wirst eine große Automarke entmachten«, hätte das Orakel flüstern können und am Ende recht gehabt, nur dass es Porsche selbst war. Anstatt sich für den völlig missratenen Übernahmeversuch von Volkswagen zu schämen, dessen Ergebnis war, dass es heute Porsche als eigenständiges Unternehmen nicht mehr gibt, ist auch Wendelin Wiedeking noch mal in die Schatzkammer und schleppte 50 Millionen Euro heraus. Es ist bis heute die höchste Abfindung, die einem Manager in Deutschland je gezahlt wurde. Für diese Summe reicht es nicht, die größten Stiefel mitzunehmen, ein weites Gewand anzuziehen und sich auch den Mund mit Münzen vollzustopfen. Alkmeon hätte gestaunt.

Aber zurück zu Krösus: Er endete auf dem Scheiterhaufen, als Kyros' großzügige Siegerpose vorbei war, und soll von einem starken Wolkenbruch gerettet worden sein. Wenn das kein Glück im Unglück war! Die Perser hingegen konzentrierten sich die nächsten 200 Jahre weniger auf die Münzproduktion, sondern auf Schach. Ein Spiel, das sie entscheidend prägten. Irgendwie waren sie gelassener. Natürlich häuften auch sie Reichtum an, viel mehr, als es Krösus jemals geschafft hatte, aber sie schlugen ihn nicht in kleine Scheiben.

Dies machte erst ein gewisser Alexander, später »der Große« genannt. Ein Tyrann, der zunächst seinem Volk zurief: »Ihr seid für mich wie meine Kinder«, und später seine Kinder köpfen ließ. Er startete in Makedonien, heute ein kleines Land am Ende des Balkans und dahinter eine gleichnamige Provinz in Griechenland. In einer Schlacht, die sich Generationen von Gymnasiasten mit der Eselsbrücke »333 bei Issos Keilerei« merken mussten, nahm er den Persern alles weg und kam damit in den Besitz eines unfassbar großen Goldschatzes. Gegen Alexander war Krösus also eine eher kleine Nummer. Um seine Soldaten zu bezahlen, die sich weitläufig über das Land verteilt hatten, ließ Alexander immer neue Goldmünzen herstellen und machte damit etwas, das mit einem Begriff bezeichnet wird, den er selbst noch gar nicht kannte: Er monetarisierte riesige Gebiete, in denen das Geld die Macht übernahm. Übrigens war er auch beim Orakel von Delphi, aber dieser ungehobelte Klotz von einem Herrscher kam, als das Orakel nicht geöffnet hatte. Es war, wie alle Künstler, nur in Momenten höchster Konzentration voll da, stimmte seine Öffnungszeiten zudem auf den Lauf des Mondes ab. Doch das störte Alexander nicht, er zog das Orakel einfach an seinen langen Haaren, bis es schrie: »Alexander, du bist wirklich unüberwindlich!« Das reichte ihm schon als Aussage – wenn er laut Orakel unüberwindlich war, wer sollte ihn dann noch aufhalten?

Durch die Expansionsbestrebungen des unüberwindlichen Alexander entdeckten immer mehr Menschen etwas, was sie vorher noch nie gesehen hatten: Münzen. Endlich konnte man sagen: »Lass mal was springen.« Als viel später mit dem Zusammenbruch des Römischen Reiches nicht mehr genügend Münzen nachgeprägt wurden, zeigte sich, wie sehr sich die Menschen an das Geld gewöhnt hatten. Sie rechneten damit, auch ohne welches zu haben. Eine Kuh war 4 Dinar wert, ein Schaf nur einen Dinar? Also wurden nach dieser Rechnung vier Schafe gegen eine Kuh getauscht. Aber in dem Moment, in dem unsere Vorfahren, die Germanen, mit Vandalen und anderen Honks das Römische Reich begruben, begrub man auch für lange Zeit jedweden Fortschritt. Ich glaube, wenn die Römer weiterhin das Sagen gehabt hätten, wären die Scheckkarte und der Dispokredit schon im Mittelalter eingeführt worden. Wie dramatisch der Zusammenbruch der Kultur am Ende der Römerzeit war, zeigt sich in nichts mehr als in dem Umstand, dass die neuen Eroberer den Wein der Römer aussoffen und sich dann nicht mehr erinnerten, wie man Wein eigentlich anbaut. Mehrere Jahrhunderte lang gab es keinen Wein, sondern nur noch Bier. Für Deutsche eine paradiesische Vorstellung. Diese Banausen-Gene wirken in uns bis heute nach. So gilt das Weinfest in Itzehoe in Schleswig-Holstein als einziges Weinfest Deutschlands, auf dem nur Bier getrunken wird.

3
Als das Geld das Rascheln lernte

Das alte Wort »Geldbörse« wird nie aussterben,
da sich keiner merken kann,
wie man Portemonnaie schreibt.

Als der schlampige Bakteriologe Alexander Flemming 1928 in den Urlaub aufbrach, ließ er eine Probe in seinem Labor stehen, die in den warmen Tagen schnell verschimmelte, während Flemming am Strand lag. Zum Glück warf der Reinigungsdienst dieses Schälchen nicht in den Müll, denn als der Wissenschaftler zurückkam, hatte der Schimmelpilz die Bakterien vernichtet, und das erste Antibiotikum Penicillin war erfunden. Später gab es dafür sogar einen Nobelpreis. Seitdem ich das gehört habe, lasse ich öfter mal einen dreckigen Teller in der Küche stehen, in der Hoffnung, Stockholm könnte anrufen.

Ein »Haufen« Geld

Viele Erfindungen wurden völlig unbeabsichtigt produziert, so auch Banknoten. Irgendwann im europäischen Mittelalter suchten reichere Bürger und Adlige eine Möglichkeit, ihr Geld sicher aufzubewahren, und vertrauten es Goldschmieden wie Eligius an. Dieser um das Jahr 600 aktive Goldschmied hatte einen derart guten Ruf, dass er bis heute als Schutzpatron aller Goldschmiede gilt. Klopfte an seiner Tür ein Kaufmann – nennen wir ihn mal Tadaro – mit einem Brocken Gold, den er an einem sicheren Ort aufbewahrt wissen wollte, schloss Eligius den Brocken in einen schmiedeeisernen Schrank und stellte für ihn eine Quittung aus.

Als es dann zum ersten Mal geschah, dass so ein Tadaro ein Haus kaufte und dem Verkäufer sagte: »Du, morgen gehe ich zum Goldschmied und hole mein Gold, um dich zu bezahlen«, muss der andere folgende Sätze gesagt haben, ohne dabei das historische Ausmaß seiner Worte zu erkennen: »Warum sollst du dein Gold holen und mir geben? Ich würde es doch eh wieder zurück zum Goldschmied bringen, um es dort einlagern zu lassen. Glaubst du wirklich, ich würde hier so eine Summe in der Schublade verwahren wollen? Gib mir doch einfach die Quittung, die du für dein Gold bekommen hast. Dann gehört es mir.«

Und schwups, war die Banknote erfunden worden. Übrigens waren die handgemalten Quittungen von Eligius und seinen schon damals in einer Goldschmiede-Gilde organisierten Kollegen viel mehr wert als unsere heutigen Geldscheine. Denn sie hatten mit diesen Zetteln nicht nur zufällig die Banknote erfunden, sondern auch den berühmten Goldstandard. Denn das, was auf der Quittung stand, die nun als Geldschein von Hand zu Hand ging, zum Beispiel »Der Überbringer dieser Quittung erhält von Eligius ein Pfund Gold«, entsprach genau ihrem Wert. Zudem waren diese Schriftstücke von namhaften Goldschmieden, wie Eligius einer war, unterschrieben worden. Mit der Banknote wurde aber gleichzeitig die Bank erfunden. Denn die Goldschmiede merkten schnell, dass das einmal eingelegte Gold und der Haufen mit Münzen dauerhaft in ihren Händen blieb. Es muss einen nicht belegbaren Tag gegeben haben, an dem unser Eligius vor seinem Panzerschrank stand und sich dachte: »Herrje, das Zeug bleibt wohl ewig hier, was tun? Ich kann ja nicht mal neues Gold annehmen, der Schrank platzt aus allen Nähten.« Warum nicht einen Teil davon an Leute verleihen? Als Kredit? Natürlich nur an kreditwürdige Menschen. Was für eine geniale Idee! Doch als der erste Kreditnehmer gefunden war, sagen wir, es war ein Bäcker namens Caloni, muss sich folgender Dialog abgespielt haben, der die ganze Idee noch mal auf eine völlig neue Stufe brachte. Der Bäcker brauchte 100 Dukaten für den Bau einer neuen Backstube, als Sicherheit galt sein Haus, zudem war er bereit, als Leihgebühr 5 Dukaten mehr zurückzuzahlen. Er unterschrieb den Schuldschein, und in dem Moment, in dem ihm Eligius die Dukaten rüberschieben will, muss Caloni gesagt haben: »Du, ich lasse das Geld lieber hier, bei dir ist es in sicheren Händen. Gib mir einfach eine Quittung. Mit der kann ich dann die Backstube bezahlen. Der Verkäufer wird sich dann bei dir melden.«

Es war zum Verrücktwerden! Das viele Geld in ihren Tresoren musste Eligius und seine Kollegen an den Rand der Verzweiflung getrieben haben. Selbst als sie Kredite im Wert der gesamten Einlagen in ihren Panzerschränken verteilt hatten, stellte sich heraus, dass sowohl die Kreditnehmer als auch die Leute, die etwas an diese Leute verkauften, sich lieber mit den Quittungen der Goldschmiede begnügten. Deshalb wurden sie irgendwann sehr wagemutig und verliehen mehr Geld, als sie hatten, gewährten immer höhere Kredite, für deren Wert das gesamte Gold nicht mehr ausreichte. Und schon wieder war ein Meilenstein des modernen Bankwesens erfunden: Dinge verleihen, die man nicht hat. Das ist der eigentliche Kern des heutigen Finanzwesens.

Doch zunächst ging das mit den Quittungen lange gut, denn zumindest gefühlt verband man damit immer den Gegenwert des hinterlegten Goldes. Geldscheine, die sich über die Jahrhunderte aus diesem Tauschhandel entwickelten, hatten es da irgendwann weit schwerer. Seit nicht nur Goldschmiede Zettel verteilten, auf denen ein Wert notiert war, sondern auch Könige und später Staaten Banknoten druckten, schwand das Vertrauen in die lustigen Zettel, und es begann eine abenteuerliche Geldgeschichte. Denn eine geheimnisvolle Frage ist doch: Wenn die Zentralbank eines Staates Geldscheine drucken kann, wieso muss er dann überhaupt Schulden machen? Staaten haben schon oft versucht, dieses Problem »kreativ« zu lösen, aber irgendwie merken es die Händler immer, wenn mehr Geld im Umlauf ist. Wenn plötzlich Hinz und Kunz in ihren Läden auftauchen und alle alles rausschleppen, erhöhen die Händler drastisch die Preise. Um diese Inflation zu verhindern, muss selbst der Eigentümer der Druckerpresse ganz brav Kredite bei anderen Leuten aufnehmen.

So gewann China zwar den Pokal für das erste Land, das im großen Stil Papiergeld einführte, es nahm aber das Papiergeld auch wieder komplett aus dem Verkehr, weil gleich mehrere Kaiser einfach nach Herzenslust Scheine drucken ließen, um sie danach für Luxusartikel auszugeben. Daraufhin zwang eine rasende Inflation das Land zur Rückkehr zum Münzverkehr, die Banknoten wurden einfach wieder abgeschafft, weil sie keiner mehr haben wollte. Geldscheine sind eben einfach nur lausiges Papier, oder wie immer wieder gesagt wird: Schuldverschreibungen. Wenn eine Goldmünze ein Stück Kuchen ist, dann ist ein Geldschein nur ein Versprechen auf ein Stück Kuchen. »Der Überbringer dieses Scheines erhält bei der Bäckerei Müller ein Stück besten Käsekuchens«, steht auf ihm. Und um solch einem Zettel zu vertrauen, braucht es vor allem eines: Vertrauen in die Bäckerei Müller. Wenn nicht für jeden Kuchengutschein auch ein Stück Kuchen bei ihm wartet, ist das Vertrauen hin und es würde einen ersten Bäckerei-Run geben. Ist das Vertrauen erst einmal weg, dass auch in der nächsten Woche beim Bäcker für einen Zettel wirklich ein Stück Kuchen zu haben ist und bei der Bank für die Summe auf dem Kontoauszug auch Geld aus dem Automaten kommt, kann man es nur schwer zurückgewinnen. Doch manche Akteure in der vorliegenden Geschichte des Geldes haben mehr Vertrauen in die Gier und leben frei nach dem Motto: Ist der Ruf erst ruiniert, lebt es sich ganz ungeniert ...

Die Hyperinflation von 1923

Als sich im Jahr 1914, kurz vor dem Ersten Weltkrieg, die Lage immer weiter zuspitzte und die Menschen spürten, dass es Krieg geben könnte, holte sich jeder, der über Spareinlagen verfügte, Goldmünzen von der Bank. Wer weiß schon, was noch passiert, dachten die Menschen, vielleicht würde man eine Goldmünze noch mal gut gebrauchen können. Da aber nur ein Drittel der Banknoten durch Goldreserven gedeckt war, gingen die Goldmünzen irgendwann zur Neige. Damit das nicht mehr passiert, können wir heute unsere Euros nur noch bei privaten Händlern in Gold umtauschen, je nach Marktpreis, ein festgeschriebenes, staatliches Goldverhältnis gibt es schon lange nicht mehr. Aber auch auf dem freien Markt für Edelmetalle wertet man das übermäßige Interesse an Gold stets für das Zeichen einer größeren Krise. Als der Goldpreis 2011 mit 1900 Dollar für die bescheidene Menge von 31,1 Gramm, auch Feinunze genannt, seinen bisher höchsten Stand erreicht hatte, war dies auch der Höhepunkt der Bankenkrise. Viele Geldhäuser mussten mit Steuermilliarden gerettet werden, dadurch gerieten die Menschen in Panik. Bis 1914 hatten die Deutschen fast drei Jahrzehnte wirtschaftlichen Aufschwungs erlebt, die sogenannte Belle Époque. Auch Frankreich, woher der

Begriff »Schöne Epoche« stammt, war aufgeblüht. 1914 hatte es dann eine Reihe diplomatischer Krisen gegeben, ausgelöst durch das berühmte Attentat von Sarajevo, das eine Kettenreaktion von Ultimaten zwischen Staaten in Gang setzte, auf die erste Kriegserklärungen folgten. Der Ansturm auf die Banken hielt so lange an, bis die Regierung verkündete: »Jetzt reicht's aber! Banknoten können nicht mehr in Gold umgetauscht werden!«

Schon in der ersten Woche nach dem deutschen Eintritt in den Ersten Weltkrieg wurden 750 Millionen Reichsmark benötigt, die kurzerhand gedruckt wurden. Bis zum Ende des Krieges 1918 war die Geldmenge auf das Fünffache gestiegen – allerdings nur auf gedrucktem Papier, denn das Vertrauen der Bevölkerung in Papiergeld hatte dermaßen abgenommen, dass inzwischen jede Art von Münzen gehortet wurde, auch wenn diese nur aus einfachen Metallen waren. Zudem hortete der Staat selbst Münzen, um sie für Rüstungsgüter einzuschmelzen. Der Run auf Münzen kam also von staatlicher und privater Seite gleichermaßen. Was sollte man ohne Münzen tun? Der Staat war gezwungen, Münzersatzgeld zu drucken. Wieder neue Scheine, auf denen stand: »Ich bin eine Münze.«

Worauf konnte man in diesen Krisenzeiten noch vertrauen? Wenn man die Deutschen fragte, dann natürlich nur auf den Sieg der deutschen Truppen gegen Franzosen, Russen und alle anderen. Davon waren die meisten überzeugt. Die Vorstellung, fremde Länder nach einem Sieg ausplündern zu können, elektrisierte die Bevölkerung – und Kriegsanleihen wurden furchtbar hip.

Kriegsanleihen unterscheiden sich im Prinzip nicht von Aktien, auch bei ihnen kann erst der Erfolg zukünftiger Geschäfte den Gewinn sichern. Nur das Vertrauen in den Sieg des Unternehmens begründet die Einlage. Und das Vertrauen in das deutsche Militär, das den letzten Krieg gegen Frankreich – auch wenn er schon über vierzig Jahre zurücklag – gewonnen hatte und sich hervorragend auf Säbelrasseln und Drohgebärden verstand, war groß. Mehrfach wurde die Kriegsanleihe aufgelegt, und je aussichtsloser der Krieg wurde, desto höher waren die Renditeversprechungen. Als der Krieg schließlich verloren war, entfiel nicht nur der Zugriff auf den Reichtum nicht eroberter Gebiete, man konnte mit den Kriegsanleihescheinen auch nichts mehr anfangen, außer vielleicht den Ofen anzufeuern, denn sie waren wertlos geworden. Das Ersparte war futsch, und nicht nur das. Es mussten zudem Milliarden englischer Pfund, Dollar und Franc für Reparationszahlungen geleistet werden. Aber wie sollte man eine Milliarde Dollar auftreiben, wenn der Wechselkurs zwischen Reichsmark und Dollar so mies war, dass man schon für einen einzigen Dollar 4,4 Billionen Reichsmark hinblättern musste? Also 1 Dollar für 4 400 000 000 000 Reichsmark. Den Insolvenzverwaltern des Deutschen Reiches kam da sehr zupass, dass die Deutschen während des Krieges auch jede Menge Schulden in Reichsmark gemacht hatten, nämlich atemberaubende 164 Milliarden.

Daher wurde im Jahr 1923 mit dem 100-Billionen-Reichsmark-Schein kurzerhand der bis dahin höchste

Nennwert auf eine Banknote gedruckt und mit den hastig nachgedruckten Superscheinen die Schulden bezahlt. Was waren schon 164 Milliarden, wenn man im Herbst 1923 schon für ein Glas Bier in der Kneipe 52 Milliarden bezahlen musste? Die gigantischen Kriegsschulden, deren Gegenwert noch vor wenigen Jahren ausgereicht hatte, um Millionen Soldaten in einen grausamen Weltkrieg zu schicken, mit Eisenbahnzügen, Ausrüstung, Waffen, Flugzeugen und Schiffen, waren nur noch so viel wert, wie man braucht, um drei Freunde auf ein Bier einzuladen.

Inflation stellt die Logik auf den Kopf, und noch mehr die Währungsreform, die am 15. November 1923 dem größten Teil des Spuks ein Ende bereitete. Man tauschte Reichsmark in Rentenmark im Verhältnis 1:1 000 000 000 000. Damit schmolzen die gesamten Kriegsschulden, die in Reichsmark gemacht wurden, auf 16,4 Pfennig. Günstiger ist ein Weltkrieg nicht zu bekommen.

Bei der neuen Währung versuchte man wiederum, diese mit Werten zu untermauern, Gold, aber auch Speck und Rohstoffe. Trotzdem sollte es nur 25 Jahre und einen Diktator später die nächste Währungsreform geben.

Den Millionen von Soldaten auf den Schlachtfeldern konnte die Inflation egal sein. Sie bezahlten mit ihrem Leben, dem Teuersten, was wir haben. Nie zuvor wurde so lange so sinnlos gegeneinander gekämpft. Dörfer und Städte so oft erobert und zurückerobert, bis unter dem Einschlag von Granaten und Patronen nicht nur kein Stein mehr auf dem anderen stand, sondern auch sämtliche Bäume zerschossen und der Boden von den Truppenbewegungen so aufgewühlt war, bis das letzte Grün verschwand und sich halb Europa in ein horizontloses Matschfeld verwandelt hatte. Verdun, aber auch das weniger bekannte Saint-Mihiel in Lothringen wurden zu dieser menschengemachten Hölle. Wenn rund um das belgische Ypern heute Bauern im Frühling ihre Felder umpflügen, stoßen sie jedes Jahr wieder auf Reste von Bomben, Waffen, Helmen, Motorteilen und Stacheldraht. Der Pflug fördert es heute noch ans Tageslicht, obwohl Bauern die Felder seit Ende des Krieges 1918 wieder bearbeiten. Die Erde scheint das Metall aus tiefen Schichten zu erbrechen, und ein Ende ist nicht abzusehen.

Im Dorf *Westrozebeke* wohnt heute Patrick Descamps. Als er vor wenigen Jahren in seinem Garten Holz aufschichtete und für ein kleines Feuer entzündete, explodierte direkt darunter eine Granate. Sie riss ihm ein Bein ab. Über neunzig Jahre hatte der Blindgänger an dieser Stelle knapp unter der Oberfläche gelegen, die Glut hatte die Granate erwärmt. Descamps lebt heute mit nur noch einem Bein und gilt als letzter Kriegsversehrter des Ersten Weltkrieges, fast 100 Jahre nachdem dieser endete.

Wann kommt das nächste 1923?

In einer Inflation lernt man Zahlen kennen, die man nie kennenlernen wollte. Billionen haben zwölf Nullen, und die kennen wir schon, weil der Schuldenberg unseres Landes auch heute wieder in Billionen gezählt werden muss, genauer gesagt 2,1 Billionen. Aber was kommt dann? Eine Billiarde hat fünfzehn und eine Trillion achtzehn Nullen. In der Zeit der Hyperinflation wurden Reichsmark im Nennwert von 700 Trillionen gedruckt. Heute steht das Wort »Inflation« wieder oft in der Zeitung. Nicht weil es eine Inflation gäbe, sondern weil man Angst vor ihr hat. Denn auch heute hat die EZB durch ihre gigantischen Anleihekäufe die Geldmenge in astronomische Höhe katapultiert. Dabei darf man nicht vergessen, dass genau genommen der Staat dem Staat Geld leiht, wenn die EZB Staatsanleihen kauft (seit über einem Jahr für mehr als 60 Milliarden Euro pro Monat). Volkswirtschaftlich betrachtet ist dies fast dasselbe, als würde er Geld drucken und in den Verkehr bringen, so wie es 1914 geschah. Angesichts dieser bedenklichen Parallele bleibt es aber merkwürdig ruhig. Wenn sich das allerdings noch mal ändern sollte, werden wir vielleicht noch ganz andere Zahlen kennenlernen, vielleicht die Oktillion mit 48 Nullen, die Dezilliarde mit 63 Nullen oder sogar die Zentilliarde mit 603 Nullen. Nur eines ist sicher, die meisten Entwicklungen lassen sich nicht einfach umkehren, schon gar nicht von außen, sondern drehen sich einer Spirale gleich immer weiter in eine Richtung. Es ist wie bei einer Schaukel, die man nicht anschubst, sondern seitwärtsdreht, sodass sich ihre beiden Seile immer weiter umeinanderwickeln. Sie kann sich dabei schnell drehen, während sich die Seile immer weiter umeinanderschlingen. Wie lange wird diese, im Sinne des Wortes, Entwicklung anhalten? Wie lange der Goldpreis steigen, die Aktien- oder Immobilienpreise? Sicher ist, wenn der Widerstand irgendwann groß genug wird, sperrt das Seil, und die Schaukel dreht sich plötzlich in die andere Richtung, viel schneller als zuvor. Und wer in diesem Moment versucht, die Geschwindigkeit zu drosseln, wird erleben, dass er nichts tun kann. Der magische Moment, an dem sich alles in die andere Richtung umkehrt, ist von niemandem vorhersehbar. Weder von Regierungen noch von Analysten. Anzeichen für eine Gefahr gibt es immer. Es gibt Hunderte von selbsternannten Experten, die im Internet vor dem großen Crash in unmittelbarer Zukunft warnen. Wenn er schließlich kommt, hat auf jeden Fall einer recht gehabt und wird zum Weisen ernannt und in Talkshows angebetet.

Das Ende des Goldstandards

Im Jahr 1966 passierte es erneut, dass Anleger ihr Gold von der Bank zurückhaben wollten. Denn auch in der wichtigsten Währung der Welt stand auf jedem Schein »Dem Überbringer dieser Banknote zahlt die Zentralbank einen festgesetzten Umfang an Gold«. So zu lesen auf den beliebten Dollarscheinen, die als Leitwährung den ganzen Erdball eroberten. Als jedoch im Jahr 1966 Frankreich begann, das aufgedruckte Goldversprechen tatsächlich wahrzunehmen, und in jeder Woche Dollar in einem Wert von zehn Tonnen Gold bei der Federal Reserve in den USA in echtes Gold umtauschen und nach Frankreich verschiffen ließ, war bald Schluss mit dem Versprechen. »Wieso macht ihr es nicht wie die anderen Staaten und lasst das

Gold, das euch gehört, in einen eigenen Raum bringen, den wir extra für euch in Fort Knox reserviert haben?«, fragten die Amerikaner die Franzosen. Wir machen dann ein Foto von eurem Gold und schicken es euch. Immerhin ist das hier der sicherste Ort der Welt. Was, wenn euch bei der Verschiffung Piraten überfallen? Aber nix da, die Franzosen bestanden auf der Auslieferung des Goldes. Die amerikanische Regierung war stinksauer, es war nämlich noch nicht lange her, dass sie – aus ihrer Sicht – die Franzosen im Zweiten Weltkrieg von der Besatzung der Deutschen befreit hatten, schließlich waren es Amerikaner und Briten gewesen, die sich am berühmten D-Day im Juni 1944 mit der Landung in der Normandie den deutschen Besatzern entgegenwarfen. Die Franzosen hatten zuvor fast nichts gegen den schnellen Vormarsch der Deutschen bis Paris unternehmen können. Und nun holten sie ihr Gold ab? Auch ein Frankreich unter russischer Herrschaft hatten die Amerikaner verhindert. Vielleicht war dies sogar der wichtigste Grund für die US-Regierung gewesen, in den Zweiten Weltkrieg einzutreten, da die Russen im Osten die deutsche Front immer weiter zurückwarfen, und das mit einem immer größer werdenden Tempo, sodass der Durchmarsch bis Paris nur eine Frage der Zeit gewesen wäre. Gab es dafür etwas Dankbarkeit? Nicht die Bohne. Nun ließen sich die Franzosen also Dollarvorräte in echtem Gold auszahlen, und die Reserven der Fed, wie man die Zentralbank der USA kumpelhaft nennt, schmolzen dahin. Von 22000 auf nur noch 8000 Tonnen. Dann ging Präsident Nixon 1971 in ein Fernsehstudio und verkündete, dass Dollarnoten künftig nicht mehr in Gold eingetauscht würden, auch wenn der Staat genau dies auf den Banknoten versprochen hatte. Eigentlich war das ein Staatsbankrott, wenn man Geldscheine als das betrachtet, was sie sind: Schuldscheine.

Seitdem gibt es das System der freien Wechselkurse zwischen den Währungen. Ein System, in dem ausgerechnet Frankreich nie sehr gut abschnitt. Der Franc war gerne weich, und was über den Kurswert entschied, also das Verhältnis, in dem man Franc in Dollar oder Deutsche Mark eintauschen konnte, hing von vielerlei Faktoren ab, deren Wirkung so magisch und unvorhersehbar war wie das Auf und Ab der Aktienkurse. Die gefühlte Stärke der Wirtschaft eines Landes war ebenso wichtig wie die Geldmenge, die die jeweilige Zentralbank druckte und unters Volk brachte. Natürlich die Inflation, ja sogar, wer zum nächsten Präsidenten gewählt wurde, konnte den Kurs eines Franc oder der italienischen Lira entscheidend beeinflussen.

Gib mir deine TAN-Nummer oder ich schieße: Die Abschaffung des Bargeldes

Nach dem Siegeszug des Bargeldes, der mehrere Jahrhunderte andauerte, wird heute über die Abschaffung von Scheinen und Münzen nachgedacht. Könnte man so nicht vielen Kriminellen das Handwerk legen? Überfälle würden dramatisch zurückgehen. Gefälschte Banknoten wären unbrauchbar. Gerade davon tauchen in jedem Jahr viele neue auf, unzählige Zwannies und Fuffies im Umfang von 50 Millionen. Ich habe einmal in einem Copyshop zehn echte 10-Euro-Scheine mit einer einfachen Klebebindung versehen lassen. Man konnte die Scheine dann wie die Seiten eines Schreibblocks abreißen. Ich merkte aber schnell, dass dieser Gag an der Kasse des Supermarktes nicht so gut ankam. Es dauerte ewig, bis meine Zehner akzeptiert wurden. Ich bekam regelrecht Ärger. Dabei gibt es kein Gesetz, das verbietet, Geldscheine mit Klebebindung zu versehen. Sie lassen sich so viel ordentlicher transportieren.

Aber die EU hat ganz andere Gründe für die Hinrichtung des Bargeldes. In Zeiten, in denen die EZB Banken bestraft, wenn diese Geld bei der Zentralbank parken, soll das angeblich eine Maßnahme sein, um zu verhindern, dass die Leute ins Bargeld flüchten. Das ist eine abenteuerliche Annahme. Die Strafe liegt bei 0,3 Prozentpunkten, eine Bank muss also für jeweils eine Million Euro 3000 Euro Strafe zahlen, wenn sie diese nicht unter die Leute bringt, sondern ein Jahr auf ihrem Sparbuch bei der EZB lässt. Da diese Negativzinsen eventuell auch an die Kunden weitergegeben werden, besteht die Angst, die Leute könnten ihr Geld lieber zu Hause bar aufbewahren. Doch wer sollte dies tun? Und wie viel Geld muss man haben, damit sich das lohnt? Vor allem, da Scheine, die man zu Hause aufbewahrt, auch geklaut werden können. Dies mussten zuletzt viele Griechen erfahren, als das Vertrauen in die Zahlungsfähigkeit ihrer Banken erschüttert war. Viele horteten Geld zu Hause, und die Zahl der Menschen, die weinend vor einer von Einbrechern aufgeschlitzten Matratze standen, stieg sprunghaft an. Dabei soll die

Abschaffung des Bargeldes die Kriminalität sogar eindämmen! Wer bisher sein Vermögen mit Erpressungen, Drogengeschäften und Menschenhandel verdiente, erzielte seine Einnahmen stets bar. Gleichzeitig ist es heute nicht mehr möglich, ein Haus oder einen 911er Porsche mit einigen Aldi-Tüten voller Bargeld zu bezahlen. Was also konnte man tun? Die Lösung bestand in den vielen neu eröffneten No-Name-Kasinos mit Daddelautomaten, die in den letzten Jahren überall entstanden und bei denen man sich immer fragt: Da ist nie was los. Wovon leben die? Ganz einfach: Huren-Harry und Heroin-Henry können hier mit ihren Geldtüten reinmarschieren. Entweder sie haben das Kasino gleich selbst gegründet, oder es gehört einem guten Kumpel. Dann können sie das Geld in die Automaten stecken oder melden gleich beim Finanzamt, dass das Geld in den Säcken der Umsatz aus dem Glücksspiel sei.

Statt einer Spielhalle ein Restaurant zu Geldwäschezwecken zu eröffnen ist etwas schwieriger, da den Einnahmen stets auch Ausgaben für Gemüse, Fleisch und Getränke gegenüberstehen müssen. Trotzdem werden bis heute auch in Restaurants Millionen Euro an Schwarzgeld gewaschen. Falls Sie eines kennen, das schon ewig besteht, aber stets schlecht besucht ist, könnte es gut sein, dass es dem Wirt als Alibi-Adresse für Waffenhandel dient. Fragen Sie doch einfach mal – oder fragen Sie lieber nicht! Wer zum Italiener geht, sagen wir mal zu Alfredo vom kürzlich geschlossenen »Alfredo« in Hamburg St. Georg, könnte schnell der Ansicht sein, dass Mafiageschichten heute längst Folklore sind. Denn Alfredo war wirklich ein netter Kerl. Er kochte selbst, und in seinem Restaurant gab es immer etwas Leckeres zu essen, zum Beispiel Spaghetti mit Scampi für 13 Euro. Alles war in Ordnung. Mal sang Alfredo für seine Gäste, abends schleppte er Stühle rein. Trafen ihn die Nachbarn tagsüber, wenn er Ware einräumte, grüßte er lachend – und dann betonierte er einen Mann im Boden seines Restaurants ein. Als der Beton getrocknet war, verlegte er auf ihm neue Fliesen. Drunter lag ein türkischer Schutzgelderpresser, mit dem sich Alfredo nicht einigen konnte. Zur Untermauerung seines Entschlusses, von Alfredo Geld einzutreiben, hatte er als Drohgebärde eine Pistole auf den Tisch gelegt. Es gab lauten Streit, bei dem Alfredo die Waffe kurzerhand selbst ergriff und dem türkischen Kollegen namens Ercan ein Loch in die Stirn schoss.

»Der neue Boden ist fertig!«, postete der Wirt wenig später auf seiner Facebook-Seite. Dann öffnete er wieder und stand auf den neuen Fliesen, zwei Teller in den Händen, und stimmte »O sole mio« an. Unter ihm die Leiche Ercans. So geschah es in Hamburg St. Georg, unweit vom Hauptbahnhof.

Ohne Bargeld wären alle diese Räubergeschichten nie passiert. Bargeld macht verdächtig. Wenn jemand heute in einer deutschen Bank mehr als 15 000 Euro einzahlt, muss er nachweisen, wo das Geld herkommt. Auch der Juwelier muss bei dieser Summe nachfragen. Nun kann man, wenn man täglich unter diesem Betrag bleibt und nur 14 000 Euro bar ausgibt, immer noch mehr als fünf Millionen Euro pro Jahr waschen, aber irgendwo will man ja auch eine Grenze setzen. Überquert man beispielsweise die nach Luxemburg, lassen sich auch täglich fünf Millionen einzahlen, ohne dass jemand nachfragt. Das Großherzogtum ist bis heute ein begehbares Konto. Einnahmen lassen sich überall da gut vortäuschen, wo man nicht wie Alfredo dafür Pizzazutaten kaufen muss. Ein Wettbüro ist es auch gewohnt, dass täglich Leute Bargeld hereinbringen. Es ist einfach, den ganzen Tag Wettscheine auszufüllen, für die niemand eingezahlt hat. Gäbe es kein Bargeld mehr, würde auch ein Teil der inzwischen legalen Geschäfte, zu denen aber niemand stehen möchte, verschwinden. Im Bordell fragt bis heute kein Mann nach einer Quittung. Wenn man sich länger mit der Idee der Abschaffung des Bargeldes beschäftigt, wird eines klar: Es wird eine Ersatzwährung geben, die von Hand zu Hand wandern kann. So war es immer. Auf den Schwarzmärkten am Ende des Zweiten Weltkrieges wurde mit allem Möglichen bezahlt, Zigaretten übernahmen die Funktion von Münzen, ein Pfund Kaffee, ein Hühnerei, vieles hatte in den Köpfen der Menschen einen klaren Wert. Möglich wäre der Rückgriff auf Gold in Form von Münzen und kleinen Barren. Wahrscheinlicher ist, dass eine andere Währung in den Bar-Umlauf käme, allen voran der Dollar. In einem Deutschland ohne Bargeld würden Milliarden von Dollar kursieren, mit denen man alles bezahlen könnte, was so unter der Hand erledigt werden muss. Denn bargeldlose Zahlungssysteme bedeuten vor allem: lückenlose Kontrolle. Wer wann wo welches Brötchen gegessen hat, welche harten Drinks in welchen Kneipen getrunken wurden, alles, was man eben nicht dokumentiert sehen will, ließe sich fortan dokumentieren. Wer heute sein Handy deaktiviert und 200 Euro bar zum Tanken mitnimmt, kann immer noch unerkannt durch die Lande reisen. Ohne Bargeld würde jeder Tankstopp zeigen, wo man gewesen ist, jeder Kaffee an der Raststätte, jeder Gang aufs Klo bei Sanifair ließe sich zu einem Bewegungsprofil verbinden und würde die totale Überwachung der Menschen ermöglichen. Als der deutsche Staat Prostitution legalisierte, auch in der Hoffnung, dass sich so neue Steuern generieren ließen, waren Finanzbeamte baff, wie wenig Besucher eines Bordells nach einer Rechnung fragten. Tauchen Besuche in Stripbars und Saunaclubs künftig als Abbuchung auf dem eigenen Kontoauszug auf, dürfte dies das Ende aller Rotlichtviertel bedeuten, wenn eben nicht eine andere Barwährung ins Spiel kommt. Wie soll man ohne Geldscheine den Handwerker aus Litauen bezahlen, der einem schwarz die Auffahrt gepflastert hat? Wie bezahlt man die nächste Tüte Gras, die der Dealer an der Ecke nach Einbruch der Dunkelheit mit einem Augenrollen anbietet? Bisher hat man Angst, auf der Straße überfallen zu werden. Ohne Bargeld müssten Gangster bei ihren Opfern an der Tür klingeln, mit vorgehaltener Pistole zu einer Überweisung auf ein Konto in einem weit entfernten Land zwingen und dafür ganz neue Sätze brüllen wie:»Fahr sofort den Rechner hoch! Log dich ein oder ich schieße!«, und natürlich:»Und jetzt gib mir deine verdammte TAN-Nummer!« Für die Abschaffung des Bargeldes müssen also noch einige Fragen geklärt werden. Und es bedarf Weiterbildungsangebote für Ganoven in Online-Banking.

4
Du bist schuld

Von jetzt an werde ich nur so viel ausgeben,
wie ich einnehme, selbst wenn ich mir
dafür Geld borgen muss.

Mark Twain

Was gab es eigentlich zuerst: Schulden oder Kredite?
Braucht man nicht erst mal einen Kredit, um Schulden zu
machen? Nein, man kann auch ohne Geld Schulden machen, deshalb waren Schulden nicht nur vor den ersten
Krediten da, sondern sogar vor der Erfindung des Geldes.
Wenn ich meinem Nachbarn Dimitri dabei helfe, einen
Schrank in den vierten Stock zu schleppen, dann steht er
in meiner Schuld. Wobei »Schuld« ein schlechtes Wort ist.
Ist er schuldig? Hat er Schuld auf sich geladen? Eigentlich
nicht. Dimitri wird sich sogar freuen, wenn es eine Gele-
genheit gibt, wiederum mir zu helfen. Sagen wir, er ist mir
noch einen Gefallen schuldig. Aber selbst in dieser leich-
teren Formulierung steckt immer noch das Wort »Schuld«,
das wir doch für ganz andere Zwecke gebrauchen sollten,

nämlich dann, wenn jemand etwas Böses getan hat. Aber wir schaffen es vielleicht auch ganz ohne Schuld. Versuchen wir es einfach noch mal. Kaum ist der Schrank in Dimitris Wohnung gewuchtet, wird er vielleicht sagen: »Danke, jetzt hast du bei mir einen gut.« Wir kennen dieses Gefühl, wenn wir auf eine Party eingeladen sind und sagen: »Kommt doch auch mal zu uns.« Es ist das Bedürfnis, dem anderen ebenfalls eine angenehme Zeit zu bescheren. Hilft mir mein neuer Nachbar Marc dabei, sechs Getränkekisten aus dem Auto in den Keller zu bringen, werde ich ihm auch gerne helfen. Bittet er mich dann allerdings, mit ihm ein Loch für seinen Gartenteich auszuheben, wofür ich stundenlang in der Sonne mit einem Spaten schwitzen müsste, übersteigt das meine Schuld. Ich könnte nun wiederum ihn dafür einplanen, mir beim Bau meines Gartenhauses zu helfen. Aber heutzutage kommt eine solche Tauschspirale ohnehin kaum mehr zustande. Das Gartenhaus baut der Tischler, mit dem Garten samt Teich hat man einen Landschaftsarchitekten beauftragt, und Getränke bringt natürlich der Lieferservice. Aber das geldlose System des Gebens und Nehmens ist trotzdem das älteste Wirtschaftssystem, das ohne Geld auskommt. Die Mafia hat es noch verfeinert mit dem berühmten, stets heiser gesprochenen Satz: »Hör zu, wir haben dir oft einen Gefallen getan. Jetzt musst du uns mal einen Gefallen tun.«

Darf man damit Geld verdienen, Geld zu verleihen?

Interessanterweise verurteilen es die meisten Menschen, wenn jemand Geld mit dem Verleihen von Geld verdient. Eine Mehrheit verurteilt es aber gleichzeitig, wenn Menschen ihre Schulden nicht zurückzahlen. Irgendwie passt das nicht zusammen. Im mittelalterlichen Indien drohten religiöse Texte Schuldnern, die ihren Zahlungen nicht nachkamen, damit, dass sie als Sklave, Pferd oder Ochse im Haushalt ihres Gläubigers wiedergeboren würden. Anderswo berichtet ein Mönch hingegen, dass auch ein Gläubiger, der zu viel Druck auf seinen Schuldner ausübt, zur Strafe als Ochse oder Pferd, nun aber im Haus des Schuldners, wiedergeboren wird. Diese sich widersprechenden Strafkataloge trug der amerikanische Ethnologe und Anarchist David Graeber in seinem grandiosen Buch »Schulden – die ersten 5000 Jahre« zusammen und konstatiert: »Wer wird nun was sein? Sie können nicht beide als Nutztiere im Stall des jeweils anderen enden.« So unlogisch diese Drohungen sind, dahinter steckt einfach der Wunsch der Herrschenden, dass sich alle an die von ihnen definierten Regeln halten. Mit der Erfindung der Schrift konnte man sie endlich aufschreiben. Schon mit der Keilschrift, der ältesten bekannten Schrift der Menschheit, erfasste man hauptsächlich öde Schuldverschreibungen. Wer wem was schuldete, wurde auf Tontafeln erfasst und diese so lange aufbewahrt, bis alles zurückgezahlt war. Dabei drückte man die Schriftzeichen in den feuchten Ton und verwahrte diesen in luftdichten Holzkästchen. So konnte man bei Ratenzahlungen Notizen wieder löschen. Als ein säumiger Schuldner die Bibliothek von Ur vor Wut anzündete, brannten die Flammen auch die Tontafeln und konservierten sie, sodass wir sie 5000 Jahre später ausbuddeln konnten. Nur deshalb können wir heute lesen, wer damals seine Zeche nicht bezahlen konnte.

Das Kerbholz und die hohe Kante

»Na, der hat sicher einiges auf dem Kerbholz«, sagte meine Großmutter manchmal, vielleicht ohne zu wissen, dass sie schon wieder über Geld redete, ohne es zu wollen. Im England unter Heinrich II. ging man dazu über, für Schulden Kerben in ein Stück Holz eines Haselnussbaumes zu schneiden. Danach teilte man dieses Holzstück der Länge nach. Trafen sich Gläubiger und Schuldner, so brachte jeder seinen Teil des Stockes mit. Beide Teile wurden wie zwei Puzzlestücke aneinandergelegt. So konnten sie nach einer Tilgung den Stock um den getilgten Teil kürzen. Daher stammt der englische Begriff »stockholder«, der Anteilseigner. Übrigens kam es auch vor, dass ein entnervter Gläubiger seinen Stock nicht selber eintrieb, sondern die Forderung einfach weiterverkaufte. Damit war auch schon eine frühe Form der Subprimes erfunden, so nannte man in der Bankenkrise 2008 den Handel mit risikoreichen, also suboptimalen Krediten.

Besser, als etwas auf dem Kerbholz zu haben, ist es, etwas auf die hohe Kante zu legen. Obschon bis heute täglich benutzt, weiß kaum noch jemand, welche Kante da gemeint ist. Früher fertigten Tischler Betten und Schränke extra so, dass sich Geheimfächer in ihnen befanden, meist ganz hoch oben auf dem Schrank oder im Bett. Doch seit es immer einfacher geworden ist, Schulden zu machen, haben viele Menschen eher was auf dem Kerbholz als auf der hohen Kante.

Die Schulden von Wagner & Ludwig II.

Der populäre Schuldnerberater Peter Zwegat hätte allein mit den Schulden von Richard Wagner eine ganze Staffel seiner Sendung »Raus aus den Schulden« für RTL abdrehen können. Wagner war immer blank. Nun gehört es zum Künstlermythos, dass selbige keine Zeit für alltägliche Zumutungen haben, je mehr sie sich auf ihr Werk konzentrieren. Ob ein ranziger Michel Houellebecq, ein Fassbinder, der nie duschte, oder ein Bert Brecht mit stechendem Mundgeruch oder eben auch ein Wagner, der unfähig war, Rechnungen zu bezahlen oder sich mit einer Haushaltskasse zu befassen. Was bei normalen Menschen als das angesehen wird, was es ist – Verwahrlosung –, gilt bei Künstlern als Beweis, mit welcher Hingabe und Konzentration sie sich ihrem Werk widmen. Nach mehrfacher Zahlungsunfähigkeit schwärmte Wagner für die Revolution, da diese meist das Aufbegehren der Habenichtse gegen die Pfeffersäcke bedeuten, zumindest damals. Und so schloss sich Wagner im Vorfeld der berühmten Revolution von 1848 den Revoluzzern um Bakunin an. Der heute als

Reaktionär und Judenfeind in Erinnerung gebliebene Wagner war als junger Mann Republikaner im positiven Sinne, also für die Republik, ein Traumbegriff – die Republik! –, mit Wahlrecht und Gleichheit aller Menschen vor dem Gesetz. Regelmäßig traf er sich mit Bakunin und seinen Anarchisten. Bei einem Treffen wurden alle verhaftet. Bis auf Wagner selbst, der hatte verschlafen. Manchmal kann es einem das Leben retten, den Wecker nicht zu hören. Viele andere mussten die Unterwerfung der Revolution mit ihrem Leben bezahlen. Moltke, Wrangel und andere Generäle, die diese für die deutsche Zukunft so wichtige Revolution niederschossen, werden absurderweise bis heute in vielen Städten mit Plätzen und Straßen geehrt. Dabei sah es zunächst gut aus für den Aufstand.

»Wenn du es wagst, durchs Brandenburger Tor zu gehen, hängen wir deine Frau auf.« Dies war eine Kurznachricht, die die selbstbewussten Revolutionäre dem auf Berlin zumarschierenden Wrangel schickten. Der blieb unbeeindruckt und soll genau im Brandenburger Tor gesagt haben: »Ob se ihr jetzt wohl uffjehangen haben?«

Die Beziehung zu seiner Frau war – wie im Adel üblich – weniger romantisch als praktisch. Er war mit seiner Cousine, einer von Below, verheiratet, so blieb das Geld in der Familie.

Der romantische Bayernkönig Ludwig II. war natürlich gegen die Revolution, das hielt ihn aber nicht davon ab, Wagner finanziell zu unterstützen. Fürwahr eine weise Idee, denn vielleicht wäre der »Ring des Nibelungen«, eine gigantische Kompositionsarbeit, niemals entstanden,

hätte Wagner seine Schulden als Kellner oder mit Musik-
unterricht abstottern müssen. 1864 ließ Ludwig II. ihm
mitteilen, er werde Wagner »aller Belästigungen des ge-
wöhnlichen Gelderwerbs entheben«. Er übernahm nicht
nur seine Verbindlichkeiten, er baute ihm sogar das bis
heute berühmte Festspielhaus in Bayreuth. Das beflügelte
den Komponisten, und schließlich gelang ihm 1882 mit
dem »Parsifal« ein großer Erfolg, der ihm die Taschen
füllte. Erstmals in seinem Leben als Künstler war er ohne
Schulden und starb nur ein Jahr später in Venedig.

Auch Ludwig II. hatte am Ende Schulden. Sein Schloss
Neuschwanstein kostete mit drei Millionen Mark doppelt
so viel wie veranschlagt. Heute wären wir über eine derart
moderate Budgetüberziehung hocherfreut. Die Kosten für
die Hamburger Elbphilharmonie stiegen von 70 auf 830
Millionen Euro. Und man musste ewig auf ihre Fertigstellung warten. Zwischenzeitlich drohte die Unesco, sie
werde – wenn das Opernhaus nicht endlich fertig würde –
die Baustelle der Elbphilharmonie zum Weltkulturerbe erklären.

Hätte man damals gewusst, wie erfolgreich Ludwigs Bau-
werk bis heute sein würde, wäre man mit ihm vielleicht
nachsichtiger umgegangen. Schloss Neuschwanstein gehört heute zu den wichtigsten Touristenattraktionen des
Landes und sorgt für 1,5 Millionen Euro Eintrittsgelder –
wohlgemerkt pro Jahr. Doch damals war man unerbittlich. Ein Gericht entmündigte Ludwig II. Ein Vorwurf lau-

tete, wer so viele Schulden habe, könne nur verrückt sein. Daran merkt man, wie sehr sich die Zeiten geändert haben. Sein Ende ist bekannt. Voller Selbstzweifel ging er in den Starnberger See und wurde nie mehr gesehen. Heute gehen wir mit Schulden lockerer um. Oder hat man Klaus Wowereit jemals sprungbereit an der Spree gesehen?

Geldschulden sind Bringschulden

David Graeber prangert an, dass die allgemein empfundene Moral, Schulden zurückzahlen zu müssen, jede andere Moral neutralisiert. Darf man Menschen aus ihrem Haus schmeißen? Eigentlich nicht – wenn sie ihren Hauskredit aber nicht bezahlen können, schon. Sollte jeder Bürger eine Krankenversicherung haben? Selbstverständlich. Doch auch in unserem Land arbeiten viele Menschen selbstständig ohne Krankenversicherung, um ihr Geschäft zu retten. Nicht nur die Krankenversicherung, auch die jahrelang angesparte Rentenversicherung wird bei Selbstständigen in ihren Betriebstopf geworfen, um die Schuldenschlinge wieder etwas zu lockern.

Freiheit ist in vielen westlichen Ländern ein elementarer Begriff der Verfassung. Darf man die Freiheit verlieren? Um dafür zu schuften, Schulden abzustottern? Natürlich, denn die Rückzahlung von Schulden steht über allem. Die Würde des Menschen ist unantastbar? Nicht, wenn man mit ihrem Verlust einen Kredit bedienen kann. Es gibt Gesetze, die sagen, dass ein Mensch nicht mehr als vierzig Stunden in der Woche arbeiten soll? Kann schon sein, aber wenn der Mensch Schulden hat und diese nur mit achtzig Stunden Arbeit pro Woche bedienen kann, dann muss er halt so lange arbeiten. In Griechenland gab es in der Schuldenkrise massive Kürzungen im öffentlichen Sektor, die dazu führten, dass es mehr Selbstmorde gab als je zuvor. Aus Verzweiflung über die eigene Verschuldung sind schon viele Menschen vom Dach eines Hochhauses gesprungen, dabei ist Geld oder auch das fehlende Geld unsichtbar. Früher wurde nicht nur der säumige Schuldner als Wiedergutmachung versklavt, sondern gleich seine ganze Familie dazu.

Fri-halsa – der freie Hals in Freiheit

Wenn ich bisher auf längst vergangene Epochen zurückschaue, mich mit einem Augsburger Apotheker im Jahr 1580 beschäftige oder einem römischen Bauern von 1440 und mich frage, worüber sich die Menschen damals am meisten sorgten, wäre ich nie auf die Idee gekommen, dass das Geld und Schulden hätten sein können. Aber es war so, und deshalb sind auch viele Wörter, deren Ursprung wir ganz woanders vermuten, mit dem Geldvirus infiziert. »Freiheit« ist so ein schönes Wort – spricht man es laut aus, fühlt man sich gleich besser. Steht Freiheit nicht auch dafür, hinzugehen, wohin man will, ebendas, was Bürgern der DDR vierzig Jahre lang verweigert wurde? Für unsere heutigen Ohren schon, doch Freiheit wurde ursprünglich auch übersetzt als »zur Mutter zurückkehren können«. Genau das, was man nicht kann, wenn man in einem fremden Steinbruch für seine Ratenzahlungen schuften muss.

Unser deutsches Wort »Freiheit« stammt von den Germanen, daher steckt noch ein bisschen vom germanischen *fri-halsa* darin, der freie Hals, der einem nicht gehört, wenn man nicht frei ist. Die Freiheit verliert man schneller, als man denkt. Denn das Geldmonster hat sich durch die Jahrhunderte immer neue Schuld- und Schuldenfallen ausgedacht, in die wir fallen können.

Das ganze Leben ein Tilgungsplan

Die Idee von Schuld hat sich in unserem Kopf genauso eingenistet wie das Geldvirus, wir sind geradezu besessen von ihr. Schuld daran ist zunächst das Christentum, das unseren Alltag bis in den flüchtigsten Gedanken stark mit Schuldgefühlen belastet, selbst wenn wir gar nicht religiös sind. Wer ohne Schuld ist, werfe den ersten Stein, soll Jesus einer Menge leise gesagt haben, die sich anschickte, eine Ehebrecherin zu steinigen. Sofort senken sich in unserem Kopf alle Hände, denn irgendwie ist doch jeder schuldig, oder? Ja, wieso eigentlich? Wieso können wir Schuld erben? Da stimmt doch irgendwas nicht. Auch im berühmtesten Gebet der Christen, dem Vaterunser, murmeln die Menschen »und vergib uns unsere Schuld, wie auch wir vergeben unseren Schuldigern«. Heute würde man sagen, Gläubigern – und spätestens jetzt stehen wir mit diesem Absatz knietief in Glaubensfragen. Ein Gläubiger ist sicher so lange ein Gläubiger, wie er glaubt, seine

Kohle zurückzubekommen. Aber wieso beten Christen am häufigsten ein Gebet, das sich in Sachen Schuld liest wie ein großer Aufruf dazu, Griechenland alle Schulden zu erlassen, in der Hoffnung, dass uns auch Griechenland unsere Schuld vergeben könnte? Denn auch auf diesem Schuldenkonto findet sich so einiges. Immerhin haben unsere Großväter im Zweiten Weltkrieg auch Griechenland unterjocht und geplündert. Zu diesen Plünderungen gehörte ein Zwangskredit, den Griechenland dem Deutschen Reich gewähren musste und der bis heute nicht zurückgezahlt worden ist. Und auch eine solche Schuld wird schließlich vererbt. Zurück auf null, wünscht sich das Gebet, alle Schulden werden vergeben, und dann können wir neu anfangen. Die CDU als christliche Partei zeigte sich in der Schuldenfrage mit Griechenland von den eigenen Wurzeln wenig inspiriert. Erst als man den säumigen Schuldner umdrehte und schüttelte und einfach keine Münzen mehr aus seinen Taschen fallen wollten, ließ man ihn einmal durchatmen. Allerdings mit dem Hinweis, dass die Schulden am Ende so oder so irgendwann zurückgezahlt werden müssten, und dauere es noch so lange. In Ewigkeit in Ratenzahlungen gefesselt. So endet das Gebet.

Auch Kinder sind schuldig

Wenn der zehnjährige Jakob von seinen katholischen Eltern in den Unterricht für die Vorbereitung der Erstkommunion geschickt wird, erfährt er dort: Tja, der Jesus ist für unsere Sünden am Kreuz gestorben. Auch für meine?, denkt Jakob und überlegt anlässlich seiner ersten Beichte, was er schon ausgefressen hat in seinem Leben. Gut, er hat mal seine Mama belogen, als er sagte, er habe keine Schokolade gegessen, als sie ihm noch süß und cremig auf der Zunge verging. Aber war das so schlimm? Dann fiel ihm jedoch ein, wie er am Tag zuvor Timo geschubst hatte und der dabei hingefallen war und weinen musste. Aber das war keine Absicht gewesen! War Jesus wirklich ans Kreuz genagelt worden, weil er Timo geschubst hatte? Und war das nicht unlogisch, weil das doch gerade gestern gewesen war, Jesus dagegen schon vor über 2000 Jahren für die Sünden der Menschen gestorben ist?

Die Kirche hat sich schon früh die geniale Geschichte ausgedacht, dass wir Menschen für unsere diffuse vererbte Schuld sühnen sollten. Das geht am besten mit einem entbehrungsreichen Leben voller Anstrengung und Armut. So wie sich Geld nur mit Geld zurückzahlen lässt, so ließ sich das Leid Jesu nur mit eigenem Leid zurückzahlen. Je ärmer man in seinem eigenen Leben war, je mehr man den Reichtum der Kirche förderte, indem man sich alle Genüsse versagte, desto größer war die Belohnung: ein Platz im Himmel. Normalerweise fordert die Bevölkerung von ihren Herrschern, ob nun gewählt oder auserwählt, dass diese für Sicherheit sorgen sollen und dafür, dass ihre Untertanen ein Auskommen haben. Weise Könige waren um das Wohlbefinden ihres Volkes bemüht und wurden dafür verehrt und geliebt. Im christlichen Mittelalter dagegen waren die gläubigen Menschen dankbar für ihre Armut; je mehr sie litten, je mehr sie mit ihren eigenen Schmerzen Jesus nacheiferten, desto besser. Wenn sich heute Autofahrer über Schlaglöcher auf der Straße zu ihrem Büro beklagen, dann fordern sie auch deren unverzügliche Beseitigung, also eine Verbesserung. Nach der christlichen Logik würde man sich mit einer bequemen Fahrt auf einer glatten Straßenoberfläche weit vom Kern der Religion entfernen. Je tiefer das Schlagloch, je härter der Schlag, den man aushalten muss, desto besser ist das für das eigene Sühnekonto. Ich halte dies für das genialste und zugleich mächtigste bis heute wirkende Konzept, um der Ausbeutung einen Sinn zu geben. Die natürliche Wut über Missstände in Dankbarkeit für das erlittene Elend zu verwandeln. Kriege, Missernten, Hungersnöte, die Pest, all dies war fortan nicht mehr im Versagen der Herrschenden begründet und hätte somit Anlass für Aufstände und die Absetzung dieser inkompetenten Könige sein können – nein, all dies war eine große Prüfung Gottes, welche die Menschen durch Leiden bestehen konnten. Jahrhundertelang verharrten sie demütig in Armut, denn sie hofften, mit ihrem Leid Bonuspunkte für die große Prämie zu sammeln. Der Clou dieser Versicherung: Wenn es zu einem Leistungsausfall kommt, zum Beispiel, weil der Verstorbene nach seinem Tod gar kein Paradies im Himmel findet und auch Gott nur eine Erfindung der Priester ist, dann kann sich der Geprellte nicht mehr beschweren und die Kirche in Regress nehmen. Mir ist jedenfalls kein solcher Fall bekannt. Doch auch im extremen Islam ist dieser Mechanismus immer noch in Betrieb. Wie könnte man junge

Männer überzeugen, dass es gut wäre, sich selbst in die Luft zu sprengen? Dem eigenen Leben auf diese schreckliche, schmerzhafte Art ein Ende zu bereiten, etwas, was keine Mutter und kein Vater jemals von seinem eigenen Kind fordern würde? Wie kann der Hassprediger aus der Nachbarschaft dies dennoch erreichen? Er verspricht auch ihnen genau das Gegenteil, nicht das schmerzhafte Ende des eigenen Lebens, sondern ein schillerndes Leben in einem Paradies. Auch hier gilt, sollte es das Paradies nicht geben und sollte es nur eine Erfindung von skrupellosen Herrschern sein, wird sich keiner der jungen Männer beschweren können.

Die christliche Kirche mehrt seit 2000 Jahren ihren Reichtum mit dem Konzept der vererbten Schuld, die stets riesengroß ist und nicht mit zwei Monaten voller Entsagungen getilgt werden kann, sondern stets nur mit einem ganzen freudlosen Leben. Allein das Erzbistum Köln ist reicher als viele Staaten auf dieser Erde. Und in den meisten Räumen dieser Paläste finden sich Bilder mit einem armen Prediger, der ans Kreuz genagelt wurde.

Warum wählte die Kirche als Signature Piece ausgerechnet diesen Moment der größten Schwäche und Ohnmacht Jesus', den Moment, in dem er am meisten Schmerzen erleiden musste? Warum werden in jeder Kirche Abbildungen dieser Hinrichtung angebetet, warum baumelt das Symbol dieser Foltermethode, das Kreuz, um den Hals fast jedes katholischen Kleinkindes?

Als ich einmal mein Kabarettprogramm in einem Vorort von München spielte, fiel mir die Absurdität dieser Symbolik besonders auf. Die dort ansässige Gemeinde ist ein netter Haufen herzlicher Menschen, und ich sollte meinen Auftritt direkt in der Kirche abhalten. Da man bei Auftritten für gewöhnlich etwas erhöht auf einer Bühne steht, damit einen auch alle sehen können, ließ man mich direkt auf dem Altar auftreten, und über diesem Altar hing ein übergroßer Jesus aus Holz, wie immer angenagelt an das Kreuz. Bei der sehr realistischen Darstellung dieser Jesusfigur hatte man nicht darauf verzichtet, die Handflächen blutrot anzumalen. Mir schien, dass ich, als Atheist, der Einzige war, der angesichts dieses schmerzvollen Anblicks schlucken musste. Am liebsten hätte ich dem armen Mann heruntergeholfen. Das sollte man übrigens immer machen, wenn man Gekreuzigten begegnet, die einen noch ansprechen können: abnehmen, retten, Hände verbinden.

Ich bin etwas überrascht, dass ich mich als Ungläubiger in einem Buch über Geld ausgerechnet mit Glaubensfragen beschäftige. Das liegt aber zum einen daran, dass es die Kirche wie keine andere Institution der Welt geschafft hat, riesige Besitztümer anzuhäufen. Wäre es nicht möglich, eine Abbildung seines Idols anzubeten, auf der dieser etwas Schönes macht? Bei Jesus würde sich seine Himmelfahrt anbieten, eines der zahlreichen Wunder, die er vollbracht haben soll, oder, da seine Worte für viele Menschen so wichtig sind, vielleicht eine Abbildung davon, wie er zu seinen Fans spricht? Das machen normale Leute doch auch. Schlagerfans, die Rex Gildo verehren, haben

Bilder von ihm, auf denen er singt, und nicht eines, auf dem er gerade aus dem Fenster springt. Auch von Kurt Cobain besitzen seine Verehrer bis heute keine Poster, auf denen er neben einer Heroinspritze sitzt und sich eine Flinte an den Kopf hält, sondern solche, auf denen er das tut, wofür er geliebt wurde, nämlich singen und E-Gitarre spielen. Aber die Kirche hat einen guten Grund, warum sie sich auf das Leiden konzentriert und nicht auf das positive Wirken ihres Messias. Wo Leid ist, ist auch Schuld, und mit dem Propagandafeldzug für eine universelle Schuld, die jeder Mensch durch die Erbsünde in sich trägt, erzielten die Kirchen bis heute Einnahmen in Milliardenhöhe. Ein Drittel aller Gebäude in Rom gehören dem Vatikan. Könnte es, wenn man an die Himmelspforte klopft, nicht von entscheidendem Vorteil sein, wenn man vorher sein Haus an die Kirche vererbt hat? Sollte es dort eine Schlange geben, wird man dann sicher eher aufgerufen als ein Bonus-Club-Mitglied der Star Alliance. In Deutschland ist die Kirche größter Landbesitzer mit 8,2 Milliarden Quadratmetern. Die Kirchensteuer spült jährlich neun Milliarden in die Kassen, staatliche Subventionen einen noch größeren Milliardenbetrag. Seit 2000 Jahren stopft die Kirche sich die Taschen voll – eine Aufzählung von Verbrechen, die diesen riesigen Raubzug möglich machten, überspringen wir hier mal generös. Nach der Reformation verschärften die Protestanten die Schuld-und-Sühne-Story noch weiter. Denn in der katholischen Kirche gibt es mit der Beichte immerhin die Möglichkeit, Schulden vom Tisch zu bekommen. Man setzt sich einfach in den muffigen Holzverschlag, wartet auf die Stimme des Priesters und beichtet seine letzte Sünde. Dann veranschlagt der Priester die Schuldzahlung in Form von Gebeten, die der Schuldige beten soll, und dann ist auch gut. Auch gelten bis heute Verstöße gegen den katholischen Moralkatalog im Karneval als nicht so gravierend. Wenn man fremdgehen will, dann also bitte im Karneval, dann ist in der Woche darauf wieder alles vergessen. Sicherheitshalber verlangte die katholische Kirche stets große Zuwendungen von ihren Untertanen. Im Mittelalter den »Zehnten«, bis heute die Kirchensteuer, und auch die Theorie, dass Leiden im Leben gut für das Danach ist, blieb immer Bestandteil der katholischen Lehre.

Vor diesem Hintergrund erscheint es fast unmöglich, noch einen draufzusetzen, aber die Protestanten haben es geschafft. Das ganze Leben soll Buße sein, forderte Luther. Das ganze Leben? Auch die Wochenenden? Ja, das ganze Leben. Auch der Karneval? Nein, den schaffen wir lieber gleich ab. In der katholischen Kirche gibt es bis heute die Vorstellung, dass es bei so viel Zucht eines Ventils bedarf. Protestanten sind da strenger, hier gibt es keine Ausnahmen von der Plackerei für das ewige Leben. Die strengste Variation des Protestantismus erfand Jean Calvin in der Schweiz. Die katholische Dankbarkeit für Leid war für ihn ein alter Hut, der Mensch müsse sich sein ganzes Leben lang wahnsinnig anstrengen, viel arbeiten und wenig schlafen, um es Gott recht zu machen. Gewinne aus dieser Arbeit dürften nicht in Luxus gesteckt werden. Na toll. Und wenn Gewinne nicht verprasst werden dürfen, ja was dann? Dann muss man sie gleich wieder investieren. Mit diesem Mechanismus entstanden in den calvinistisch geprägten Ländern Schweiz, Holland und Großbritannien rasant wachsende Volkswirtschaften. Die calvinistischen Tugenden steigerten die Effizienz. Im Vergleich zu den kirchlichen Prachtbauten in Rom oder auch dem Kölner Dom erscheinen Bauwerke von Protestanten stets bescheiden, wenn nicht unwirtlich. Wer nicht feiert, kann mehr arbeiten. In diesem Milieu muss der Satz »Zeit ist Geld« entstanden sein. Dabei ist es doch genau andersherum. Wer kein Geld hat, hat in der Regel viel Zeit, und wer viel Geld hat, hat wenig Zeit. Der deutsche Soziologe Max Weber sah im Calvinismus die Initialzündung, welche die Industrialisierung und den Kapitalismus erst möglich gemacht hat. In einem seiner schönsten Sätze, den Sie gerne auf der nächsten Party mal fallen lassen können, sagt er: »Der Einfall ersetzt nicht die Arbeit.« Das klingt auch calvinistisch, mahnende Worte für alle, die gerne »Man müsste mal…« oder »Eigentlich sollte man mal…« sagen. Auch die Herrenhäuser in Holland und der Schweiz waren lange Zeit bescheiden, vor allem wenn man bedenkt, dass wir dort auf den reichsten Böden der Erde stehen. Ist Amsterdam nicht süß mit seinen Stadthäusern? Auch Zürich wirkt putzig, in der ganzen putzigen Schweiz hat man nicht den Eindruck, dass man in einem der reichsten Staaten der Erde unterwegs ist, der, was viele vergessen, eben nicht nur eine begehbare Bank ist, sondern auch eine sehr erfolgreiche Industrienation. Indes, wer nicht protzt, besitzt trotzdem. Unsichtbar sind die Geldmengen, die auch in diesem System immer größer werden. Bis heute wächst der gigantische Geldberg in Kirchenhänden, wo doch ihr Initiator einst gesagt hat: »Ihr sollt Euch keine Schätze sammeln auf Erden.«

Immer bin ich schuld, das ist gemein

Absurderweise ist die Vorstellung von einer großen Schuld, die vererbt wird und das ganze eigene Leben belastet, auch in linken, atheistischen Kreisen verbreitet, in denen ich viele Jahre verbracht habe. Eigentlich könnte man sich hier, wo man sich aus der Ideologie der Kirche befreit hat, ein lebensbejahendes und frohes Konzept voller Schwung und Zuversicht ausdenken. Aber wir haben uns in den letzten 2000 Jahren so an die Schuld gewöhnt, dass wir vielleicht nicht mehr ohne sie können. Nehmen wir Heiko, einen jungen Christen. Er spürt in jedem Moment seines Lebens einen schweren Rucksack auf seinen Schultern, gefüllt mit Schuld aus dem Sündenfall von Adam und Eva, der Kreuzigung von Jesus. Dazu kommt das Schuldgefühl für jedwedes Interesse an Sexualität. Lernt Heiko nun an der Uni eine Ökogruppe kennen und ein paar Autonome, die sich ja eigentlich gegen die Kirche und alte Machtstrukturen auflehnen, kann er keinesfalls seinen Schuldrucksack an die Garderobe hängen. Er darf ihn nur kurz ausschütten, um neue Schuldgefühle hineinzustecken. Da wäre die Schuld, die er als Deutscher von seinen Großvätern geerbt hat. Ein angezettelter Zweiter Weltkrieg mit Millionen von Opfern, darunter auch sechs Millionen Juden, deren grausame und systematische Ermordung zum Schlimmsten gehört, was jemals Menschen anderen Menschen angetan haben. Da dieser Horror von unserem Land und der Generation unserer Großväter ausging, bleiben das Andenken und der Kampf dafür, dass Rassismus, Antisemitismus und Faschismus in Deutschland keine Chance mehr haben, unendlich wichtig. Aber das heißt nicht, dass Heiko für die Verbrechen von damals verantwortlich ist. Doch da er schon als Christ gelernt hat, Schuld anzunehmen, stopft er bereitwillig diese neue Schuld in seinen Rucksack. Sie ist allerdings so groß, dass er für weitere Schuld einen zweiten Rucksack benötigt. Was die ökologischen Probleme auf unserem Planeten betrifft, sollte dieser auch groß sein, denn Heiko ist eigentlich an allem schuld. Er schafft es nicht, sämtliche Lebensmittel seinen Ansprüchen entsprechend zu kaufen, also vor allem biologisch hergestellt und fair gehandelt. Sobald er mal in der Mensa Lachs mit Kartoffelgratin bestellt, plagt ihn ein schlechtes Gewissen. Von wo kam der Fisch? Bei Lachs kann man eigentlich nur Bio-Lachs nehmen, aber den gibt es in der Mensa nicht, außerdem ist der ganz schön teuer. Normaler Lachs wird in riesigen Fischfarmen mit Tonnen von Antibiotika gefüttert, die die Fische, die Konsumenten und die Meere verseuchen. Heiko kauft diesen Antibiotika-Lachs eigentlich nur, wenn er spürt, dass eine Erkältung im Anzug ist. Mit dem Viktoria-Barsch hingegen, der am Tag zuvor in der Mensa angeboten wurde, unterstützt man ein korruptes Regime in Tansania. Eigentlich bleibt nur noch das Fischstäbchen, das von wilden Seehechten aus dem Nordatlantik stammt. Allerdings fühlt er sich auch da schuldig, da der Kutter nur wegen ihm wochenlang auf dem Meer Schweröl verbrannt hat.

Die Fischer an Bord werden sicher ausgebeutet oder sind fiese Typen, die Müll über die Reling werfen. Im Grunde ist es ohnehin besser, sich vegetarisch oder am besten gleich vegan zu ernähren.

Einmal leiht sich Heiko das Auto seiner Mutter für den Transport eines Schrankes. Immer wenn er bei der Fahrt das Gaspedal drückt, sieht er den Meeresspiegel in Bangladesch ansteigen und die Menschen dort absaufen. Für die Klimaerwärmung fühlt er sich ebenfalls als Hauptschuldiger. Zwar ist er nur mit der U-Bahn unterwegs, doch die Stadt, die den Strom für sie erzeugt, betreibt dafür auch ein Kohlekraftwerk. Er versucht in seinem WG-Zimmer so wenige Glühlampen wie möglich anzustellen und kocht am liebsten Spagetti mit Tomatensoße. Als er so fast im Dunkeln seine Mahlzeit verspeist, spürt er ein frohes Gefühl in sich aufsteigen. Ihm geht auf, dass er eigentlich ein Guter ist und seine Schuld an der Ungerechtigkeit auf der Welt nur marginal sein kann. Genau in diesem Moment klingelt es, und seine Freundin Tanja verlangt nach einem Krisengespräch.

Schuldbeziehungen

Selbst in Beziehungen kann man ohne Absicht zum Schuldner werden.

»Du hast mich so verletzt!«, sagt Tanja zu Heiko.

»Aber ich habe doch gar nichts gemacht!«

»Das hat mich ja so verletzt, dass du einfach nichts gemacht hast«, erwidert Tanja mit vor der Brust verschränkten Armen. »Jetzt sieh mal zu, wie du das wiedergutmachst. Aber du hast dich so oft nicht richtig verhalten, dass ich nicht weiß, ob du das überhaupt wiedergutmachen kannst.«

Wer es dauerhaft schafft, Menschen ein Schuldgefühl einzupflanzen, kann sie auch dauerhaft ausnehmen. Es gibt diese Strategie in Liebesbeziehungen, die keine mehr sind, sondern Abhängigkeiten. Sie können sich auch zwischen Heike und Tanno abspielen, zwischen Martin und Wolfgang oder Nicole und Elly. Keine Variation ist vor dem Geldvirus gefeit. Wer sich mir gegenüber schuldig fühlt, der muss an mich zahlen.

Können wir überhaupt noch Dinge lieben, die uns nicht gehören? Das Meer, wenn wir ihm dabei zuschauen, wie es den Sand überspült, und die so gern fotografierte Sonne, wenn sie sich abends rot färbt, entziehen sich der Besitznahme. Mit guten Freunden sollte es ähnlich sein, sie sind immer für uns da und gehören uns dennoch nicht. Warum geht dieses Gefühl der Großzügigkeit, des Dinge-sichselbst-Überlassens zwischen Menschen so oft verloren? Und warum ist unser Verhältnis zu Dingen so zwanghaft? Wer sich beispielsweise in einer Ausstellung grandiose Bilder einer noch unbekannten Malerin anschaut, muss diese Bilder nicht zwangsläufig besitzen. Wer dennoch darüber nachdenkt, ob er nicht etwas von ihr kaufen sollte, nach Preisschildern sucht oder nach Hinweisen auf Preise im Ausstellungskatalog, der hat den Moment der Begeisterung durch ein billiges Gefühl getauscht, das in uns immer wieder »Haben!« ruft. Das Geldmonster kann ein Bandwurm sein. Egal wie viel wir schon gekauft haben, wir bleiben hungrig nach neuem Besitz, weil der Bandwurm in uns alles frisst. Sie ruft schon stolze Preise auf, diese unbekannte Malerin, seufzt der Krämer in uns. Egal, »Haben!«, ruft der Bandwurm. Wenn sie der neue Kunststar wird, lohnt es sich doch! Auch wer einen Song hört, der ihm aus der Seele spricht, muss ihn nicht besitzen. Doch Achtung, habe ich eben gesagt, man könne einfach so etwas hören, ohne dafür zu bezahlen? Schon sitzen wir in der nächsten Schuldfalle.

Gema und GEZ: Sie schulden uns noch was

Schuldig werden, ohne es zu wissen, ist ein Trick, den das Geldmonster jeden Tag weiter perfektioniert. Es reicht nicht aus, wenn Menschen für etwas bezahlen, was sie kaufen wollen. Jeden Tag treten wir in Schuldenfallen, damit man uns systematisch ausnehmen kann. Vor fünf Jahren mahnte die GEMA bundesweit Kindergärten ab. Wenn die Kinder das Lied »Hänschen klein« nicht nur für sich trällerten, sondern auf einem Elternabend, so sei dies eine öffentliche Aufführung. Die Kinder würden den Komponisten der Lieder Geld schulden. Wenn wir morgen in der Dusche ein Lied singen, müssen wir aufpassen, dass es der Nachbar nicht hören kann, sonst ist es eine öffentliche Aufführung, und schon sind auch wir der Gema was schuldig. Die Überraschung, dass man plötzlich jemandem etwas schuldet, obwohl man nichts getan hat, kennen viele Menschen. GEMA und auch GEZ sind Geldmonster in Form einer Krake. Jedes Jahr strecken sie ihre Tentakel weiter aus. Wenn man sie nicht beherzt abschlägt oder mit der Motorsäge abtrennt, schieben sie sich in immer neue Bereiche vor. Doch auch entschlossener Widerstand ist bei diesen Geldkraken meist vergebens, denn sie sind sehr stark und unerbittlich. Wer versucht, die Forderung der GEZ abzulehnen mit dem Verweis »Ich höre kein Radio und habe keinen Fernseher!«, erfährt: »Aber Sie könnten es hören. Das reicht schon.«

Eine Frau ohne Radio und Fernseher aus Thüringen weigerte sich, die GEZ-Gebühr zu bezahlen, und wurde deswegen verhaftet. Ein verabscheuungswürdiger Vorgang. David Graeber meinte genau das, als er fragend anprangerte, wieso die Moral, dass man Schulden zurückzahlen müsse, jede andere Moral außer Kraft setzen könne.

In Europa wurden im Mittelalter säumige Schuldner in Schuldtürme geworfen. Doch dies schien schon damals besonders sinnlos, beraubte man einen Schuldner, dem man die Freiheit nahm, doch der Möglichkeit, etwas zu tun, um die Schulden zurückzuzahlen. Deshalb führte man den Freigang ein. Im Schuldturm wohnen zu müssen galt als Schande, das war den Gläubigern wichtig, aber tagsüber durften die armen Säumigen einer Arbeit nachgehen. Im aufkommenden Humanismus wurden in den meisten Ländern Europas die Schuldtürme und die Schuldenhaft abgeschafft. 1867 im besonders modernen Frankreich, ein Jahr später auch im Norddeutschen Bund. England und Schweden schlossen sich schnell an. Und heute erdreistet sich der deutsche Staat in Thüringen, eine Frau für 61 Tage in den Knast zu stecken und damit die Schuldenhaft, den Schuldturm und das Mittelalter wieder einzuführen? Schon wenn sie eine wirkliche Schuld nicht zurückgezahlt hätte, wäre die Schuldenhaft eine Reise zurück ins Mittelalter, aber die arme Frau hatte nicht mal Schulden. Sie wurde lediglich erpresst, sollte für etwas zahlen, das sie niemals in Anspruch genommen hatte und es nicht wollte.

Diese kriminelle Logik hat sich zum Glück noch nicht überall durchgesetzt. Stellen wir uns vor, wir begleiteten einen Freund in ein Restaurant, würden aber selbst nichts essen. Doch der Kellner legt eine Forderung auf den Tisch, weil wir theoretisch hätten essen können. Ein U-Bahn-Kontrolleur spricht uns im Park auf unser Ticket an. Sie haben keines? Sie sind nicht U-Bahn gefahren? Aber hören Sie mal, hier im Stadtgebiet mit dem flächendeckenden Angebot an öffentlichen Nahverkehrsmitteln könnten Sie jederzeit fahren, deshalb müssen Sie auch eine Fahrkarte haben. Stellen Sie Sich vor, Sie hören morgens beim Aufwachen durchs Fenster Musik eines Straßenmusikers mit Leierkasten. Sie reiben sich die Augen, machen sich einen Kaffee, und dann klingelt es. Der Musiker steht vor der Tür: »Hat Ihnen mein Lied gefallen?«

»Nein, ich höre eher Schubert.«

»Schade, das macht 200 Euro.«

»Was? Sind Sie wahnsinnig?!«

»Sie haben die Musik gehört, deshalb müssen Sie zahlen.«

»Aber ich will sie nicht hören.«

»Das ist egal – dass Sie sie gehört haben, reicht.«

Am nächsten Morgen klingelt es wieder: »Da Sie gestern nicht gezahlt haben, müssen Sie es heute tun.«

»Wieso? Ich habe alle Fenster geschlossen. Ich höre Ihre Musik nicht mehr.«

»Aber Sie könnten.«

»Nein, die Fenster sind zu, absolut dicht, ich kann sie nicht hören.«

»Sie könnten die Fenster öffnen, es ist möglich, in Ihrem Haus meine Musik zu empfangen, das reicht, macht 8 Milliarden Euro.«

So viel zahlen die Deutschen jedes Jahr für ein öffentliches Radio- und Fernsehprogramm, das viele wegen dieses Zwanges hassen. Nur die wenigsten (wie Dimitri) schaffen es, sich aus den Tentakeln dieser Geldkrake zu befreien.

Es gibt nur einen Weg, sich aus den perfiden psychischen Schuldenfallen zu befreien, indem wir mit aller Kraft sagen: »Ich schulde euch nichts. Ich habe nie etwas verlangt, also kann ich auch nichts schulden. Und jetzt seht, dass ihr wegkommt.«

Warum sollte man für etwas büßen, das man nicht verursacht hat? Die Pilger im portugiesischen Fátima, die sich auf blutigen Knien über den Boden bewegen, könnten einfach aufstehen und zurück in ihr Hotelzimmer fahren. Im mexikanischen Iztapalapa versuchen andere Pilger ihre Schuld zu sühnen, indem sie Jesus' schlechtesten Tag nachspielen. Sie pressen sich eine Dornenkrone auf den Kopf und schleppen ein riesiges, schweres Kreuz durch die Via Crucis. Wozu? Niemand heute ist für dieses Verbrechen verantwortlich, und es wird auch nicht besser, wenn man es jedes Jahr nachstellt. Diese absurde Idee gibt es nur in der Religion. Hängt eure Dornenkronen an die Garderobe, oder schmeißt sie gleich in die Biotonne. Unvorstellbar, man würde die größten Verbrechen der Deutschen jedes Jahr mit Laienschauspielern nachstellen. Wem wäre damit geholfen? Erinnern, Würdigen und Anteilnehmen sind auch ohne Schuld möglich. »Ich bin niemandem etwas schuldig«, dieser Satz könnte viele Menschen befreien, die in echten oder emotionalen Schuldsystemen zu Geiseln gemacht wurden. Und nein, der Satz bedeutet nicht, dass wir nicht solidarisch und barmherzig sein können, aber eine einklagbare Schuld lastet nicht auf uns, wenn wir uns nicht wirklich etwas geliehen haben. Ein auch ohne Religion erlösender Gedanke, der uns endlich die Möglichkeit gibt, Kredite und Schulden ohne die Hilfe von lockenden Verführern und mahnenden Warnern zu betrachten.

Kredite können gut sein

Krediten und den aus ihnen resultierenden Schulden ergeht es wie Geld an sich. Entweder sie werden verteufelt als Grund allen Übels, oder es werden wie in der aktuellen Eurokrise immer mehr und höhere Kredite unters Volk gebracht, in einer Dimension, die einem Angst und Bange macht. Mal ist von der »schwäbischen Hausfrau« die Rede. Sie macht wahrscheinlich gar keine Schulden, sondern lebt bescheiden und legt sogar einen Teil ihrer Einkünfte in eine Socke und versteckt sie im Schrank. Bevor wir jetzt abfällig auf die altmodische Anlageform Socke herabschauen, sei erwähnt, dass Geld in der Socke mit einer Rendite von –2 Prozent pro Jahr, wenn wir von einer mäßigen Inflation ausgehen, erfolgreicher ist als zahlreiche beliebte Anlageformen. Wer Geld in Volkswagen-Aktien, Gold oder Immobilienfonds steckt, wünscht sich schon bald, er hätte das Geld lieber in die Socke gesteckt. Mal hören wir also von der schwäbischen Hausfrau, dann wieder den Slogan: »Jetzt kaufen, in einem Jahr bezahlen.« Oder: »Wir schenken Ihnen die Mehrwertsteuer.« Die EZB überschwemmt den Markt mit billigem Geld, um Investitionen und Konsum anzukurbeln, droht gar, sie werde Banken, die es wagen, Geld bei ihr aufzubewahren, anstatt es unters Volk zu bringen, mit Minuszinsen bestrafen. Diese Strafe wird heute schon praktiziert. Doch was sagt die schwäbische Hausfrau dazu? Gibt es nicht noch irgendwas zwischen den beiden Extremen?

Schaffen Sie persönlich die Maastricht-Kriterien?

Wenn Sie den berühmten EU-Vertrag von 1992 auf sich selbst anwenden, würden Sie bestehen? Die meisten EU-Staaten schaffen es nicht, und es bleibt die große Frage, warum man so was überhaupt abmacht, wenn sich niemand daran hält. Beschlüsse der EU haben seitdem dieselbe Glaubwürdigkeit, als sage jemand, im nächsten Jahr mache ich aber auf jeden Fall mehr Sport, also mindestens viel mehr. Wenn Sie monatlich 2800 Euro verdienen, dürften Sie nach Maastricht nicht mehr als 20 000 Euro Schulden haben, also nicht mehr als 60 Prozent Ihres persönlichen Jahreseinkommens, unter Freunden BIP genannt.

Wieso behandelt man Kredite nicht wie Aktien? Wenn eine Bank Aktien kauft, erwirbt sie Anteile an einem Unternehmen und hofft, dass sie später bei einem Verkauf wieder mehr rausbekommt. Dabei ist alles möglich, Gewinn und Verlust. Mal sind es 30 Prozent plus, mal 30 Prozent minus. Wenn es ein Minus gibt, ist es Pech für den Anleger, er kann dann warten und Nerven zeigen, bis die Aktie wieder ihren alten Wert erreicht oder sich noch mal steigert, oder sie mit Verlust verkaufen, nach dem Motto: Lieber den Spatz in der Hand als die Taube auf dem Dach. Das Entscheidende ist: Die Bank kann nicht ihre Gewinnerwartung einklagen, ja, nicht mal sicher sein, dass sie das eingelegte Geld wiederbekommt. Wenn es schlecht läuft, ist es der Bank nicht gestattet, die Immobilien des Unternehmens zu beschlagnahmen und in die Zwangsversteigerung zu geben, deren Aktien sie gekauft hat. Ganz anders beim Kredit: Gibt die Bank einer Firma oder Privatperson einen Kredit, schreibt sie die Gewinnerwartung in den Kreditvertrag, zum Beispiel 5 Prozent. Strauchelt der Schuldner finanziell, pfändet die Bank sein Auto, sein Haus und kann ihn nach Herzenslust ausquetschen. Ist nichts zum Quetschen mehr da, kann die Bank – ähnlich wie bei Aktien – den Kredit mit einem Abschlag an eine andere Bank verkaufen, zum Beispiel eine Forderung über 100 000 Euro für nur 70 000 Euro. Ihr Vorteil, es kommt sofort Geld herein, wenn auch nur 70 Prozent des verliehenen Geldes, was bei einem säumigen Schuldner, der einem als Gläubiger wenig Hoffnung macht, verlockender ist als ein Totalverlust. Das Schräge daran ist, der Käufer dieses Kredites erwirbt mit nur 70 000 Euro eine Forderung über 100 000 Euro, eine traumhafte Rendite von 30 Prozent lockt. Inkassofirmen haben sich auf die Eintreibung von hoffnungslosen Forderungen spezialisiert. Diese Inkassofirmen schicken Drohbriefe mit horrenden Zinsforderungen. Zu besonderer Bekanntheit kam die Firma Moskau Inkasso. Schon der Name wirkt bedrohlich, und Drohgebärden sind das Konzept der Firma. Wobei man den Gründern Sammy und Machete, beide martialisch tätowierte 100-Kilo-Kerle, nicht einen gewissen Sinn für Humor absprechen kann. Schon der Firmenname ist legendär. Moskau Inkasso klingt unangenehm, vor allem in Deutschland, wo die Angst vorm Russen Tradition hat. Selbst der Slogan »Auch wenn Sie kein Russisch können, Sie werden uns verstehen« entbehrt nicht einer Pointe. Zahlreiche Medien begleiteten die beiden, die nach einigen Schwierigkeiten ihren Firmensitz ins bosnische Mostar verlegten. Der *Süddeutschen Zeitung* verrieten Sammy und Machete, dass sie am liebsten Forderungen bei Prominenten eintrieben. So schuldete ein auf Mallorca lebender Promi einem dort praktizierenden Zahnarzt 8000 Euro. Und sie hatten auch schon einen Spruch parat, mit dem sie den Erstkontakt an der Haustür des Promis herstellen wollten: »Entweder du bezahlst heute deine neuen Zähne, oder wir nehmen sie wieder mit.«

In der Bundesrepublik müssen jedes Jahr über 300 Milliarden Euro (Achtung: 300 000 000 000) an Leute zurückgezahlt werden, die ein paar Jahre zuvor Staatsanleihen gekauft, also dem Staat Geld geliehen haben. Wenn eine Privatperson Schulden zurückzahlt, indem sie neue Kredite aufnimmt, ist das in der Regel ein Alarmsignal. Umschuldungen gelten im Kreditwesen als Krisenmodus. Stellen wir uns das anhand der Geschichte von Michael vor. Für den Kauf eines Motorrollers leiht er sich 1000 Euro von einem Kumpel. Um ihm das Geld zurückzugeben, leiht sich Michael die gleiche Summe von seiner eigenen Freundin. Als die den Betrag zurückhaben will, pumpt er seine Mutter an. Aber nur für einen Monat, hat sie gesagt. Deshalb leiht er sich genau nach Ablauf dieses Monats 1000 Euro von einem Kollegen. Klingt wenig seriös, oder? Man könnte aber auch sagen, dass Michael ein Mann ist, der in kürzester Zeit drei Kredite ablöste. Er kann sich nicht nur einen neuen Motorroller leisten, nein, er ist auch in der Lage, 3000 Euro zu tilgen. Warum sollte die fünfte Person, die ihm Geld leiht, kein Vertrauen haben? Genau mit dieser Masche arbeitet unser Staat. Wenn in einem Jahr, wie in jedem Jahr zuvor, die 300 Milliarden Euro ausgezahlt werden müssen, leiht sich die Bundesrepublik Deutschland einfach dieselbe Summe von anderen

Leuten. Meistens sogar noch mehr, dann spricht man von Neuverschuldung. Auch sie gab es in unserem Land in den meisten Jahren. Wenn Politiker Schulden abbauen wollen, müssen sie sich zunächst an die Absenkung der Neuverschuldung machen, ein wenig ambitioniertes Ziel. Ginge Michael dazu über, sich Geld von Banken zu leihen, erst 10 000 Euro bei der Commerzbank, dann 30 000 bei der Deutschen Bank und im dritten Jahr 20 000 Euro bei der Hypovereinsbank, dann hätte er seine Neuverschuldung um volle 30 Prozent gesenkt, eine Sensation! Wäre Michael ein Staat, gäbe es enthusiastischen Applaus. Er hat weniger neue Schulden gemacht als im letzten Jahr, Respekt! Dieser Mann ist solide.

Aber wer leiht unserem Staat eigentlich Geld? Deutschland verspricht allen, die dem Staat Geld leihen, einen garantierten Zinssatz. Im Moment ist er nicht hoch, aber da andere Anlageformen noch desaströser sind, reißt die Begeisterung für deutsche Staatsanleihen nicht ab. Die größten Anleger sind Pensionsfonds. Auf der ganzen Welt gibt es riesige Kassen, in die Leute über lange Zeiträume viel Geld für ihre Altersversorgung eingezahlt haben. Dieses Geld muss sicher angelegt werden, damit die Einleger, wenn sie alt sind, auch etwas ausbezahlt bekommen. Wo dieses Geld hinfließt, da blüht die Wirtschaft auf. Wo es abzieht, verwelkt sie. Trotz ihres gigantischen Volumens verhalten sich die Pensionsfonds wie ein scheues Reh. Schon ein Geräusch reicht aus, damit es das Weite sucht. Brasilien ist auf dem Sprung, zu den modernen Staaten aufzurücken? Das lockt das Reh an. Hier mag es viele neue Unternehmen geben, die für Wachstum sorgen werden.

Dann knackt es einmal. Was war das? Ein morscher Ast, der in der Nacht gebrochen ist? Gibt es noch mehr morsche Äste? Ist vielleicht ganz Brasilien morsch? Schwups, ist das Reh weg, und mit ihm Billiarden von Dollar auf der Suche nach einer neuen Anlagemöglichkeit.

Es gibt nur eine Alternative zu Krediten: Geduld

Kredite können gut sein, wenn wir mit ihnen Werte schaffen, zum Beispiel ein Haus kaufen oder eine Firma gründen, die mit all unserem Talent die Welt mit neuen Dingen bereichert. Eine Kamelwaschanlage? Läuft! Kommerzielle Flüge ins All? Ein Hit! Leute aus dem Flugzeug schubsen? Damit verdient Jochen Schweizer in Deutschland Millionen. Wenn eine Ärztin eine radiologische Praxis mit Technik für mehrere 100 000 Euro einrichten muss und diese fast ihr gesamtes Berufsleben lang abstottert, aber dabei auch Geld für ihren Lebensunterhalt verdient, dann ergibt das Sinn. Ohne diese Technik, ohne den Kredit hätte sie die Praxis erst gar nicht eröffnen können. Am Ende einer Finanzierung eines Restaurants, Start-ups oder der Praxis der eben genannten Ärztin stehen mit Glück und viel Schweiß Werte. Maschinen, Patente, beliebte Produkte, Jahresumsätze, die auch ohne Kredit weitersprudeln, Kundenstämme. So etwas lässt sich jetzt verkaufen oder weiterbetreiben. Ohne Kredite hätte es das vegane Restaurant, die neue Praxis und die Handy-App, die uns vor Staus warnen kann, nie gegeben. Kredite und Schulden können also den Entwicklungsstand einer Gesellschaft verbessern. Aber Kredite für Dinge, die ihren Wert verlieren, müssen wir im Auge behalten. Am Ende von Handyverträgen steht immer ein altes kaputtes Handy. Wer Möbel und Autos finanziert, hat in der Regel am Ende wertlosen Schrott. Deshalb können uns diese Consumer Credits Kopf und Kragen kosten. Aber kann man es den Menschen verdenken, dass sie ihre Autos finanzieren? Kredite schaffen hier die Möglichkeit, etwas früher zu nutzen, als man es sich eigentlich leisten kann. Wer hat schon das Geld, einen Wagen cash zu kaufen? Wir können ja mal das Experiment machen: Zwei Nachbarn, Angelo und Gisela, verdienen gleich viel und haben zunächst nichts gespart. Beide brauchen ein Auto. Angelo finanziert sich einen Fiat für 10 000 Euro zu 10 Prozent und stottert ihn mit 135 Euro im Monat ab, während Gisela beginnt, genau diesen Betrag monatlich zu sparen. Angelo fährt jeden Tag mit seinem neuen Auto vor, Gisela guckt durch die Gardinen und spart. Nach sechs Jahren hat Gisela die 10 000 gespart und kauft sich ein neues Auto. Angelo schluckt, sein Fiat hat inzwischen den Glanz verloren, aber er muss noch weiter abstottern. Seine Finanzierung dauert zehn Jahre. Die 135 Euro, die er monatlich zahlt, legt auch Gisela weiterhin zur Seite. Wenn Angelo die letzte Rate überweist, hat er ein altes, klappriges Auto vor der Tür und dafür 16 325 Euro bezahlt. Gisela hat ein mittelaltes Auto, das schon bezahlt ist, und auch noch 6325 Euro übrig. Setzen wir voraus, dass die Autos alle zehn Jahre gegen neue ersetzt werden müssen, dann unterschriebe Angelo genau in diesem Moment seinen nächsten Kreditvertrag. In der Lebenszeit seines zweiten

Autos wird der Abstand zwischen ihm und Gisela noch schlimmer. Denn obwohl auch Gisela noch mal ein zweites Auto kauft (im Jahr 2016) passiert im Jahr 2020 Gravierendes. Angelos zweiter Fiat muss nach zehn Jahren ausgetauscht werden. Gisela hat in diesem Jahr 2020 ein vier Jahre altes und noch brauchbares Auto und außerdem 12400 Euro übrig. Er hat wiederum genau diesen Betrag für Zinsen zum Fenster rausgeworfen. Sie könnte eigentlich Angelo das Geld leihen, bevor er sagen muss: »Isch abe gar keine Auto.« Wir nehmen natürlich an, dass Angelo vom ersten Tag an 135 Euro tilgt und Gisela vom ersten Tag dieselbe Summe im Monat spart. 10 Prozent Zinsen klingen im Moment unwahrscheinlich hoch, doch für Consumer Credits war dieser Zinssatz noch bis vor wenigen Jahren völlig normal. Ich kenne Menschen, die Anfang der 80er-Jahre eine Hausfinanzierung für 11 Prozent Zinsen per anno abschlossen. Dass Gisela in diesem Modell keine Zinsen auf ihr Erspartes bekommt, schmälert ihren Triumph. Sie würde heute tatsächlich weder auf einem Sparbuch noch sonst wo ohne großes Risiko einen Zins erzielen können. Trotzdem muss Angelo für zwei Autos eigentlich drei abbezahlen. Dasselbe gilt für Leute, die ein Haus abstottern, auch sie müssen die Immobilie mindestens zweimal, wenn nicht noch öfter abbezahlen. Viele Menschen finanzieren ihre Immobilie so, dass sie zum Eintritt ins Rentenalter ihnen gehören wird, wenn alles gut geht. Bis dahin müssen sie je nach Zinssatz für ein Haus, das mal 400000 Euro gekostet hat, 800000 oder sogar 1,2 Millionen Euro bezahlen. Also lieber die Finger davon lassen? Ist das nicht ein denkbar schlechter Deal?

Oftmals ist das sogar ein guter Deal. Natürlich zahlt die Häuslekäuferin viele Zinsen für ihr Häusle, doch wer mietet, muss auch Miete bezahlen. Diese Miete wird nicht umsonst auch Mietzins genannt, denn man erwirbt mit ihrer Zahlung kein Eigentum. Wer bis zur Rente ein Haus abstottert, ist in Gefahr, wenn er zwischendurch nicht in der Lage ist, die Raten zu bezahlen. Er muss ausziehen. Gut, das müsste ein Mieter auch. Doch Ersterer bleibt eventuell selbst nach dem zwangsweisen Verkauf des Hauses noch auf Restschulden sitzen. Eine weitere Gefahr könnte sein, dass das Haus auch über die lange Tilgungszeit keine Wertsteigerung erlebt, weil in dem Kaff, in dem man es gekauft hat, einfach niemand leben möchte. Aber abgesehen von diesen Risiken gibt es mehr Chancen. Der Rentner spart die Miete, kann sich, wenn er wenig Geld hat, mit Kartoffeln und Quark in sein Haus zurückziehen. Später lässt es sich verkaufen, und man kann seine letzten Jahre auf einem Kreuzfahrtschiff verbringen. Was für ein schöner Traum.

Eines lässt Schulden und Kredite in einem besonders friedlichen Licht erscheinen: Vertrauen. Schulden sind immer auf die Zuversicht in eine solide Zukunft gebaut, in der es möglich sein wird, neue Werte zu schaffen und mit diesen den Kredit zurückzuzahlen. Anschreiben lassen kann man nur, wenn die Kunden wiederkommen werden. Nähert sich die Krise, die Bomber oder gar eine Front, sind im Stadtteil schon einige Häuser zusammengefallen, dann gibt es auch keine Kredite mehr. Dann kommt das Gold aus den dunklen Tresoren wieder ans Tageslicht und wird mit Zigaretten und Kaffeepaketen gegen anderes getauscht. Alles muss einen unmittelbaren Wert haben. Je höher der Goldpreis, desto größer die Wirtschaftskrise.

Wenn Banken Kredite an Häuslebauer vergeben, die dreißig Jahre brauchen werden, um das Häusle abzustottern, dann funktioniert das nur in Erwartung von dreißig friedlichen Jahren.

5
Zinseszinses-
zinseszins

»Der Vorgang, mit dem Banken Geld erzeugen, ist so simpel,
dass der Geist ihn kaum erfassen kann.«

John Kenneth Galbraith, Ökonom

Als sich im antiken Rom schon alles um Zinsen und ver-
patzte Geldgeschäfte drehte, begann der römische Sena-
tor Tacitus seine berühmte Expedition zu einem Natur-
volk, das nördlich der Alpen im Unterholz lebte. Kaum im
rauen Klima angekommen, bescheinigte er den Germanen, unseren Vorfahren, viel Primitivität. Sie ernährten
sich von widerlichem Müsli und betranken sich mit vergo-
renem Getreide. Für die schrullige Lebensweise der Germanen habe ich mir in meinem letzten Buch »Von Napo-
leon lernen, wie man sich vorm Abwasch drückt« viel Zeit
genommen. In römischen Augen war das Leben der Germanen lausig. Deshalb stellte Tacitus ihnen in seinem
ebenso empfehlenswerten Buch »Germania« (erschienen
im Jahr 98. n. Chr.) ein lustiges und langes Armutszeug-
nis aus. Doch eine der vielen Wissenslücken der Germa-

nen schien ihm geradezu vorbildlich: »Geld gegen Zinsen auszuleihen und auch aus den Zinsen Kapital zu schlagen ist ihnen unbekannt«, stellte er begeistert fest und fügte hinzu: »Diese Unwissenheit schützt sie besser davor, als wenn Verbote bestünden.« Denn Zinsverbote, vor allem gegen Wucherzinsen, gab es in vielen entwickelten Religionen und Zivilisationen, man hielt sich nur selten daran. Deshalb schützten sich die Germanen mit ihrer eigenen Unbedarftheit vor etwas, was für viele Konflikte sorgen konnte.

Als Maria und Joseph für ihren Sohn sparten

Denn Zinsen haben es wirklich in sich. Erst sie sind das Düngemittel, das einem Schulden über den Kopf wachsen lässt. Der Moralphilosoph Richard Price rechnete 1772 vor, wozu Zinseszinsen fähig sind. Immer, wenn wir ein Kind bekommen oder auch einen Neffen oder eine Nichte, hört man den Satz: »Och, für die Kleine mache ich mal ein Sparbuch auf.« Price zeigt, wie das bei Jesus hätte laufen können. Sein Vater Joseph wäre zur Bank gegangen, um einen Penny anzulegen, den Josephspfennig. Unter diesem Namen ist das Beispiel von Richard Price in die Geschichte eingegangen. Was wäre aus dem Geld bis heute geworden? Nun ist ein Penny heute nicht mehr viel wert, und man wäre wirklich ein geiziger Vater, würde man für seinen Sohn nur einen Cent anlegen, deshalb nehmen wir mal 10 Euro. Was wäre aus 10 Euro auf einem Sparbuch geworden, eingezahlt in der Kreissparkasse von Nazareth, wenn man das Geld bis heute auf dem Sparbuch gelassen hätte? Bei einem Zins von 2 Prozent wären zu Jesus' erstem Geburtstag 10 Euro und 20 Cent auf dem Konto gewesen. Im zweiten Jahr hätte es die 2 Prozent Zinsen auf die Summe von 10,20 Euro gegeben, also 10,40 Euro. Gähn, das kann ja dauern. Ich habe die Summe schon abgerundet. Genau genommen ergeben 10,20 Euro plus 2 Prozent 10 404 Euro, und diese kleine 4 an dritter Stelle hinter dem Komma müssen wir im Auge behalten. Sie wird sich in ein Geldmonster verwandeln. Es dauert zwar 200 Jahre, bis aus den 10 Euro 104 Euro geworden sind. Damit lässt sich noch kein Führerschein bezahlen. Aber nehmen wir mal an, jemand hätte das Sparbuch im Schrank vergessen und es wäre erst im Jahr 2000 von jemandem wiederentdeckt worden, der sich damit sogleich vor dem Schalter der Kreissparkasse von Nazareth eingereiht hätte. Nunmehr wäre die Sparsumme dank Zins und vor allem Zinseszins auf einen Betrag angewachsen, der in diesem Buch die höchste Summe sein wird, der wir begegnen werden: 15,8 Trillionen Euro, also: 15 800 000 000 000 000 000 Euro geschaffen aus nur 10 Euro.

Jesus, Mohammed und Aristoteles
sind einer Meinung

Blöd nur, wenn diese Zinsen nicht angelegtes Geld wundersam vermehren, sondern Schulden. Doch die meisten Menschen begegneten Zinseszinsen eher als Schuldner, nur die Banken profitierten von dieser magischen Formel. Damit die Beträge, die man der Bank schuldete, in schwindelerregende Höhen stiegen, bedurfte es auch nicht des langen Zeitraums, den Price berechnet hat. Da die geliehenen Summen und die Zinssätze viel höher waren, gingen auch die Zinseszinsen schneller durch die Decke. Viele Schuldner verloren alles. Deshalb ist die Empörung über Zinsen so alt, dass sich schon Jesus, Mohammed und Aristoteles zu ihnen geäußert haben. »Leiht, wo ihr nichts dafür zu bekommen erhofft«, empfahl Jesus.

Die antike Diskussion über Zinsen erinnert uns eher an unsere heutige Zeit, dabei hatten Menschen mit all diesen Gelddingen viel früher zu tun als mit Kartoffeln, Buchstaben und der Dreifelderwirtschaft.

Zinsen gab es fast immer, und immer wurden sie kritisiert. Sie seien gegen die Natur des Menschen, schimpfte schon Aristoteles. Sie seien das größte Unglück deutscher Nation, fluchte Luther, und zwischen diesen beiden Zitaten waren schon weit über 1000 Jahre vergangen, in denen Zins und Zinseszins die Taschen der Geldverleiher gefüllt hatten.

Zinsen – überall verboten,
überall verbreitet

Auch sämtliche Weltreligionen verurteilten den Zins. Als Architekt des aufkommenden Christentums fand Gregor von Nyssa im vierten Jahrhundert besonders deutliche Worte:»Unnütz und unersättlich ist das Leben des auf Zinsen Ausleihenden.« Heute würde man sagen *Banker*. Im Gegensatz zu jedem, der einem vernünftigen Beruf nachgeht,»kennt er nicht die Arbeit des Feldes und hat auch keine wirkliche Einsicht in das Wesen des Handels«. Dumme Slogans wie»Lassen Sie Ihr Geld für sich arbeiten«, die uns heute bekannt sind, entlarvte er schon vor rund 1600 Jahren. Denn Geld kann nicht arbeiten. Wenn wir aus etwas Kapital schlagen, müssen wir uns die Frage stellen, wen wir da eigentlich schlagen. Nyssa kritisiert die Unverfrorenheit, Geld völlig unproduktiv damit zu verdienen, es zu verleihen:»Ohne zu pflügen und zu sähen, will er, dass alles ihm wachse.« Und dann seziert er den Beruf des Bankers so gnadenlos, dass ihm – könnte er heute vor den Aktivisten der Attac-Bewegung sprechen – stürmischer Applaus sicher wäre:»Als Pflug hat (der Geldverleiher) den Schreibstift. Als Ackerland sein Papier. Als Samen die Tinte. Als Regen die Zeit, die ihm auf geheimnisvolle Weise seine Einkünfte mehrt. Sichel ist ihm die Schulderpressung, und Tenne ist ihm das Haus, in dem er den Besitz des Bedrängten verringert. Das, was Gemeingut aller ist, sieht er als sein Eigentum an.«

Wahrhaft kämpferische Worte. Doch die Vermehrung

des Reichtums prangern meist die an, die nichts haben, was sie vermehren könnten, und das Christentum begann, wie alle revolutionären Bewegungen, ohne viel Kohle, aber mit viel Entschlossenheit. Damals hatten das Geld noch die anderen, doch wie schon erwähnt ist die Geschichte der Kirche die Geschichte eines der größten Bereicherungsraubzüge, die es jemals auf diesem Planeten gegeben hat. Gregor von Nyssa fiel noch in die Zeit, als man Wasser predigen konnte und auch Wasser saufen musste, da kein Wein für eine Doppelmoral zur Verfügung stand. Aber dieser Wein wuchs schon auf den Weinbergen.

Die Juden und das Geld

In den wichtigsten Religionen wie dem Christentum durfte man also überhaupt keinen Zins nehmen oder wie im Judentum keinesfalls von Freunden, aber durchaus von Fremden. Letzteres entspricht unserem heutigen Empfinden im Alltag. Wer einem Freund 1000 Euro leiht, wird am Ende auch nur 1000 Euro zurückfordern. Dass sich das Judentum nicht so kategorisch gegen Zinsen festlegte wie die anderen großen Religionen, ist der Ursprung der besonderen Rolle, die Juden im Geldsystem einnahmen und die später als Vorwand für Antisemitismus und brutale Verfolgungen genommen wurden. Zunächst verloren die Juden im Jahr 70 nach Christus ihr eigenes Land und mussten bis zur Gründung Israels im Jahr 1948 fast 1900 Jahre auf einen eigenen Staat warten. Nach ihrer Vertreibung lebten sie jahrhundertelang verstreut in ganz

Europa und Russland als Minderheiten in verschiedenen christlich geprägten Ländern und konnten dort leicht unterdrückt werden. Zunächst verbot man Juden, Handwerksberufe auszuüben, die in Zünften organisiert waren. Die Handwerkskammern und Zünfte mit ihren bescheuerten Beschränkungen gibt es bei uns bis heute. Der Ofenbauer darf den Ofen nicht an den Schornstein anschließen. Der Fahrer, der bis Bordsteinkante liefert, stellt die Ware im Regen vorm Haus ab und hilft nicht, sie hereinzubringen, dafür wurde er nicht ausgebildet. Die Handwerker, die eine Einbauküche aufbauen, dürfen nicht das Kabel des Herdes anschließen. Selbst die Taxifahrer konnten es durchsetzen, dass außer ihnen niemand gegen Bezahlung Leute im Auto mitnimmt. Als die Firma Uber mit einer neuen Geschäftsidee versuchte, Fahrgäste in private Autos zu vermitteln, zeigten die Taxiunternehmer, dass sie es verhindern können, die hoheitliche Tätigkeit, Leute mitfahren zu lassen, an andere Mitbewerber zu verlieren. Der absurdeste Einwand der Taxilobby gegen Uber war, dass private Chauffeure im Gegensatz zu Taxifahrern keine spezielle Fahrausbildung zur Personenbeförderung haben. Ich musste laut lachen, als ich das hörte. Taxifahrer haben eine spezielle Fahrausbildung? Davon habe ich noch nie etwas mitbekommen, im Gegenteil. Mit ihrer Mischung aus Rasen und Drängeln oder Im-Schneckentempo-den-Verkehr-Aufhalten, weil sie eine Hausnummer suchen, sind Taxifahrer für mich der Inbegriff lausiger Autofahrer. Um es kurz zu machen, wenn heute Mittelalter wäre: Die Taxilobby hätte Juden auch verboten, das Taxigewerbe auszuüben. Jeder bekannte Beruf schottete sich gegen sie ab. So verloren Juden im Mittelalter jedwede Möglichkeit, einem bis dahin bekannten Beruf nachzugehen. Sie konnten nur das machen, was wiederum allen Christen verboten war, nämlich Geld verleihen. Vermögende Herrscher hielten sich »ihre Juden«, die in ihrem Auftrag Geld verliehen. Die Judengasse in Frankfurt am Main war der Ursprung des Bankenviertels. Durch den Umweg über die Juden als Vermittler waren Kreditgeschäfte gang und gäbe, sodass sich auch im Mittelalter zahlreiche Proteste gegen den Zins finden lassen. Er sei ein »in Wolle gefärbter Dieb und Mörder«, schimpfte Luther, ein »großes Ungeheuer, ähnlich einem Werwolf, der alles verwüstet, ärger als irgendein Schurke«. Luther war um deutliche Worte nie verlegen, allerdings zeigen schon diese Wutausbrüche eine fatale Tendenz. Zins mag verwerflich sein, aber Zins ist keine Person. Die Vorstellung von Zins als Gestalt, ob nun Werwolf oder sonst was, zeichnet den Weg vor, an dessen Ende ein Sündenbock gefunden werden muss.

Eine ähnliche Projektion betreiben wir heute bei der Verurteilung der Gier. Die Gier an den Finanzmärkten ist bekanntlich schuld an vielen Missständen und Abgründen, doch unsere Vorstellung von Gier entfernt sich zu weit von dem, was Gier ist – wir machen aus einer Eigenschaft eine Person. Herr Stefan Gier von der Commerzbank. Ja, da sind wir uns sicher, die Gier tritt vor allem in Person eines Bankers auf. Doch wenn sich herausstellt, wie viele ganz normale Rentner und Studenten ihre Ersparnisse nach Island geschickt haben, für ein halbes Prozent mehr, muss die Frage erlaubt sein, wer hier gierig ist. Der Banker, der die zweifelhaften Finanzprodukte verkauft, mag gierig sein. Die Rentnerin aus Kassel, die wissen will, wo sie »am meisten für ihr Geld bekommt«, ist genauso gierig und keinen Deut besser. Aber die alte Wut auf Wucherer wurde schon früh zum Hass gegen Juden. Das Bankhaus Rothschild wird gern angeführt, wenn es um den Vorwurf geht, dass Juden ihr Einkommen ausschließlich über Zinsen bestreiten. Wenn wir aber die größten Bankhäuser der Geschichte aufzählen, die ganzen oberitalienischen Familien in der Renaissance – allen voran die Bardi und Medici –, dazu die Fugger aus Augsburg, ist kein einziges jüdisches Bankhaus dabei. Gerade die katholische Kirche sprach, was ihre Haltung zum Zins betraf, immer mit gespaltener Zunge. Einerseits war er verboten, die Bibel lässt keinen Zweifel daran. Andererseits wollte die Kirche in ihrem gesamten Machtgebiet den Zehnten eintreiben, also das, was man heute Kirchensteuer nennt. Dazu bedurfte es professioneller Geldhäuser, und so lebten die Zinswucherer aus Florenz mit dem Segen des Papstes.

Die Wall Street in Florenz

Was war im 14. Jahrhundert eigentlich an der Wall Street los? Nichts. Manhattan war eine unbewohnte Halbinsel, nur der Broadway soll als Trampelpfad quer durch das Gelände schon existiert haben. Noch war kein Einwanderer aus Portugal oder Spanien angekommen, noch waren die amerikanischen Ureinwohner unter sich.

Die Wall Street hieß damals Florenz, hier steppte der Bär. Die deutsche Bankenstadt hieß damals nicht Frankfurt, sondern Augsburg. Die Bardi und auch die Fugger überzogen einen Teil Europas mit Filialen und erfanden zusammen mit ihren Kunden die Staatsverschuldung. Karl VIII. schuldete den Fuggern irgendwann 600 000 Gulden, und das, obwohl er ihnen als Sicherung für die Gewährung weiterer Kredite viele Rechte an Minen abgetreten hatte. Als Heinrich VIII. den Thron an seinen Sohn übergab, soll er ihn ermahnt haben: »Du musst immer deine Schulden bezahlen.« Er selbst hatte das nie geschafft. Der englische König stellte den Tilgungsdienst ganz ein und riss damit gleich mehrere Banken aus der Lombardei mit in den Ruin. Das zinsgesteuerte Kreditwesen war also lange Zeit in italienischen Händen. Deshalb treffen wir noch heute in den Filialen der Postbank und der Sparkassen auf italienisches Flair. Um es zu entdecken, muss man nur ein Gespräch mit dem Bankberater beginnen. Schon geht es um Disagio, Dispo, Skonto, Giro und am Ende bancrotto. Selbst das Wort »bankrott« hat einen italienischen Hintergrund. Dort bauten Geldwechsler und Verleiher auf Marktplätzen noch vor der Erfindung prachtvoller Bankgebäude ihre Tische auf. Ihre Währung war, wie bis heute im Kreditwesen, Vertrauen. Wurde dieses Vertrauen erschüttert, war ein Geldverleiher nicht mehr flüssig, flippten die Kunden aus, die ihm Geld anvertraut hatten, und zerschlugen seinen Tisch, *banca rotta* – der zerschlagene Tisch. Auch der Lombardsatz, der Leitzins, den früher unsere Deutsche Bundesbank festlegte, konnte seine lombardischen Wurzeln nicht verbergen. Giro heißt Kreis, es ist das Konto, auf dem die laufenden Einnahmen und Ausgaben kreisen, auf Griechisch heißt Giro *gyros*, die Griechen haben also kein Giro- sondern ein Gyroskonto, das erklärt vielleicht einiges.

Der Zins im Islam

Zwar heißt es im Koran, wer Zinsen nehme, sei von Satan besessen, doch auch im Islam umschiffte man das Zinsverbot mit einem Trick. Eröffnet ein Tischler heute in einem westlichen Land eine Tischlerei, für die er Maschinen im Wert von 80 000 Euro benötigt, nimmt er einen Kredit auf, kauft die Maschinen und stottert den Kredit ab, für den die Bank 8 Prozent Zinsen nimmt. Der Tischlerkollege in Teheran wendet sich auch an eine Bank. Diese darf aber keine Zinsen nehmen. Dafür erklärt sie sich netterweise bereit, für den Tischler sämtliche Maschinen zu kaufen. Sie kosten 80 000 Euro, die islamische Bank verkauft nun die Tischlerei an den Tischler mit einem Aufschlag von 20 Prozent. Reden wir hier lieber nicht von Prozenten, die sind zu nah am Zins. Aber Handel verbietet der Koran nicht, und eine Tischlerei für 80 000 zu kaufen und für 96 000 zu verkaufen ist okay. Das macht die Bank. Sie verkauft die Tischlerei samt Einrichtung an den Tischler für einen höheren Preis und gewährt ihm die Möglichkeit, diesen Betrag in Raten abzustottern. So einfach umgeht sich das Zinsverbot.

Wenn Geld nicht mehr arbeiten will

Jahrhundertelang litten die Menschen unter der Last hoher Zinsen, die schnell dafür sorgen konnten, dass Haus und Hof in den Besitz der Geldverleiher gerieten. Wenn Zinsen also eine Ausgeburt des Teufels sind, dann könnte heute eine neue heile Welt Wirklichkeit werden, denn in vielen Ländern sind Zinsen praktisch abgeschafft. In Japan schon seit zwanzig Jahren, in der EU hat die Zentralbank im Jahr 2015 den Leitzins auf 0 Prozent gesenkt, die USA schon früher. Doch die Menschen meckern über hohe Zinsen nur so lange, wie sie diese auf ihre Kredite zahlen müssen; nun gibt es für Kredite nur noch minimale und – wie sollte es auch anders sein – für Sparguthaben gar keine Zinsen mehr. Und schon titeln die Zeitungen: »Die Enteignung der Sparer.« Was ist los mit dem Geld? Warum will es nicht mehr arbeiten? Ist es faul geworden? Sparen lohne sich nicht mehr, was nicht stimmt. Es lohnt sich immer, etwas zurückzulegen, zum Beispiel in der Socke im Schrank. Aber die Socke zählt nicht, denn der Vorwurf lautet eigentlich, es lohne sich nicht mehr, Geld anzulegen, weil es auch keine Zinsen mehr gäbe. Da es auf dem Sparbuch tatsächlich keine Zinsen mehr gibt, zugleich eine schwache Inflation von weniger als 2 Prozent vorliegt, würde sich das Sparguthaben von Jahr zu Jahr sogar verkleinern.

Mir war es völlig neu, dass es ein Grundrecht auf Guthabenzinsen gibt. Die Zinsen steigen meist parallel mit der Inflation. Nehmen wir mal eine Markenjeans für

70 Euro. Es macht doch keinen Unterschied, ob wir diese Summe ein Jahr auf dem Sparbuch liegen lassen, keine Zinsen bekommen und nach diesem Jahr die Hose immer noch für 70 Euro kaufen können. Oder ob wir 10 Prozent Zinsen bekommen und nach einem Jahr für die Hose 77 Euro bezahlen müssen, weil sie auch 10 Prozent teurer geworden ist. Aber es scheint nicht einer gewissen Logik zu entbehren, dass Menschen, die für die Tilgung von Schulden hart arbeiten mussten, in dem Moment, in dem sie endlich ein paar Kröten anlegen, erwarten, dass nun andere bereitwillig einen Zins abarbeiten. Denn der Satz: Lassen Sie Ihr Geld für sich arbeiten, heißt eigentlich: Lassen Sie andere für sich arbeiten. Denn wer kann denn für 10 000 Euro 11 000 zurückzahlen?»Nur Menschen können Geld einen Wert geben, denn Geld an sich ist überhaupt nichts wert, da es für sich keinen Wert zu erzeugen vermag.« Das sagte kein Geringerer als Henry Ford und meinte damit: Geld kann nicht arbeiten.

Die teure 0-Prozent-Finanzierung

Zinsen scheinen mittlerweile kaum noch eine Rolle zu spielen. »Heute kaufen, in einem Jahr die erste Rate bezahlen«, das klingt doch gut, denkt sich zum Beispiel Matthias. Doch wer so seinen neuen Super-Riesen-LED-Fernseher für 4000 Euro mitnimmt, sitzt das erste Jahr zufrieden vor dem Gerät mit einem neuen Voll-Abo von Sky, in der Erwartung, erst nach einem Jahr und ganz in Ruhe mit der Tilgung für das Gerät zu beginnen. Doch da der Zinsrechner schon läuft, sind nach einem Jahr zu 10 Prozent schon 400 Euro aufgelaufen, die vorher noch nicht da waren. Die ersten vier Raten gehen nur für diese Zinsen drauf. Nach einem Jahr und vier Monaten mit vier ersten Ratenzahlungen stehen bei Matthias im Wohnzimmer immer noch 4000 Euro Schulden und ein nicht mehr so neuer Flachbildschirm, auch wenn Matthias glaubte, er sei doch nicht blöd. Weil er auf dem Kontoauszug bemerkt, dass es mit der Schuldensumme nur im Schneckentempo bergab geht, entscheidet er sich bei der Finanzierung der nächsten Einbauküche für eine 0-Prozent-Finanzierung. Das scheint doch wirklich clever. Diesmal will Matthias auch gleich von Anfang an tilgen, um die Schulden schnell loszuwerden. Etwas komisch kommt ihm dabei nur vor, dass er für eine 0-Prozent-Finanzierung einen mehrseitigen Kreditvertrag unterschreiben muss. Das ergibt doch keinen Sinn, denn die Bank bekommt ja keine Zinsen, also nichts. Deswegen muss man doch eigentlich auch nicht so einen dicken Vertrag machen. Wenn der Kredit nichts kostet, außer das Geld, das man bekommt, ist er ja quasi geschenkt. Das muss ja eine nette Bank sein. Allerdings will sie die übliche Kreditausfallversicherung, ist ja auch praktisch, wenn man stirbt, soll der Partner nicht auf unbezahlten Krediten sitzen bleiben. Außerdem ist diese Versicherung auch für die Vergabe der 0-Prozent-Finanzierung obligatorisch. Bei IKEA kostete die Kreditausfallversicherung 0,69 Prozent der Kreditsumme pro Monat. Gut, 0,69 Prozent ist ja immer noch fast 0 Prozent. Viele Kunden wie Matthias merken nicht sofort, dass diese Versicherung pro Jahr mit zwölf mal 0,69 Prozent zu Buche schlägt, und das sind 8,28 Prozent – für heutige Zinsverhältnisse schon ein recht teurer Kredit. Dazu kommt noch eine Abschlussgebühr. So kostet eine 0-Prozent-Finanzierung schnell mehr als 10 Prozent Zinsen. Aber Matthias denkt immer nur an die Null, weil er selber eine Null ist in Zinsrechnung.

Aber ist es nicht in Ordnung, Zinsen zu nehmen, da doch der Besitzer des verliehenen Geldes in dem einen Jahr, in dem Matthias vor seinem neuen LED-Fernseher sitzt und auf die erste Rate wartet, selbst nichts mit dem Geld machen kann? Man könnte ja Zinsen auch als eine Art Leihgebühr für Geld begreifen. An sich schon. Allgemein nimmt man auch an, dass eine Bank die Spareinlagen ihrer Kunden an andere Kunden weitergibt, die einen Kredit benötigen. Doch das ist ein Irrtum, und damit kommen wir zu einem der magischsten Ereignisse im Kreditwesen, das sich täglich wiederholt.

Simsalabim: das magische Giralgeld

Was die wenigsten wissen: Wenn uns eine Bank einen Kredit gewährt oder einer Firma etwas leiht, dann harkt sie kein Geld aus den Einlagen anderer Bankkunden zusammen, sondern darf dieses Geld aus dem Nichts zaubern. In jeder Bankfiliale liegt dafür ein Zauberstab von Bibi Blocksberg, und dann spricht der Filialleiter *Hex-hex* und

Simsalabim, und schwups, sind 100 000 frische Euro im Hut. Ich gebe zu, es gehört eine große Portion Fantasie dazu, diese Giralgeldschöpfung zu verstehen, dabei ist es eigentlich ganz einfach, eben so einfach, dass man es einfach nicht verstehen mag.

Es gibt einige Wahrheiten, die zugleich simpel und dennoch unbegreifbar sind. Eine lautet: Das Weltall ist unendlich. Und wir denken, gut, aber was kommt dahinter? Eine andere, dass unsere Existenz mit dem Tod erlischt. Und wir denken, okay, aber wo sind wir dann? Und die einfache Wahrheit zur Frage, wie Geld eigentlich entsteht, ist: Die Bank schreibt 100 000 Euro auf einen Zettel, und dann sind sie da. Es ist keine Überweisung von woandersher. Das Geld entsteht aus dem Nichts mit der Tinte vom Kontoauszugsdrucker oder dem Flimmern des Kontostandes beim Onlinebanking. Dieses magische Geld ist Anlass für viele Verschwörungstheoretiker, zu behaupten, die Banken könnten ja einfach ihre Bilanzen schönrechnen mit diesem Trick, aber das stimmt nicht. Für Banken ist Giralgeld nur eine – Achtung, noch ein schönes Wort! – Bilanzverlängerung. Sie werden diesen Begriff am Ende des nächsten Satzes verstehen. Wenn Murat keinen Penny hat und sagen sollte, wie seine finanzielle Situation ist, müsste er zugeben: Ich habe null Euro. Nun könnten wir ihm 1000 Euro leihen. Er hätte nunmehr diese 1000 Euro, aber zugleich auch neue Schulden über 1000 Euro, also wie viel unterm Strich? Genau, wieder null Euro. Das nennt man eine Bilanzverlängerung, und genauso geht es einer Bank, wenn sie für uns einfach 100 000 Euro erfindet. Sobald dieses Geld auf unserem Girokonto ist, wird es für die Bank ein Guthaben, es gehört nicht mehr ihr, sondern uns. Das ist schlecht für die Bank, wir können es am Geldautomaten ziehen oder an andere Leute überweisen oder uns davon ein Häuschen kaufen. Auf der anderen Seite steht in den Büchern der Bank noch, dass wir ihr 100 000 Euro schulden, das ist gut für die Bank, das ist Geld, das eigentlich ihr gehört, eine Forderung. Verrechnet man beides, kommt auch hier null raus. Auch am Ende der Rückzahlung des Kredits nach soundso vielen Raten kommt eine Null raus. Die Bank hat inzwischen die kompletten 100 000 Euro ausgezahlt, und der Kunde hat 100 000 Euro zurückgezahlt, wieder eine Null. Denn die Bank verdient das selbsterfundene Geld ja nicht, das wäre wirklich zu schön, um wahr zu sein, nur der Zins auf den Kredit wird neue Einnahme der Bank. Trotzdem sind neue 100 000 Euro in Umlauf gekommen.

Wie man Geld in den Markt pumpt

Die Geldmenge ist eine wichtige Größe im Finanzsystem. Steigt sie, können neue Geschäfte auf Pump gemacht werden und die Wirtschaft wächst. Geldknappheit war mehrmals in der Geschichte ein Riesenproblem. Im Kleinen sagt man: »Gehen wir einen trinken?« – »Lieber nicht, ich bin gerade nicht so flüssig.« Ist eine Bank oder ein Unternehmen nicht mehr flüssig, drückt man es etwas vornehmer aus, sagt aber dasselbe: »Der Staat stellt der Commerzbank 18 Milliarden liquide Mittel zur Verfügung, damit die Liquidität wiederhergestellt ist.« Geld scheint eine Flüssigkeit zu sein, deshalb heißt es auch immer wieder, man müsse in der Krise Geld in den Markt pumpen. Mario Draghi, Chef unserer Zentralbank EZB, hat eine besonders große Pumpe, die monatlich hohe Milliardenbeträge auf die Märkte sprüht. Sie lassen sich gut mit dem Wasser vergleichen, das Bauern in trockenen Monaten auf den Feldern verteilen. Entscheidend ist: Nach der Bewässerung muss auf den Feldern auch etwas wachsen, das man später verkaufen kann, um das Wasser zu bezahlen. Wenn das nicht gelingt, ist die Katastrophe nah. Denn aus Schulden wird nur dann Geld, wenn es auch zurückgezahlt wird. Wird dieses Versprechen nicht gehalten, weil die Ernte misslingt oder die Preise verfallen, bricht eine Dürre aus. Neues Wasser bekommt der Bauer nicht, weil man ihm nicht mehr vertraut. Doch da er ja nicht zahlen kann, bleibt man auf seinen Forderungen sitzen. Ist es dann nicht besser, ihm doch noch einmal zu vertrauen, ein weiteres Jahr die Felder zu bewässern, in der Hoffnung, dass er später finanziell die Kurve kriegt? Genau das passiert gerade. Ob griechischer Staat oder gestrauchelte Banken, mit viel frischem Geld lässt man sie weitermachen und verschiebt die Rückzahlungen in die ferne Zukunft, da ihr Ausfall heute sehr teuer wäre. Da hilft nur Daumendrücken, denn wenn die Hoffnung enttäuscht wird, wird die nächste Wirtschaftskrise alles in den Schatten stellen, was wir in den letzten dreißig Jahren kennengelernt haben.

Warum Schulden niemals zurückgezahlt werden können

Das Internet ist voll von Verschwörungsgeschichten zum Geld. Da wir es geschafft haben, die Giralgeld-Schöpfung zu verstehen, können wir uns noch einem anderen magischen Phänomen nähern, einer echten Verschwörung. Sie lautet: Da die Banken immer nur Kredite in Umlauf bringen, aber nie die zusätzlichen Zinsen, können die Schulden auch niemals zurückgezahlt werden, denn sie sind in Wirklichkeit nicht da. Schon wieder so eine Kopfnuss. Also beamen wir uns zurück in die Anfänge der Bankengeschichte, direkt zum Tag, als die ersten beiden Kredite überhaupt vergeben wurden. Ein Apotheker aus Ulm und ein Arzt aus Tübingen leihen sich jeweils 100 Gulden, müssen aber 110 zurückzahlen, da ein Zins vereinbart ist. Die Bank hat aber nur jeweils 100 Gulden an sie ausgezahlt, also in Umlauf gebracht, woher sollen die Zinsen also kommen? Nur wenn einer der beiden in Konkurs geht und der andere vorher die Möglichkeit hatte, Geld vom anderen zu erhalten, könnte es einer schaffen, der andere nicht. Dieses Dilemma löst sich auch nicht, wenn weltweit massenhaft Kredite vergeben werden. Deswegen, so die demagogische Warnung, können nur mit einem permanenten Kreditwachstum Zinsen für ältere Kredite bezahlt werden. Außerdem würden die Banken mit diesem Trick, der eine Rückzahlung unmöglich macht, nach und nach in den Besitz der ganzen Welt kommen. Doch die Verschwörungstheorie unterschlägt zweierlei. Zum einen kommt

Geld nicht immer als Kredit in Umlauf. Könige und Staaten haben immer wieder mal Geld herausgegeben und es als ihres betrachtet. Ohne Zins wurden damit Waren eingekauft. Zum anderen straucheln natürlich immer wieder Kreditnehmer und es kommt zu Zinsausfall. Ihr verzocktes Geld ist auch in den Kreislauf gelangt.

Zinsen lassen Banker grinsen

Angesichts dieser ganzen Taschenspielertricks stellt sich irgendwann für nette Menschen die Frage: Wie können wir ehrenwert zu Geld kommen? Die meisten verdienen es, indem sie Heizungen reparieren, Kindern Lesen beibringen oder Wein anbauen. Sie haben Fertigkeiten, die für andere wichtig sind, stellen mit diesem Geschick allein oder mit anderen Menschen Longboards, Treppenlifte oder Trampoline her, die andere Leute kaufen. Dafür werden sie bezahlt. Wer dabei gut verdient und etwas übrig hat, fragt sich dann vielleicht, wie er aus dem Geld noch mehr Geld machen kann. Nun, auch dafür gibt es viele ehrenwerte Möglichkeiten. Es lässt sich in eine eigene Werkstatt und einen eigenen Weinberg genauso investieren wie in fremde. So etwas geschieht täglich. Wenn eine Freundin namens Elena die Surfschule *Superwave GmbH* eröffnet, können wir Gesellschafter werden, also Eigentum an ihrem Unternehmen erwerben, was dann auch unseres wird, zum Beispiel zur Hälfte. Ebenso können wir mit Aktien ein bisschen Eigentum an Apple oder einer Windpark AG in der Nordsee erwerben. Wenn stetiger Wind für rotierende Rotorblätter und ausgebuchte Surfkurse sorgt, vermehrt sich unser Geld, vor allem wenn wir unsere Anteile wieder verkaufen. Wenn hingegen mehrere eiskalte Sommer die Surfschule ruinieren und der Windpark wegen Missmanagement ins Minus rutscht, dann erleiden auch wir Verluste – wenn wir Pech haben, einen Totalverlust. Dann ist unser Geld weg. Der Verkauf der Surfbretter und Windrotoren, also die Auflösung der Firmen, ist die Folge. Wäre es da nicht viel klüger, mit unserem Geld nicht etwas zu kaufen, sondern es zu verleihen? Denn das macht einen entscheidenden Unterschied, ist aber nicht mehr ehrenwert. Diesmal ist die Aussicht auf 10 Prozent Gewinn bei Elenas neuem Kaffeehaus keine Hoffnung, sondern ein vertraglich gesichertes Versprechen. Für die 10 000 Euro, die wir ihr leihen, muss sie uns 11 000 zurückzahlen, und das schon nach einem Jahr. Würde es mit der Kaffee-Idee wieder nicht so laufen und sie deshalb nicht in der Lage sein, den Kredit zu tilgen, schuldete sie uns nach zehn Jahren mit fast 26 000 Euro schon mehr als das Zweieinhalbfache der ursprünglich geliehenen Summe. Das Gute am Kredit ist: Wenn unsere Freundin strauchelt, haftet sie nicht nur mit dem Mobiliar und dem Verkauf der kostbaren Espressomaschine für unsere Einlage. Wir können ihr Privatvermögen pfänden, ihren Peugeot, jeden Euro, den sie als Kellnerin im Restaurant auf der Autobahnraststätte verdienen würde. Jeden Cent könnten wir aus ihr herausquetschen, um ihre Schuld mit Zins und Zinseszins, also dem uns von ihr versprochenen Gewinn zu erhalten. Wir beteiligen uns bei einem Kredit nicht an ihrem Risiko. Zu früheren Zeiten wäre sie zur

Prostitution gezwungen gewesen. Nicht mal ein Sprung aus dem Fenster hätte die Rückzahlung vereitelt, hätte man ihr doch auch ihre Kinder weggenommen und sie als Sklaven verkauft.

Warum wird bis heute für die Tilgung von Krediten manches Menschenrecht über den Haufen geworfen, das uns sonst so heilig erscheint? Die ärztliche Versorgung in Griechenland ist zusammengebrochen. Rentner sitzen ohne elektrischen Strom zu Hause. Immer mehr Griechen wählen vor Verzweiflung den Freitod. Alles unerheblich, wenn es die Regierung so schafft, Kredite zu bedienen. Zinsen können, wenn sie zu hoch sind, brutal sein und einem finanziell das Genick brechen. Deshalb wird der Mechanismus des Zinses auch gerne als Metapher gewählt, wenn es um reale Gewalt geht. Wurde ein Freund verprügelt? Wenn klar ist, wer das war, bekommt er es zurückgezahlt, damit die Schuld gesühnt ist, aber wenn der Täter unserem Freund ein blaues Auge schlug, schlagen wir ihm gleich ein paar Zähne aus, denn er bekommt es zurück »mit Zins und Zinseszins«.

6
Vom Raub zur Steuer

»Erst beim Abfassen der Steuererklärung
kommt man dahinter,
wie viel Geld man sparen würde,
wenn man gar keines hätte.«

Fernandel (1903–1971), französischer Schauspieler

Wenn man versucht, Geld von seinem Girokonto an einem Geldautomaten abzuheben, obwohl keines mehr drauf ist, dafür aber der Dispokredit schon überzogen ist, wird man Zeuge eines unangenehmen Geräusches. Der Automat zieht die Karte ein, wird still, denkt wohl nach, und das länger als sonst. Die Sekunden ziehen sich, dann ruckelt es wieder, die Karte wird hin- und hergeschoben, aber das erlösende Geräusch, das die Scheine machen, wenn sie in den Geldschacht flattern, dieses leichte *fffrrrttt*, das auch Zauberer erzeugen, wenn sie einen Stapel Spielkarten kunstvoll von einer in die andere Hand fliegen lassen, bleibt aus. Der Schacht schiebt die Karte hinaus, man möchte sie eigentlich nicht mehr ziehen, sie ist der Schwarze Peter. Diese Karte möchte niemand haben, und schließlich erscheint ein winziges Fenster auf dem Bildschirm. Man senkt den Blick und liest:»Auszahlung derzeit nicht möglich. Wenden Sie sich an Ihren Bankberater.« Dann dreht man sich um, da schon Leute hinter einem warten, zieht die Schultern hoch und sagt:»Na super, der Automat ist kaputt.« Bevor man fluchtartig das Weite sucht.

Wie kann es möglich sein, wo wir doch noch eben davon sprachen, dass die EZB Milliarden in den Markt pumpt, Liquidität ohne Limit herstellt, dass man selber am Ende am Automaten nicht mal mehr einen Fünfziger bekommt? Wie kann man so abgebrannt sein? Die Sympathie für Ganoven, die Geldautomaten sprengen, wächst in solchen Momenten exponentiell. Warum es nicht ihnen gleichtun? Sich einen abgelegenen Geldautomaten suchen und nachts mit einer Flasche Propangas den Vorraum betreten. Schnell ist sie aufgedreht, ein Schlauch in den Schacht für die EC-Karten versenkt. Dann muss man nur noch sechs Teelichter möglichst dicht vor den Automaten schieben. Bis zur Explosion wartet es sich besser am anderen Ende des Parkplatzes. Der Gentleman verklebt noch die Tür mit einem rot-weißen Sperrband und einem Zettel dazu mit dem Hinweis»Außer Betrieb«, falls jemand im falschen Moment an den Automaten möchte. Diese Methode klappte im letzten Jahr so gut, dass immer mehr Banken überlegen, wie einsam ihre Automaten liegen dürfen. Die letzte Generation der RAF, inzwischen im Rentenalter angekommen, galt als untergetaucht. Nun tauchte sie aber plötzlich wieder auf, da deren Mitglieder anscheinend Geld brauchten. Sie hatten mit ihren alten Methoden aus den 70ern weniger Erfolg. Stellten sie sich doch einem Geldtransporter in den Weg, schrien: »Aussteigen!«, und wedelten mit einem halbautomatischen Gewehr. Doch die beiden Männer in dem gepanzerten Fahrzeug stiegen nicht aus. Selbst als die Terroristen eine Salve über die Windschutzscheibe ballerten, die Kugeln jedoch abprallten, kauten die beiden Wachleute weiter ungerührt auf ihren Doppelwhoppern und stiegen einfach nicht aus. Schließlich gaben die RAF-Rentner entnervt auf.

Gib mir deine Jacke – die Erfindung der Abgabe

Doch viel länger ist die Geschichte des geglückten Raubes. Einfach jemandem mit Gewalt etwas wegzunehmen war und ist bis heute die primitivste Form der Bereicherung – wenn auch nicht die effektivste. Lange ging es in der Geschichte darum, dass sich Leute einfach gewaltsam etwas aneigneten. Natürlich kann die italienische Mafia ein Restaurant in Neapel betreten, sämtliches Bargeld mitnehmen, dem Wirt einen Revolver an den Kopf halten, damit er auch den Safe im Hinterraum öffnet, sich zur Demütigung noch eine Pasta machen lassen, um danach den Wirt zu erschießen und das Restaurant abzufackeln. Aber ist das klug? Die Mafia kam schnell darauf, dass ein Raub viel ergiebiger ist, wenn man seine Opfer nicht zerstört, sondern nur anzapft. Wer 20 Prozent Schutzgeld zahlt, bringt mehr ein. Krieg war und ist der größte vorstellbare Raub, doch auch bei ihm galt, dass es für den Räuber primitiv ist, sein Opfer nur einmal vollständig auszunehmen. Da Kriegsherren aber oft einfach gestrickt sind, ist der dumme Raub immer noch verbreitet. Von der vollständigen Demontage von Industrieanlagen im Zweiten Weltkrieg bis zur kompletten Beschlagnahme der Weizenernte in der Ukraine – die totale Zerstörung bringt dem Besatzer nur kurzfristig etwas ein. Deshalb gingen schlaue Unterdrücker schon früh dazu über, nur Steuern zu erheben, wie das Schutzgeld bei Staaten genannt wird. Die Mafia sichert seinem Opfer einen ominösen Schutz zu: »Wenn du zahlst, wird dir nichts passieren«, krächzt das Oberhaupt der Familie den Wirt an. Und nichts anderes sagt uns das Finanzamt.

Vielleicht kann der Wirt diesen Schutz sogar einfordern. Wenn er sich bei der Mafia beschwert, dass ein Gast seine Rechnung nicht bezahlt hat. Oder wenn der Nachbar über dem Restaurant Ärger macht, weil seine Gäste spätabends zu laut sind. Dann kann es sein, dass die Mafia tatsächlich die Interessen des Wirtes vertritt und dem Zechpreller einen Finger bricht und dem Nachbarn selbiges androht, wenn er sich noch mal beschwert. Doch meist weist das Schutzgeld nur auf das hin, was passiert, wenn der Wirt nicht bezahlt. Die Mafia wird dann selbst dafür sorgen, dass dem Wirt etwas zustößt.

Bei Kriegsherren waren es allen voran die Römer, die eroberte Länder nicht einfach blind ausplünderten, sondern intakt ließen. Für die Bewohner änderte sich oft nur die Adresse des Finanzamtes. In dieser Situation lässt sich auch die Frage klären, was eigentlich zuerst da war: Geld, Schulden, Kredite oder vielleicht sogar Steuern?

Erst stechen, dann saugen

Viele Menschen lernten Steuern als Erstes kennen, noch vor Schulden, Krediten oder Geld überhaupt. Kriegsherren, die es auf Bares abgesehen hatten, etwas, was sie heim in ihr Reich schleppen oder an ihre Soldaten auszahlen konnten, trafen oft auf Völker, die bis dahin Geld noch gar nicht kannten. Bei der Monetarisierung, also der Ausweitung des Geldsystems auf neue Gebiete, war zuerst gar kein Geld da. Und es ging auch niemand umher und verteilte welches wie bei der Einführung der D-Mark nach dem Zweiten Weltkrieg, als jeder 40 Euro Startguthaben bekam. Kapital schlägt man am besten aus Leuten, die keines haben. In der Antike und im Mittelalter sah dies so aus: Bei Bauern tauchten Männer auf Pferden auf. Dazu muss man wissen, dass Pferde lange so kostspielig und luxuriös waren, dass deren Reiter ungefähr so viel Eindruck machten, als führe heute ein mit Swarovski-Steinen besetzter Rolls-Royce in ein Dorf in Mecklenburg-Vorpommern. Die Reiter waren erst römische Soldaten, im Mittelalter, das in vielem so erbärmlich war, hießen sie Ritter. Sie bauten sich vor den Bauern auf und hielten die Hand auf, dahinter blitzte das gezückte Schwert oder der Morgenstern.

»So, Leute, ab jetzt werden wir Steuern erheben, jeder Bauer muss 20 Dukaten im Jahr bezahlen.«

»Ähm, aber wir haben gar kein Geld und bisher auch nie gebraucht.« Etwas enttäuscht setzte der Reiter noch mal an: »Kein Geld? So was! Na gut. Dann setze ich als Steuersatz fest – nennt es Grundsteuer oder Mehrwertsteuer, das ist mir schnuppe – zehn Säcke Weizen pro Jahr. Verstanden?«

Und fortan mussten die Bauern Steuern in Form von Weizen und anderen Erzeugnissen abliefern. Doch schon im dritten Jahr gab es am Zahltag ein für die Entwicklung des Finanzsektors entscheidendes Problem: »Das sind keine zehn Säcke Weizen!«, rief der Steuereintreiber. »Das sind nur fünf!«

»Die Ernte war dieses Jahr sehr schlecht«, gab der Bauer zu bedenken. Nach einigem Nachdenken hatte der Steuereintreiber eine Idee.

»Jeder Sack Weizen bringt uns 2 Dukaten, macht bei fünf fehlenden Säcken eine Steuerschuld von 10 Dukaten – unterschreibt diesen Schuldschein, das treiben wir dann nächstes Jahr ein.«

Die Pferde hatten schon umgedreht, als sich der Eintreiber noch mal an die Bauern wandte: »Fast hätte ich es vergessen, wir nehmen 20 Prozent Zinsen. Im nächsten Jahr sind also nicht 10 Dukaten fällig, sondern 12.«

Die Bauern guckten ratlos.

»Ach, ihr Deppen geht ja noch nicht zur Schule«, stöhnte der Eintreiber. »Das ist ein Sack mehr.«

Innerhalb weniger Jahre hatten die Bauern so viele Schulden, dass sie selbige auch mit einer Bombenernte nicht mehr zurückzahlen konnten. Aber wie die Schulden tilgen? Die Bauern verloren ihr Land, mussten ihre Töchter und Söhne in die Sklaverei verkaufen und wurden am Ende selber Sklaven.

Das Finanzamt im Islamischen Staat

Als in der Zeitung stand, dass die Terroristen vom Islamischen Staat in den von ihnen eroberten Gebieten 10 Prozent Steuern von der Bevölkerung forderten, konnte es nicht mehr lange dauern, dachte ich, bis der ursprünglich französische Schauspieler Gérard Depardieu seinen Umzug von Russland nach Rakka bekanntgeben würde. Nach all den Horrornachrichten über die Praktiken der Islamisten schienen 10 Prozent Steuern das erste Signal einer Mäßigung zu sein. In Frankreich hatte Präsident François Hollande zuvor versucht, eine Vermögenssteuer von 75 Prozent einzuführen. Für viele Menschen mit höherem Einkommen ist das Extremismus. Depardieu war nicht der Einzige, der daraufhin aus Frankreich floh, aber der Einzige, der seinen Wohnsitz ins russische Saransk verlegte. Wladimir Putin hatte ihm persönlich mit einem Erlass die Staatsbürgerschaft geschenkt.

Die islamistischen Terroristen erinnerten in ihrer Brutalität an die Christen der Kreuzzüge im aufkommenden Mittelalter. Bei beiden mörderischen Bewegungen mischten hauptsächlich Kriminelle mit. Um genug skrupellose Eroberer zu finden, wurden im christlichen Abendland sogar die Tore der Gefängnisse geöffnet. Entweder Kerker –

oder andere Völker im Namen der Bibel in Angst und Schrecken versetzen, lautete das Angebot. Wäre ich in dieser Situation, hätte ich auch nicht lange überlegen müssen. Wenn heute islamistische Terroristen aktenkundig werden, stoßen die Behörden oft auf lange Vorstrafenregister für Diebstähle, Überfälle und andere kriminelle Machenschaften. Gerade nach einem Leben ohne Sinn als Autoknacker, Gelegenheitszuhälter und Drogendealer ist ein Heiliger Krieg doch endlich mal etwas mit Sinn. So ist es heute im Nahen Osten und Europa, so war es damals in Europa und dem Nahen Osten. Trotzdem war auch im extremen frühen Mittelalter der moderate Steuersatz von 10 Prozent bekannt. Er wurde »der Zehnte« genannt, als jeder Bauer jeden zehnten Sack Getreide an den lokalen Tyrannen, die Kirche oder beide abliefern musste.

Warum Geld nicht stinkt

Was ist eigentlich der Unterschied zwischen Raub und Steuern? Nun, wer der Meinung ist, dass das Geld, das einem der Staat abnimmt, für das Gemeinwohl eingesetzt wird, sieht sicher einen Unterschied. Die Vorstellung, dass das Drittel des erarbeiteten Gehaltes in Schulen und Kindergärten fließt und für die Verbesserung der Straßen eingesetzt wird, lässt einen ruhig schlafen. Da der Staat aber auch Milliarden von Steuergeldern zum Fenster hinauswirft, zum Beispiel für große Bauprojekte, die niemand will, wird auch hier reales Steuergeld benötigt. Was, wenn durch Zufall mein Steuergeld in den Ausbau der Schulen fließt, Ihres jedoch in die Baustelle des Flughafens Berlin-Brandenburg? Was, wenn Ihre Einkommensteuer sinnlos verbrannt wird? Viele Menschen fluchen gerne über die Verschwendung von Steuergeldern, und wenn man nicht damit einverstanden ist, was mit dem eigenen Steuergeld passiert, dann gibt es für sie keinen Unterschied zwischen Steuerzahlungen und Raub. Denn auch wenn man protestiert und flucht, abgeben muss man das Geld trotzdem. Im Erfinden von neuen, verrückten Steuern waren unsere Herrscher immer schon kreativ. Wer im Russland unter Peter dem Großen einen Vollbart trug, musste eine Bartsteuer entrichten und ihre Bezahlung mit einer Metallplakette nachweisen, die man um den Hals trug. Rasierte man sich und trug lieber eine lange Perücke, wurde man in Preußen unter Friedrich I. zur Kasse gebeten. Wer Perücken trug, war reich und konnte deshalb auch eine Luxussteuer entrichten. Eine Perückensteuer könnte heute im Rheinland zur Karnevalszeit Millionen in die klammen Kassen der Kommunen spülen. Den Menschen Geld dafür abzunehmen, wenn sie auf Toilette müssen, ist keine Erfindung von Sanifair. Von denen stammt nur die Erfindung, den Menschen dafür einen Gutschein zu geben, mit dem sie einen Kaffee kaufen können, der um genau den Betrag verteuert wurde, der auf dem Gutschein steht.

Die erste Toilettensteuer erfand der römische Kaiser Vespasian. Seinem Sohn war das entsetzlich peinlich. Als er sich bei ihm beschwerte, hielt ihm sein Vater ein Bündel Geldscheine unter die Nase und sagte den berühmten Satz: »Geld stinkt nicht.«

Das dachte sich vielleicht auch Ryan-Air-Chef Michael

O'Leary, als er Toilettengebühren in seinen Flugzeugen einführen wollte. Vielleicht scheiterte die Idee an der Umsetzung. Ein Tischchen mit Wachstuch und Teller für Münzen darauf hätte schließlich zu viel Platz im Flieger eingenommen, und ein Münzschlitz an der Tür ist auf internationalen Strecken mit verschiedenen Währungen auch zu kompliziert.

1902 wollte man in Deutschland eine Kriegsflotte aufbauen und erhob deshalb eine Steuer auf schäumende Weine. Egal ob Sekt oder Champagner, immer wenn ein Korken mit Knall von der Flasche flog, war die Steuer fällig. Absurderweise wird diese Steuer noch heute erhoben, mehr als ein Jahrhundert später, nachdem die große Zeit der Kriegsflotten längst vorbei ist, ja, nachdem in zwei Weltkriegen die deutschen Kriegsflotten untergegangen sind. Auf deutschen U-Booten gab es die höchste Lebensgefahr für die dort dienenden Soldaten. Acht von zehn starben, eigentlich war man, sobald man dort seinen Dienst antrat, so gut wie tot. Trotzdem freut sich der Staat bis heute über 430 Millionen Euro Einnahme allein aus dieser perlenden Steuerquelle. Eine besonders makabere Steuer wurde unter anderem in Hannover im 18. Jahrhundert erhoben. Jeder Bürger musste tote Spatzen abliefern, die als Schädlinge galten. Wer nicht oder erfolglos auf die Jagd ging, musste zahlen.

Steuerbescheid für die Germanen – nicht zustellbar

Auch bei Steuern ist der Erfindungsdrang ungebremst. Wer in den USA in ein Sonnenstudio geht, muss 10 Prozent Aufschlag bezahlen. Das Geld fließt direkt ins Gesundheitssystem. In Deutschland muss auf Schönheitsoperationen Mehrwertsteuer entrichtet werden, schließlich ist die Patientin hinterher mit Brustimplantaten mehr wert auf dem Flirtmarkt von *Parship* bis *Tinder*. Hausbesitzer waren überrascht, als ihnen die Kommunen Rechnungen schickten für Regenwasser, das auf ihrem Grundstück niederging, wenn dieses in die öffentliche Kanalisation gelangen konnte, auch Dachflächen wurden berechnet, fließt doch auch von dort der Regen in die städtischen Siele. Wenn Sie Häuser sehen, an deren vier Ecken große Regentonnen stehen, versucht jemand diese Steuer zu umgehen. Cafés in Städten müssen eine Steuer entrichten, wenn sie mit einer Markise für Schatten über ihren Tischen sorgen. Denn diese Markise ragt in den öffentlichen Luftraum, er gehört der Stadt, also ist eine Luftraum-Markisensteuer fällig. Wer ein Theater eröffnet, muss eine Parkplatzabgabe zahlen, denn ein Theater lockt Menschen mit Auto an. Für die horrende Summe baut die Stadt jedoch keinen einzigen Parkplatz für das Theater, sie erhebt vielmehr Steuern für die Nutzung öffentlicher Parkplätze – für die man dann am Parkautomaten noch einmal bezahlen muss.

Heute macht man sich schnell verdächtig, wenn etwas

ohne Geld läuft. Ein Mann hilft beim Renovieren und taucht jeden Morgen wieder vor dem Haus des Nachbarn auf? Das kann doch nur Schwarzarbeit sein. Ein helfender Schwager, der ohne Geld mit anpackt? So etwas gibt es doch eigentlich gar nicht mehr. In Arbeitsbeziehungen hat der Staat den Austausch von Naturalien ganz verboten. Gemeinhin zahlt man Steuern auf Geld, das man verdient. Versucht man es auf andere Weise, entlohnt jemanden für seine Arbeit etwa mit einem Auto, einer Reise oder Karten für die Oper, so nennt das Geldmonster dies einen »geldwerten Vorteil«, der natürlich steuerlich geschätzt und bezahlt werden muss. Aber eine Begebenheit aus der Geschichte sollte uns Mut machen, denn nicht immer war es erfolgreich, den Deutschen hohe Steuern abzunehmen. Als kurz vor seinem eigenen Untergang das späte Römische Reich über den Rhein in die ostelbischen Gebiete der Germanen vordrang, arrangierten sich diese zunächst mit den Besatzern, die auch manchen Fortschritt mitbrachten. Doch als der Oberrömer Quinctilius Varus versuchte, Steuern zu erheben, platzte den Germanen der Kragen, und die berühmte Varusschlacht im Teutoburger Wald nahm ihren Lauf, bei der ein riesiges römisches Heer niedergemetzelt wurde. Die Römer hatten keine Chance, denn die Wut der von Arminius angeführten Horden war grenzenlos. Man kann ihren tobenden Angriff auf Varus' Truppen als Reaktion auf einen Steuerbescheid des römischen Finanzamtes ansehen.

7
Wie reich kann man sein?

»Milliardäre sind Leute, die auch einmal als ganz gewöhnliche Millionäre angefangen haben.«

Jerry Lewis

Als ich einmal auf einem sehr exklusiven Kreuzfahrtschiff zwischen Antigua und St. Martin in der Karibik aus meinen Büchern vorlas, lernte ich Menschen kennen, die sehr, sehr viel Geld hatten. So viel Geld, dass ein Heer von Juristen, Bankern und Managern von Unternehmungen, in denen dieses Geld angelegt war, dafür zuständig waren, es zu betreuen, zu mehren und vor allem dafür zu sorgen, dass es nicht verschwindet. Es waren zwei vergnügte alte Damen darunter, Hildegard und Anneliese. Hildegard verbrachte viel Zeit mit Anwendungen im Wellnessbereich, der ein halbes Deck einnahm. Traf man tagsüber auf sie, war sie meist in einen weißen Bademantel gehüllt und wackelte auf ihren Pantoffeln mit Keilabsatz über den Gang. Anneliese hingegen verbrachte den größten Teil des Tages in ein und demselben Deckchair. Dort ließ sie sich von philippinischen Kellnern in Kaschmirdecken einwickeln, denn meist war es ihr zu windig. Beide besuchten sämtliche Kulturveranstaltungen, und so lernte ich sie kennen. »Köstlich, wirklich köstlich!«, rief Hildegard, als ich nach meiner Lesung an ihrem Tisch vorbeiging.

»Setzen Sie sich noch einen Moment zu uns?«, fragte Anneliese. So fand ich heraus, dass Hildegard einst die viel jüngere Ehefrau eines Grafen in Baden-Württemberg gewesen war. Nun hatte sie ihren Grafen schon mehr als ein Vierteljahrhundert überlebt und war Besitzerin riesiger Waldflächen, Sägewerke, einer Fabrik für Presspanplatten, einer Möbelfabrik, einer Kette von Einrichtungshäusern in Deutschland und Österreich und einer Vielzahl von Immobilien.

»Und Sie haben die Bücher alle selber geschrieben?«, fragte sie.

»Ja«, antwortete ich. Und ich sah in ihrem Blick Faszination für mich, der ich aus Papier und Gedanken Bücher machte. Allerdings vermischte sich ihre Begeisterung auch mit einem etwas herablassenden Blick, als sie wieder nach ihrem Martini-Glas griff. Denn ich lebte ja von meiner Kunst, machte also Kunst nicht nur der Kunst wegen, sondern weil ich auch essen und wohnen möchte. Ich kannte Hildegards zwiespältiges Gefühl mir gegenüber von mir selbst, wenn ich zum Beispiel einen chinesischen Artisten im Fernsehen sehe, der in eine kleine Tonne klettert, Unglaubliches vorführt. Und im selben Moment, in dem ich denke, mein Gott, was für eine grandiose Tonnennummer, wie kommt er da nur rein und wieder raus, lösche ich meine Begeisterung mit einem: »Na ja, von irgendwas muss das arme Schwein ja leben. Der kleine Chinese, einer von 1,4 Milliarden, hat sicher seine Kindheit in der Tonne verbracht, musste jeden Tag üben, damit er ein Einkommen hat.« Dieselbe Herablassung lag in Hildegards Blick. Von irgendwas muss er ja leben, der Schriftsteller. Ich gehörte damit zu der Armee von Menschen, die etwas lernen mussten, um zu überleben, und für die Hildegard zahlte, wenn sie ihre Dienste in Anspruch nahm. Zu dieser Armee gehörten von ihrer Warte aus gesehen nicht nur ich, die Kellner und der Mann, der an Bord aus Wassermelonen kunstvolle Schwäne modellierte, sondern auch Gefäßchirurgen und Dirigenten von Klassikorchestern. Beeindruckend, was sie leisteten, aber gut, von irgendwas mussten sie ja ein Einkommen bestreiten. Anneliese gehörte ein Drittel einer holländischen Reederei, deren Container sich ohne Unterlass auf Schiffen um den Globus bewegten. Dieses Imperium war von ihrem Vater an die drei Kinder vererbt worden. Natürlich hatten auch die beiden Damen mal Berufe erlernt, die ich aber erst später im Internet fand. Hildegard hatte Sekretärin gelernt, Anneliese einst Jura studiert, aber bei beiden hatte dieser Beruf nicht die Funktion gehabt, sie zu ernähren. Von eigener Hände Arbeit zu leben ist sehr sinnstiftend, auch wenn sich dieser Sinn aus einer Zwangslage ergibt. Männer und Frauen schufteten durch die Jahrhunderte hindurch, machten unzählbare, entbehrungsreiche Knochenjobs, um sich und ihre Familien zu ernähren. Fällt das weg, fehlt oft der Sinn, eine quälende Langeweile macht sich breit. Auf Kreuzfahrtschiffen des oberen Preissegments nennt man diese Langeweile »Shuffleboard«.

Hat das Leben, wenn man alles hat,
keinen Sinn mehr?

Auf meiner letzten Kreuzfahrt musste ich meine Vorstellung von reichen Leuten revidieren. Ich dachte, der reichste Passagier residiert in der größten Suite an Bord und lässt es krachen. Tatsächlich war es so, dass es Leute gab, die die teuerste Suite an Bord das ganze Jahr über buchten, aber nie kamen. Auch ein Bericht über die Bishop Street in London sprengte meine Fantasie von Reichtum. Bis dahin dachte ich, dass die reichsten Leute in der teuersten Straße in den feinsten Villen wohnten. Die Bishop's Avenue in London ist zwar die teuerste Straße der Stadt, doch die Menschen, denen die Villen gehören, sind nie da. Es handelt sich um Superreiche aus Saudi-Arabien, Russland oder China, die dort Häuser besitzen, sie aber einfach verfallen lassen. Es zerreißt einem das Herz, wenn man die Bilder der prachtvollen Häuser sieht, in denen ein Flügel auf edelstem Parkett steht, das sich schon aufrollt, da das Dach eingestürzt ist und Balken und Stroh auf den Flügel gefallen sind, auf den nunmehr das Regenwasser tropft. Alles egal. Wann immer diese Immobilie weiterverkauft wird, ist sie das Vielfache von dem wert, was sein Besitzer einst für sie bezahlt hat. So wird man reicher durch Nichtstun.

Überall auf der Welt gehören die feinsten Adressen Reichen, die dort nie anzutreffen sind. Wer in Hamburg an einem Winterabend auf den Marco Polo Tower in der Hafencity schaut, wird kaum erleuchtete Etagen sehen. Und wenn doch Fenster dieses teuersten und exklusivsten Wohnturmes an der Wasserkante erleuchtet sind, ist es wahrscheinlich die Automatik, die Einbrechern vorgaukeln soll, es sei jemand da. Vier Wochen wohnte ein *FAZ*-Redakteur in der Hafencity in einem anderen Gebäude und versuchte Nachbarn aufzuspüren, vergeblich.

Ob in London, Barcelona oder Tel Aviv, überall gibt es akute Wohnungsnot bei gleichzeitigem Leerstand feinster Adressen. In Tel Aviv ist es die erste Reihe am Strand, vor der sich zwar viele Menschen tummeln, auf den Balkonen in dieser Toplage sieht man aber nie jemanden. Da in Amerika alles etwas extremer ist als anderswo, wundert es nicht, dass sich in Manhattan mit dem neuen Wohntower 432 Park Avenue ein neuer Wolkenkratzer in den Himmel streckt. Er ist in dieser an hohen Häusern wahrlich nicht armen Stadt mit 426 Metern bis zur Dachkante das zweithöchste Gebäude der Stadt. Nur das neue One World Center ist mit 531 Metern höher. Der besondere Unterschied ist, dass nicht etwa Büros großer Konzerne sich hier in die Luft strecken, sondern Wohnungen für Leute, die einfach nicht mehr wissen, wohin mit der Kohle. Eine Adresse am Central Park in Midtown, ja das ist doch was. Als ich kurz nach verfügbaren Wohnungen in diesem Turm Ausschau hielt, fand ich welche zwischen 18 und 76 Millionen Dollar. Welche Dosis New York bekommt jemand, der dieses Geld aufbringt? Die Nachbarn werden Oligarchen aus Russland, Scheichs aus Saudi-Arabien und Chinesen sein, die allerdings höchstwahrscheinlich nicht da sind. Bis zu zehn Monate im Jahr würden die meisten Appartements leer stehen, schätzte die *New York Times*. Wer so einen

Milliardär mit der Motorsäge zerkleinern möchte, muss sich nicht sorgen, dass er dabei einen Nachbarn beim Mittagsschlaf stört.

Ritter, Prinzessinnen und anderes Gesocks

Wie konnte es nur passieren, dass sich das Geld, kaum war es erfunden, bis heute immer in den Händen weniger sammelt? Der Adel war die erste Gruppe, die sich erfolgreich über den Rest der Menschen hinweggesetzt und sich dabei fortwährend die eigenen Taschen vollgestopft und Besitztümer angehäuft hat. Das Wort »Besitz« ist erstaunlich offenherzig. Wer besitzt, muss eigentlich nicht mehr viel tun als sitzen, nämlich inmitten seines Besitzes. Das Prinzip des Adels war und ist einfach: Gewaltsam wird ein Gebiet unterworfen, dann gehört es einem und man kann die Einwohner zur Kasse bitten. Falls Sie das anspricht, machen Sie es einfach wie Francesco Grimaldi. Fahren Sie nach Monaco, klingeln Sie am Fürstenpalast, und wenn jemand öffnet, stürmen Sie einfach hinein, setzen sich in einen Sessel und brüllen: »Das ist jetzt alles meins!« Genau so haben es die Milliardäre, die da jetzt wohnen, vor rund 700 Jahren gemacht. Monaco gehörte damals Neapolitanern. Auch eine Festung hoch über dem Meer war schon da, also eigentlich alles geregelt, bis es 1297 klopfte und ein Franziskanermönch Einlass erbat und um Essen und Trinken bettelte. Kaum hatte er aufgegessen, zettelte er einen Tumult an, bei dem er seinen Clan in die Festung ließ und die Macht übernahm. Probieren Sie es einfach mal. Die Fürstenfamilie ist eine Gangsterfamilie und wird sicher Verständnis für einen neuen Ganoven haben. Den Trick mit der Verkleidung als Franziskanermönch, der Ihnen die Tür zum Reichtum öffnete, finden die Grimaldis noch heute so originell, dass sie ihrem Ahnen Francesco ein Denkmal vor den Palast gestellt haben. Das Vermögen der Fürstenfamilie wird heute auf 1 400 000 000 Euro geschätzt. Das sind 1,4 Milliarden Euro. Wir sollten uns bei dem Thema an große Zahlen gewöhnen, eine Million hat sechs Nullen, eine Milliarde neun, eine Billion zwölf und eine Billiarde fünfzehn Nullen. Die Grimaldis haben ihr Vermögen geraubt. Raub ist Diebstahl mit Gewalt und seit Menschengedenken auf Platz eins der Strategien zur Bereicherung.

Reichtum führt oft zu bizarren Hobbys. So lässt sich Queen Elizabeth II. morgens nicht von einem ordinären Wecker wecken, wie er uns mit einem fiesen *Piep! Piep! Piep!* zur Arbeit ruft. Nein, jeden Morgen erscheint unter ihrem Balkon im Buckingham Palace der *Queens Pipe Major*, ein Musiker im Range eines Majors, und weckt sie mit einem echten Dudelsack. Dann wacht sie auf, die bis heute mächtigste Monarchin der Welt, und tastet auf dem Nachtschränkchen herum, aber der Mann steht ja draußen. Mit dem Morgenmantel stapft sie daraufhin hinaus und schreit: »Stop it!«, aber der Queens Pipe Major kann sie nicht hören, da dieses höllische Instrument höllisch

145

laut ist. Außerdem kneift er die Augen zu, da er nur so den Druck erzeugen kann, den man braucht, um eine Bagpipe zu spielen. Wahrscheinlich, nur so kann ich es mir erklären, hat er auf seinem Kopf eine Snooze-Taste. In England fragt ein alter Witz, warum Dudelsackspieler beim Spielen immer hin und her gehen. Die Antwort: Weil man bewegliche Ziele schwerer trifft. Ich glaube, auch deswegen läuft Helene Fischer bei ihren Konzerten so viel hin und her. Die Windsors haben viele teure Hobbys, denn Geld spielt bei ihnen keine Rolle. Kostspielige Pferde gehören dazu. Die ganze Familie besteht aus Pferdenarren. »Mein Pferde, meine Hunde, mein Mann.« So zählt die Queen ihre engsten Angehörigen auf. Charles hat in zweiter Ehe sogar ein Pferd geheiratet. Queen Elizabeth lässt verbreiten, sie sei besonders sparsam, das kommt gut an beim Volk. Immer wenn sie ein Zimmer betrete, in dem sich niemand aufhalte und in dem dennoch Licht brenne, lösche sie dieses. Das machen andere Menschen auch, aber wenn sie das bei einer Runde durch die über 600 Räume des Buckingham Palace durchzieht, kann man in England ein Atomkraftwerk abschalten. Zudem macht die Queen mit ihrem Mann jedes Jahr ganz bescheiden Urlaub im eigenen Land, in *Balmoral Castle* in Schottland. Um ein Haar hätten diese Reisen künftig doch ins Ausland geführt, wäre das Referendum der Schotten erfolgreich gewesen. Jeden Sommer Ferien in Schottland, das klingt bescheiden. Zudem flog sie nie dorthin, sondern fuhr mit der königlichen Yacht Britannia durch die Irische See in den Norden hinauf. Nur zwei kleine Kabinen belegte sie dabei mit ihrem Mann, da an Bord noch 45 Servicekräfte und über 200 Matrosen der Royal Navy untergebracht waren, die das restliche Jahr nur dafür angestellt sind, das Messing auf dem Schiff zu wienern und auf die Queen zu warten. Wer so dicht mit seinem Gesinde zusammenrückt, kann nur bescheiden sein, oder? Besonders sparsam war sie auch bei der Geschwindigkeit der Yacht. Um Sprit zu sparen, fuhr die Britannia höchst gemächlich zwischen den Britischen Inseln hindurch. Der Schiffsdiesel wurde umso mehr auf den drei Panzerkreuzern benötigt, die sie begleiteten, die Hubschrauberstaffel nicht zu vergessen. Doch wenn sie schließlich die letzten Meilen nach Balmoral mit einer Armada von Range Rovern erreichte, dann – davon können wir ausgehen – löschte sie in jedem leeren Raum das Licht, um Strom zu sparen.

Die Queen selbst flog zwar dem Klima zuliebe nicht, dafür aber ihre neun Corgis, die in einer Andover aus der königlichen Staffel sowie mit einer großen Menge Schrankkoffern anreisten.

Besonders raffiniert ist es, ein Land oder eine Insel zu unterwerfen, Steuern zu erheben und es gleichzeitig zu schaffen, dass die Unterdrückten eine Liebesbeziehung zu jenen aufzubauen, die sie gerade ausnehmen wie eine Weihnachtsgans. Die Grundlage des Adels ist Raub. Und so überrascht es nicht, dass alles, worauf Engländer stolz sind, aussieht, als sei es woanders geklaut worden. So erinnert Stonehenge, der spektakuläre Steinkreis im Südwesten Englands, stark an ein demontiertes Hünengrab aus Norddeutschland. Niemand weiß, was der Sinn der monumentalen Steinkreise gewesen sein soll. Eine Vermutung: Vielleicht war Stonehenge eine gigantische Sonnenuhr der ersten englischen Könige. Ich denke, bei aller Fantasie: Eine Sonnenuhr in England? Die kann die Uhrzeit aber auch nur ganz vage anzeigen. Nicht umsonst sagt man: Englisches Wetter, englische Küche und englische Frauen waren die Grundlage einer großen Seefahrernation. Auch die britischen Könige selbst sind deutscher Import. 1714 konnte ein Georg aus Hannover den Thron besteigen, weil man dort unbedingt einen Protestanten haben wollte. Dieser Georg wurde kurzerhand zu George I. Er hat in England dreizehn Jahre lang kein Wort Englisch gelernt und in London ungefähr so einen Eindruck hinterlassen wie Günther Oettinger in Brüssel.

Reich werden ist eine Sache, reich bleiben die andere. Es überrascht daher nicht, dass der Adel einem Erbrecht folgt, das den Besitz zusammenhält. Für gewöhnlich erbt nur ein Kind alles, früher der älteste Sohn, heute – zumindest in England – auch die älteste Tochter. Unser bürgerliches Erbrecht hingegen zerstört Besitz. Wenn die Eltern sterben, muss das Vermögen geteilt werden. Ich war schon Zeuge, wie in diesem Moment Immobilien verschachert wurden. Wenn von drei Kindern eines in das Haus der verstorbenen Eltern ziehen möchte und es somit in Familienbesitz halten will, geht das oft nicht, weil ein anderes der drei Kinder dringend Geld benötigt, und sei es für Spielschulden in Monaco. Da von mehreren Kindern meistens eines finanziell strauchelt, geht bei uns in Deutschland Familienbesitz immer vor die Hunde. Da kann sich der Großvater noch so angestrengt haben, siebzig Jahre später wird alles gerecht geteilt und an einen Bauträger verkauft.

Da in Monarchien die Erbfolge über alles entscheidet, gab es immer erbitterte Kämpfe um sie. Vor zwei Jahren fand man im englischen Leicester die Leiche von Richard III. neben einem Parkplatz. Ich habe ja schon oft gehört, dass Parkplätze Schauplätze von Verbrechen werden können, aber seine Leiche lag dort fast 500 Jahre neben oder eigentlich eher unter dem Parkplatz. Man fand Spuren brutaler Gewalt, die jemand dem englischen König angetan haben muss, aber bevor wir Mitleid haben, sei auch an die Verbrechen von Richard III. selbst erinnert. Er soll zwei seiner Neffen in den Tower von London gesperrt haben, weil diese sich in der Erbfolge vor ihn hätten schieben können. Die Jungen waren circa zehn und dreizehn Jahre alt und sind dort verhungert.

Wenn heute Queen Elizabeth II. nicht mehr Königin sein könnte, wäre Charles dran. Der ist allerdings nicht mehr der Jüngste, und wenn seine Mutter so lange durchhält wie einst ihre Mutter, wird er über achtzig sein und damit drei Jahre älter, als der durchschnittliche Brite heute überhaupt wird. Aber eine Krönung, bei der er zum Thron hinauf mit dem Treppenlift fahren müsste? Queen Mum, die übrigens ebenfalls Elizabeth hieß, hatte anscheinend denselben Ernährungsberater wie Johannes Heesters, sie wurde 102 Jahre alt, er sogar 108. Falls Charles also aus Altersgründen passen würde, hieße der neue König William; sollte dieser verhindert sein, käme nicht sein Bruder Prinz Harry zum Zuge, sondern seine eigenen Kinder, und derer gibt es ja schon zwei. Der kleine George hat beste Chancen, und seine kleine Schwester Charlotte Elizabeth Diana kommt ebenfalls vor ihrem Onkel Harry. Die Kleine hat den weiblichen Namen ihres Großvaters Charles, den Namen ihrer Urgroßmutter Elizabeth und den Namen ihrer Großmutter, bei mir – wäre ich denn ein Mädchen geworden, hätte das aber nicht so gut geklungen: Heinzeline Hildegard Renate.

Dieser kleine Exkurs in die britische Erbfolge wird Ihren Blick für die Gegenwart schärfen, denn da jedes weitere Kind von William und Kate Prinz Harry weiter nach hinten rutschen lässt, könnten Sie mit Ihrem neuen Wissen Alarm schlagen, falls Harry mal ins Wohnzimmer seines Bruders kommt und sagt:»Hey Kate, hey Willy, guckt ihr mal fern, ich mach was mit den Kindern. Wisst Ihr was, ihr Kleinen? Ich zeige euch mal den Tower!« Er könnte, wenn wir nicht aufpassen, der neue Richard III. werden. The winner takes it all, das gilt auch im britischen Königshaus. Übrigens sind Töchter ihren Brüdern erst seit 2008 gleichgestellt, vorher waren in den letzten 200 Jahren sieben Männer König und nur zwei Frauen Königin. Das klingt ungerecht, doch die sieben Männer regierten zusammen nur 75 Jahre und die beiden Frauen zusammen 126 Jahre, und die zweite ist damit noch nicht mal fertig.

Für alle, die Monarchen auf den Seiten der *Gala* total sympathisch und farbenfroh finden, hier noch mal ein kleiner Ausflug in die Abgründe der Umstände, unter denen die Windsors ans Ruder kamen. Zunächst ist die Unsitte, sich einfach nach den Orten zu benennen, in denen man wohnt, höchst schräg. Ich nenne mich auch nicht Sebastian von Hamburg. Der Adel machte es aber, und die Leute akzeptierten es. Windsor ist nichts weiter als das Dorf, in dem diese Familie lebte, als es in England langsam unsympathisch wirkte, deutsche Namen zu haben. Mountbatten-Windsor ist der korrekte Familienname von Elizabeth II. und Prinz Philip. Diesen Mountbatten hat er mit eingebracht. Auch hier handelt es sich einfach um einen kleinen Berg, an dem ein Teil seiner Familie mal wohnte. Das ist wieder so, als habe jemand eine Pension in Goslar und nennt sich *King of the Brocken*. Was den Mountbatten aber noch unseriöser macht, ist, dass es in der gesamten englischsprachigen Welt keinen Mountbatten gibt, sondern nur einen deutschen Battenberg in Hessen, den man nur zu ungern in England als Namen getragen hätte.

Eigentlich nennen sich nur Verbrecher nach dem Ort, an dem sie ihr Unwesen getrieben haben. Wir kennen den »Kannibalen von Rotenburg« oder die »Bestie aus Hannover« – womit ich nicht Christian Wulf, sondern Fritz Haarmann meine.

Neben ihrem Familiennamen hat die Queen noch einen Titel: *Elizabeth the Second, by the Grace of God, of the United Kingdom of Great Britain and Northern Ireland and of Her other Realms and Territories Queen, Head of the Commonwealth, Defender of the Faith.* Das muss Prinz Philip jeden Morgen am Frühstückstisch sagen, wenn sie ihm mal die Butter rüberreichen soll.

Das britische Empire wuchs um die ganze Welt, Kolonien wurden geplündert. Wenn zu königlichen Hochzeiten der europäische Hochadel versammelt ist, findet sich auch der eine oder andere selbsternannte afrikanische Potentat unter den Gästen. Der geneigte Zuschauer der vom Adelsexperten Rolf Seelmann-Eggebert kommentierten königlichen Hochzeiten, welcher übrigens die Geschichte von der sparsamen Queen in Umlauf brachte, mag den Eindruck haben, dass dieser oder jener afrikanische Diktator aber nun wirklich nicht in dieses noble Umfeld passt. Doch! Schon 1970 wollte es der Unterdrücker der Republik von Zaire dem internationalen Adel gleichtun und sich einen Titel zulegen. Statt einfach Mobuto nannte er sich fortan: *Mobuto Sese Seko Kuku Ngbendu wa za Banga.* Es gibt gleich mehrere schillernde Übersetzungen dieses Titels. Mal ist Mobuto »der Hahn, der von Eroberung zu Eroberung schreitet, ohne Angst zu haben«. Mal »der allmächtige Krieger, der wegen seiner Ausdauer und dem unbeirrbaren Willen zu siegen von Sieg zu Sieg zieht und Feuer hinter sich zurücklässt«. Besonders bezeichnend ist aber diese Übersetzung: »Mobuto, auf alle Zeit der mächtige Hahn, der keine Henne unbestiegen lässt.«

So nett die alte Dame auch wirken mag, wenn sie aus der Kutsche winkt, die Geschichte ihrer Familie ist die eines jahrhundertelangen gnadenlosen Bereicherungskrieges. Ob bei der Unterwerfung Indiens oder Südafrikas, stets wurden die weltweit größten Diamanten aus diesen Regionen herbeigeschafft. Auch im eigenen Land wehklagen die Geister der Gehängten und Erschlagenen in den Listen aller Ländereien, die sich die königliche Familie unter den Nagel gerissen hat. 310 Residenzen sind im Besitz der Queen: Buckingham Palace, Windsor Castle, Holyroodhouse, Kensington Palace, St. James's Palace, Balmoral, Sandringham, für die anderen Adressen ist hier kein Platz. Den Reichtum der Queen zu messen ist unmöglich, unzählbar die Sammlung an Kunstgemälden alter und neuer Meister, Goldschätze, Ländereien, Wälder, Küstengewässer, Schiffe, Flugzeuge, Kutschen und Autos, Diamanten, Anteile an Unternehmen und drei Milliarden englische Pfund in bar. Zum Glück müssen sich die Royals nicht mit der bürgerlichen Erbschaftssteuer herumschlagen, erst seit 1992 zahlt die Queen Steuern, zugleich werden schon seit über 200 Jahren Kosten der Königsfamilie vom Staat übernommen.

Beruf: Erbe

Die Macht des Adels ist zum Glück überwunden, doch wenn wir schauen, wer besser mit Geld umgehen kann, schneidet er im Vergleich mit Politikern nicht so schlecht ab. Bei der Frage, wem wir unser Geld für Bauvorhaben anvertrauen, gewinnt der Adel allerdings ganz klar. Stellen wir uns vor, man hätte am selben Tag damit begonnen, vier Gebäude der Weltgeschichte zu errichten: das Kolosseum in Rom, den Eiffelturm, den Flughafen Berlin-Brandenburg und die Hamburger Elbphilharmonie. Schon nach zwei Jahren war der Eiffelturm fertig. In diesem

Zeitraum schaffen wir es heute gerade mal, das Buffet abzubauen und Wowereit nach Hause zu fahren. Schon nach acht Jahren war das monströse Kolosseum fertig, man könnte es als Hightech-Arena bezeichnen, denn die Manege ließ sich mit Wasser fluten. Echte Schiffe führten Seeschlachten vor in einem riesigen Bassin. Nach acht Jahren hat man auf der Baustelle der Elbphilharmonie gemerkt, dass bei der Premiere wahrscheinlich auch Schiffe über die Bühne fahren werden. Aber unfreiwillig, man hatte einen ausreichenden Hochwasserschutz vergessen. In Berlin stieß man nach acht Jahren Flughafenbau auch auf ein überraschendes Problem, das so niemand hatte kommen sehen: Die Terminals waren nicht darauf vorbereitet, dass Passagiere mit Koffern kommen könnten.

Unter den reichsten Deutschen muss sich der Adel inzwischen mit den hinteren Plätzen abfinden. Auf Schlössern im Wald rumzusitzen ist nicht mehr so einträglich wie früher. Wer seinen Beruf oder den Beruf der eigenen Kinder strategisch angehen will, sollte seinen Blick auf das werfen, womit die reichsten Deutschen im Moment ihr Geld verdienen. Das sind Lebensmittel, Autos, Tabletten, Bremsen, Schrauben, Logistik, Software und der Handel mit allem, was sich in Pappkartons verschicken lässt. Gleich auf Platz 1 und 2 der reichsten Deutschen kommen Kinder von Karl und Theo Albrecht, die mit Aldi das Wunder vollbracht haben, möglichst viel Geld mit Menschen zu verdienen, die bei ihrem Einkauf möglichst wenig Geld ausgeben wollten. Ein niedriger Preis lockte und lockt die Kunden bis heute in die tristen Aldi-Filialen. Doch angesichts von geschätzten 46,2 Milliarden Euro, die bis heute als Gewinn in der Familie hängen geblieben sind, frage ich mich, ob die Kartoffeln, Milch und Schokolade wirklich so günstig waren, wie sie hätten sein können. Sollte Ihr Kind also einen Lebensmittelladen eröffnen? Natürlich sind Beate Heister und Karl Albrecht jr., die Albrecht Süd geerbt haben und nun über 25,9 Milliarden verfügen, und Theo Albrecht jr., der mit Aldi Nord 20,3 Milliarden geerbt hat, vor allem eines: Erben. Wenn es darum geht, was unsere Kinder sich von den reichsten Deutschen abschauen können, dann vor allem eines: ihre Eltern zu überleben. Wer zu den Superreichen gehören will, braucht superreiche Eltern, und damit liegt wieder die Verantwortung bei uns Eltern. Gibt es bei uns was zu holen? Unter den zehn reichsten Deutschen findet sich nur ein Gründer, der wirklich selbst gegründet hat. Hasso Plattner, mit 9,8 Milliarden Euro auf Platz 10 der reichsten Deutschen, war, bevor er mit vier Kollegen SAP gründete, ein ganz normaler Angestellter bei IBM. Alle anderen im Club der reichsten Deutschen haben ihren Reichtum meist Papi zu verdanken. Die reichste deutsche Frau, Susanne Klatten, mit 17 Milliarden Euro auf Platz 3, hat von ihrem Vater 16,5 Prozent von BMW und 50 Prozent des Pharmaunternehmens Altana geerbt. Bei Maria-Elisabeth Schaeffler war es der Mann, der ihr und ihrem Sohn Georg ein Imperium für Autoteile und Kugellager vermachte. Ob im Versandhandel von Otto oder beim Schraubengiganten Würth, stets sind es Kinder oder zum Teil schon Enkel, die heute von den Milliarden profitieren. Wenn wir die Liste der Reichsten in unserem Land fortführen, kommt irgendwann heraus, dass das reichste eine Prozent der Deutschen ein Drittel des Vermögens besitzt. Damit konzentriert sich in unserem Land im europäischen Vergleich am meisten Reichtum in wenigen Händen.

Ist das nicht gemein? Wie können wir diesen Pfeffersäcken das Geld entreißen und unter den Bedürftigen verteilen? Das ist in der Geschichte schon ein paarmal geschehen. Ob es der Bevölkerung dann besser ging, ist eine andere Frage. Im Kapitel »Ohne Moos nix los – Versuche, ohne Geld zu leben« folgen noch atemberaubende Experimente, den Knoten aus Gewinnmaximierung im Kapitalismus zu durchschlagen. Eine Reform der Erbschaftssteuer könnte die ungleiche Verteilung von Reichtum beheben, lautet eine Forderung. Wenn aber Kinder Aktiengesellschaften erben und der Staat 30 Prozent Erbschaftssteuer fordert, würde er dann die Anteile übernehmen und somit zum Aktionär werden oder durch die Erbschaftssteuer eine Teilverstaatlichung der GmbHs und AGs erwirken? Oder würde man die Erben zwingen, einen Teil ihrer Aktien für die Erbschaftssteuer zu Geld zu machen? Dann kämen jeweils plötzlich riesige Aktienpakete auf den Markt.

Die Ideen der reichsten Menschen der Welt

Dass aus uns und unseren Kindern vielleicht doch noch was werden kann, verspricht ein Blick auf die zehn reichsten Menschen der Welt. Denn gleich acht von ihnen sind

Gründer, die den Markt mit einer neuen Idee erobert haben. Einen Versandhandel kann man zum Beispiel erben – so wie Michael Otto – oder wie Jeff Bezos mit Amazon auch neu gründen und damit die Weltherrschaft anstreben, auch »1-Click buying« genannt. Oder man macht es wie Carlos Slim in Mexiko und klaut seinem eigenen Volk den staatlichen Telefonkonzern (bzw. kauft ihn für einen erstaunlich günstigen Preis), erhöht dann brutal die Tarife und steckt fortan keinen Dollar mehr in die Erneuerung des Netzes.

Aber wir wollen uns ja etwas abgucken, und so eine Gaunertour kommt da nicht infrage. Auf Platz 8 und 9 der weltweiten Superreichen folgen dicht aufeinander der alte Kauz und IKEA-Erfinder Ingvar Kamprad und der jugendliche Mark Zuckerberg mit Facebook. Das Besondere bei Gründern: Sie erfinden etwas, das es zuvor noch nicht gab. Dass sich auf unseren Computern Fenster öffnen könnten, war eine neue Idee von Bill Gates. Und sosehr vielen sein Betriebssystem manchmal auf die Nerven geht, es hat ihn mit 77,7 Milliarden Dollar zum reichsten Menschen der Welt gemacht, obwohl er über keine abgeschlossene Berufsausbildung verfügt, sondern einst sein Studium abbrach. Aber vor seinem bahnbrechenden Windows mussten alle im flimmernden Zeilencode arbeiten. Also was bitte könnten wir uns ausdenken, um die Welt mit etwas zu beglücken, was jeder haben will? Geschirrspülmaschinen, die das Geschirr auch selber zurück in den Schrank räumen können? Das wäre doch mal eine Marktlücke. Wem absolut nichts einfallen will, der kann den innovativen Teil der Arbeit – eigentlich überhaupt die ganze

Arbeit – auch andere machen lassen und dann in diese Unternehmen investieren. Warren Buffett hat es damit auch an die Geldspitze geschafft.

Den Adel jedoch vermisst man in der Auflistung der reichsten Menschen der Welt. Erst ein Blick auf die reichsten Menschen aller Zeiten lässt Adlige wieder auftauchen. Ich möchte dabei Muammar al-Gaddafi mitzählen. Er beherrschte Libyen wie ein König und raffte, hauptsächlich aus dem Ölgeschäft, 200 Milliarden Dollar zusammen, und als er am Ende fliehen wollte, wurde sein Konvoi von einem NATO-Bombardement gestoppt. Sein letztes Kapitel brach an, als er sich in einer Betonröhre unter der Straße versteckte, bevor Aufständische ihn dort hervorzerrten. Kurz darauf starb er an einem Kopfschuss. Wer diesen abgegeben hat, ob es eine Hinrichtung war oder ein Querschläger, ist ungeklärt.

Zar Nikolaus III. brachte es bis 1917 sogar auf umgerechnet 300 Milliarden Euro. Auch sein Ende war grausam, wurde er doch mitsamt seiner ganzen Familie in der Oktoberrevolution ermordet.

Auch wenn es durchaus lukrativ ist, ein ganzes Land für den eigenen Reichtum auszuplündern, werden auch diese beiden Despoten noch von US-Milliardären wie Andrew Carnegie (ja, die Halle wurde nach ihm benannt) mit 372 Milliarden Dollar überholt. Die Bankiersfamilie Rothschild ist mit 350 Milliarden Dollar auch nicht gerade arm. Und der Ölmonopolist Rockefeller (Standard Oil) besaß umgerechnet auf heutige Verhältnisse 340 Milliarden Dollar. Sein Reichtum war fast so legendär wie der von Krösus. Denn so geläufig der Ausspruch »Ich bin doch nicht

Krösus!« auch ist, ebenso oft hört man bis heute: »Bin ich Rockefeller?«

Es gibt drei Arten von Superreichen. Die erste Gruppe lässt es krachen. Sie ist reich und leistet sich deshalb exzentrische Hobbys. Saudische Prinzen wissen zwar, dass jene, die keine Moslems sind, in die Hölle kommen werden, und fühlen sich deshalb den Ungläubigen überlegen, trotzdem muss gleich ein Heer von Christen und Atheisten ihren Wohlstand bauen. Schon für die Erschließung und Förderung des Öls, einzige Grundlage ihres Reichtums, sind westliche Unternehmen im Einsatz. Architekten aus den USA errichten Bürohäuser und Villen. Auch dort kommen im Bad und Schlafzimmer nur die besten Produzenten der Welt für die Ausstattung infrage, und die sitzen in Frankreich, Holland oder Deutschland. Von dort kommen auch die noblen Autos. Die Pferde werden von Expertinnen aus Großbritannien betreut, und ein deutscher Unternehmer erfand sogar eine Kamelwaschanlage, in der die Tiere auf Tüchern angehoben und dann sanft geschrubbt werden. Wenn der heimische Luxus nicht ausreicht, um das eigene Wohlbefinden zu sichern, also wenn ein Prinz erkrankt, fliegt der ganze Tross in die Schweiz, wo man sich auf die medizinische Behandlung dieser Klientel eingestellt hat. Als Saudi-Arabiens neuer König Salman den Thron bestieg, schenkte er allen Staatsangestellten ein Extra-Monatsgehalt. In seinem Land ist die Hälfte aller Menschen beim Staat angestellt. Dieses Antrittsgeschenk, das die Stimmung und den Glauben in die

Monarchie steigern sollte, schlug mit 28 Milliarden Dollar zu Buche. Russische Oligarchen, allen vorweg Roman Abramowitsch, wetteifern um die größte und längste Yacht der Welt. Dem russischen Multimilliardär gehörten schon einige Yachten. Die »Eclipse« wurde beim Bau in der Hamburger Werft Blohm & Voss noch mehrmals verlängert, weil es anscheinend tatsächlich ganz primatenmäßig darum ging, wer den längsten hat, den längsten Kahn. John Travolta hat seiner Familie in Ocala in Florida einen Jet gekauft, nicht einen Lear Jet oder etwas anderes kleines, in dem wir Reiche vermuten, nein, eine echte, große Boeing 707, in der normalerweise 150 Passagiere fliegen können. Am spektakulärsten ist der Umstand, dass es Travolta gelang, eine Villa zu bauen, die an eine private Start- und Landebahn grenzt. So wie die Mittelschicht in den USA mit dem Toyota Camry auf die eigene Auffahrt fährt, aussteigt und in die Küche geht, kann John Travolta mit seiner Boeing 707 vor seinem Grundstück in Florida landen und bis vor den Eingang der Villa rollen, wo schon eine Gangway wartet, die der Multimillionär nur hinuntergehen muss, um sein Haus zu betreten. Sobald diese erfüllten Träume der Superreichen auf die Lebenswirklichkeit ganz normaler Menschen treffen, relativiert sich die Sehnsucht nach diesen Annehmlichkeiten allerdings ein wenig – oder würden Sie Ihr Eigenheim gezielt in die Einflugschneise eines Großflughafens bauen? Für die Kinder von John Travolta ist das allerdings ganz normal, sie werden jeden Morgen von den startenden Turbinen seiner Boeing 707 geweckt, die auch die Zeitung vom Terrassentisch wegpusten, wenn Papa ins Büro fliegt. Auch die

Superyachten der Oligarchen bestehen den Realitäts-Check nicht, denn sie verfügen zwar über zahlreiche Decks, Kinos und Hubschrauberlandeplätze – doch das tut die Fähre Hamburg – Helgoland auch, an die mich diese Superyachten nicht nur ihrer Form wegen erinnern.

Die zweite Art von Superreichen ist die sympathischste. Es sind jene Milliardäre, die ihre Milliarden stiften, so wie Bill Gates oder Facebook-Gründer Mark Zuckerberg, der allein im letzten Jahr eine Milliarde Dollar an eine Stiftung überwies und nebenbei 75 Millionen Dollar an das General Hospital in San Francisco, von dessen Zustand er bei einem Besuch entsetzt war. Mit diesem Geld konnte das Krankenhaus vergrößert und erneuert werden und trägt jetzt den Namen *Zuckerberg San Franciso General*.

2010 gründeten Bill Gates und der legendäre Investor Warren Buffett *The Giving Pledge*. Dies ist ein informeller Verein, der Reiche dazu aufruft, mindestens die Hälfte ihres Vermögens zu spenden. Ob schon zu Lebzeiten oder nach dem Tode, sei jedem selbst überlassen, ebenso der gemeinnützige Zweck, für den das Geld verwendet wird. Warren Buffett wollte wohl auch in diesem Wettbewerb auf dem ersten Platz landen und hat schon mehr als 80 Prozent seines Vermögens gespendet. Apple-Boss Tim Cook kündigte an, sein gesamtes Vermögen spenden zu wollen. Als Gates und Buffett die Telefonnummern einiger deutscher Milliardäre gewählt haben, bissen sie bei ihrem ersten Versuch auf Granit. Wann immer Zeitungen über deutsche Superreiche berichten, fehlt nicht der Hinweis, dass diese sehr zurückgezogen leben und größten Wert auf Privatsphäre legen. Viele von ihnen gehören zur dritten Sorte von Superreichen, die nichts abgeben mag. Bei uns ist bisher nur der Versandhandel-König Michael Otto damit aufgefallen, erhebliche Teile seines Vermögens zu spenden. Er hat seine milliardenschweren Unternehmensanteile an eine Stiftung verschenkt, die mit den Ausschüttungen in Millionenhöhe Projekte für Kinder und Jugendliche finanzieren soll. Inzwischen konnten Gates und Buffett über 100 Milliardäre überreden, in den Club der Philanthropen einzutreten. Beide schwiegen aber darüber, von welchen deutschen Superreichen sie bisher eine Abfuhr bekommen hatten. Doch ich sehe förmlich, wie das Telefon von Theo Albrecht in der Essener Aldi-Zentrale klingelt, als er gerade versucht, einen sehr kurzen Bleistift noch mal anzuspitzen. Es ist kühl im Raum, eine nackte Energiesparbirne baumelt an der Decke, und der alte Gründer nimmt ab: »This is Warren Buffett. Theo, wir sind im gleichen Alter, ich habe gehört, du hast in Deutschland den Walmart gekillt, super Arbeit! Hör mal, ich fände es gut, wenn du in unserem Spenderclub mitmachst, mit 20 Milliarden bist du dabei. Alright?« Vielleicht hat Albrecht dem ollen Warren angeboten, mal drüber nachzudenken und zurückzurufen. »You can call me any time, Theo!« Wahrscheinlicher ist aber, dass der Multimilliardär keine Sekunde mit der Absage gezögert hat. Und falls Theo Albrecht später Zweifel überkommen haben, ist es trotzdem nicht mehr zu einem Rückruf gekommen, da ein Gespräch in die USA wirklich kostspielig ist.

8
Die große Party

Wer sich nach den Tipps von Brokern richtet,
kann auch einen Friseur fragen,
ob er einen neuen Haarschnitt empfiehlt.

Warren Buffett

Die Erfindung der Überweisung

Richtig in Fahrt kam die globale Wirtschaft erst mit der Möglichkeit, schnell Geld von einem Ort an den anderen zu schicken. Wie hat man eigentlich vor über 1000 Jahren Geld in ein fremdes Land überwiesen, als es noch kein Online-Banking gab? Mit der Postkutsche, die im ersten Wald überfallen wurde? Nein, schon damals ging das bereits außerordentlich elegant, dank einer genialen Idee namens Hawala. Das Prinzip versteht man am besten, wenn man sich in die Rolle des Hawaladars hineinversetzt, der die noch nicht erfundene Bank spielt. Wenn man also im Jahre 523 n. Chr. ein Geschäft für Teppiche in

Istanbul betreibt und Azis, ein befreundeter Kollege, seinen Teppichladen in Kabul hat, funktioniert das mit dem Überweisen so: Ein fremder Mann kommt im Laden vorbei und spricht einen auf die bestehende Verbindung nach Kabul an. Er möchte dort einem Freund 1000 Dinar schicken. Man selbst wird so zum Hawaladar, steckt das Geld ein, gibt dem Mann die Adresse von Kollege Azis in Kabul und vereinbart das Codewort »Schach«. Dann schickt man zusammen mit der nächsten Teppichlieferung an Azis einen Brief oder eine Notiz, die das Codewort enthält. In Kabul kann daraufhin eine wildfremde Frau in Azis Laden auftauchen, einmal »Schach« sagen, und schon schiebt ihr Azis 1000 Dinar über den Tisch. Okay, jetzt könnte man sagen, aber dann schuldet man jetzt ja diesem Azis 1000 Dinar! Da aber an jedem Tag mehrere Transaktionen stattfinden und auch vielleicht jemand Geld in die umgekehrte Richtung schicken will, verrechnet sich mancher Betrag. Außerdem ist es unter befreundeten Händlern ein Leichtes, Außenstände mit der nächsten Lieferung zu berücksichtigen.

Gut, noch so ein Ausflug in die Geschichte, aber denkste. Denn das Hawala-System ist nicht nur alt, sondern auch aktuell. Wie sonst sollte man heute Geld in Bürgerkriegsgebiete schicken? Dorthin, wo alle Bankomaten und Bankfilialen zerstört sind? Die Kontaktaufnahme mit irgendjemandem, der irgendjemanden kennt, bleibt da die letzte Möglichkeit. In Schweden wird geschätzt, dass die Summe der von Immigranten in ihre Heimat transferierten Summen zu weniger als der Hälfte über offizielle Büros wie Western Union läuft. Einwanderer können lange nur wenig Geld mit harter Arbeit Geld erwirtschaften, doch je besser es den Menschen geht, desto eher kommt der Moment, an dem sie zum ersten Mal überlegen, ob sie etwas anlegen sollten. Und mit dieser Überlegung schießt ihnen ein Gedanke in den Kopf, der seit Jahrhunderten Anleger umtreibt: Was wirft den größtmöglichen Gewinn ab?

Ein hübscher Gewinn

Schneeballsysteme sind in Deutschland verboten. Warum eigentlich? Als Glücksspiel könnten sie durchaus spannend sein. Wenn jemand Menschen verspricht, sie bekämen für eine Einlage von 1000 Euro drei Monate später 2000 Euro zurück, ergäbe sich eine spannende Wartezeit. Und solange genug Leute mitspielen, deren Menge sich aber mit jedem Auszahlungsanwärter dramatisch vergrößern müsste, könnten auch viele von der Auszahlung profitieren, bis das System kollabiert. Nur ein exponentielles Wachstum könnte alle Einlagen sichern, aber das ist unmöglich. Wir kennen das von der berühmten Legende vom König, der einem Höfling als Belohnung ein Schachbrett mit Reis füllen wollte. Auf dem ersten Feld ein Korn, auf dem zweiten zwei und so weiter. Und beim letzten, 64. Feld reichte der Reisvorrat des ganzen Reiches nicht mehr, um die Verdopplung durchzuführen.

Auch beim Schneeballsystem muss sich bei jeder Runde von Leuten, die 1000 Euro einzahlen, die Summe der nächsten Einzahler verdoppeln, damit die davor noch Geld sehen. Angesichts der Chancenlosigkeit, mit der beim

Lotto Geld verjubelt werden darf, erscheinen mir Pyramidensysteme nicht weniger sinnlos. Trotzdem: Sie sind verboten. Gleichzeitig funktioniert die Börse nach dem Schneeballprinzip und ist deshalb auch eines. Genauso zuverlässig wie Schneeballsysteme bricht sie regelmäßig zusammen, kann sie Gewinnerwartungen nicht erfüllen. Beim klassischen Schneeballsystem muss derjenige, der die 1000 Euro einsetzt, darauf hoffen, dass sich genügend neue Anleger finden, die bereit sind, zu warten und auf weitere Leute zu hoffen, die einsteigen wollen, damit sich ihr Beitrag verdoppelt. Bei jedem Investment, sei es in Unternehmensaktien oder Immobilien, erfolgt dieses ebenso in der Erwartung, es werde sich schon jemand finden, der zu einem höheren Preis einsteigt und damit den eigenen Gewinn ermöglicht. Nun könnte man einwenden, dass hinter Aktien und Immobilien doch konkrete Werte stecken, doch das ist eine Illusion. Denn der in Euro zählbare Wert äußert sich allein in dem Umstand, dass jemand bereit ist, für ihn zu bezahlen, in der Hoffnung, die Sause nach oben geht weiter. Da Leute bereit sind, in ein Schneeballsystem einzuzahlen, hat es in genau diesem Moment auch einen Wert: das Vertrauen, dass das System seinen Wert steigert und einen reich macht. Die Geschichte der absurden Investments ist lang, und die, die am meisten Geld vernichtet haben, hören auf geheimnisvolle Namen.

Was Immobilien mit Tulpenzwiebeln gemein haben

Heute sind gefühlte 120 Prozent der Deutschen, also zwölf von zehn Leuten, der Meinung, dass vor allem Immobilien eine sichere Anlage seien. Eltern von erwachsenen Kindern investieren gerne in das Haus des Sohnes oder der Tochter. Wo sollte man das Geld auch sonst hinstecken? Dazu locken in Zeiten, in denen die EZB versucht, in jedem Monat durch 80 Milliarden Euro frisch gedruckten Geldes die Party in Gang zu halten, extrem niedrige Zinsen bei Immobilienkrediten. So machen sich junge, finanziell überraschend gut ausgestattete Familien auf die Suche nach einer eigenen Wohnung oder einem hastig hochgezogenen Reihenhaus im Dunstkreis der Großstädte, bereit, das Doppelte oder Dreifache von dem hinzublättern, was vor fünfzehn oder zwanzig Jahren bezahlt werden musste. Beim ersten Termin mit dem Makler treffen gesalzene Preise auf Interessenten, die der Meinung sind, dass daraus noch gepfefferte Preise werden könnten, wenn das Haus erst einmal ihnen gehört. »Immobilien sind doch das Einzige, was noch was bringt« ist der Satz, der dabei ständig wiederholt wird. Doch Achtung, meine persönliche Meinung ist: Investitionstipps, die einem auf derselben Party gleich mehrmals begegnen, sollten alle Alarmglocken laut schrillen lassen. Findige Investmentbanker fragen immer den Zeitungsmann an der Ecke, worin er investieren würde, wenn er etwas übrig hätte. Er ist mitunter der bessere Experte als sie selber, denn das Produkt, auf das er setzen würde, wird in naher Zukunft mit 100-prozentiger Sicherheit sterben. Die nächste Blase, die bei uns platzt, muss nach dieser Regel eine Immobilienblase sein. Außerdem habe ich selbst vor einigen Jahren ein Haus in Hamburg gekauft, und nach dem *Schnoy'schen Bail-out-Gesetz* gilt ebenfalls: Alles, wo ich einsteige, ist dem sicheren Untergang geweiht. Das gilt bei mir sogar für Zugverbindungen. Wenn Sie schnell und pünktlich vorankommen wollen, dürfen Sie niemals den ICE wählen, in den ich einsteige.

Erst letzte Woche, bei einer Geburtstagsparty eines Freundes in Berlin Mitte, hörte ich wieder den Satz: »Undine und ich wollen jetzt kaufen. Ey, ist echt das Einzige, was noch was bringt, hier in Berlin gehen die Preise um 20 Prozent nach oben, jedes Jahr, Alter, du wirst verrückt.« Ja, vor allem in Berlin. Während in noch teureren Städten wie München oder Frankfurt viele Leute auch gutbezahlte Jobs haben, um teure Wohnungen zu bezahlen, steigen in Berlin nur die Immobilienpreise, nicht aber die Einkommen. Denn auch Tausende von vermögenden Italienern, Griechen und Spanierinnen kaufen in Berlin. Wohin auch mit dem Schwarzgeld, wenn nicht in das letzte große, stabile Land Europas? Deutschland ist reich, weiß man in Rom und Athen, und dann gilt das sicher besonders für die deutsche Hauptstadt. Wie können sie wissen, dass Deutschland das vielleicht einzige Land der Welt ist, in dem das zentrale Geldherz nicht in der Hauptstadt schlägt, sondern nur der flache Puls seiner gechillten Einwohner?

Bei der Wahl der richtigen Anlagestrategie macht ein

Blick in die Geschichte oft klüger. Was haben zum Beispiel deutsche Reihenhäuser, Lofts und Townhouses mit Tulpenzwiebeln gemein? Der Glaube an die Steigerung ihres Wertes war einmal ähnlich groß. Dieser Glaube geht bis heute jedem Crash voraus.

1634 Das Tulpenzwiebelfieber

Bei Tulpen denkt man schnell an Holland und weniger an die Türkei, doch von dort wurde die schöne Blume ab 1590 nach Europa exportiert. Heute kommen die Sträuße für knapp unter 4 Euro fast immer aus Holland, und man kann sich angesichts dieser günstigen Preise nicht vorstellen, dass man 1637 mit drei Tulpenzwiebeln ein Haus in Amsterdam kaufen konnte. Doch auch van Gogh, 1890 kaum in der Lage, die Farben für sein Gemälde von Dr. Gachet zu bezahlen, vermochte sich nicht vorzustellen, dass genau 100 Jahre später sein Bild das teuerste Bild der Welt werden sollte. 1990 wurde es für die Rekordsumme von 82,5 Millionen Dollar an einen Japaner verkauft. Doch es geht in diesem Kapitel nur um Wertzuwachs, dem ein Crash folgt – und der ganz große Crash ist auf dem Kunstmarkt bisher ausgeblieben. Ganz anders beim Tulpenzwiebelfieber. Tulpen lassen sich wunderbar aufbewahren. Sind sie verblüht, kann man sie einfach mit ihrer Knolle aus dem Boden ziehen, und in Amsterdam waren die Leute verrückt nach ihnen. Sie wurden leidenschaftlich gesammelt, zuerst vor allem schöne seltene Sorten, zweifarbige, spektakuläre Farben und Farbkombinationen wurden gezüchtet. Dann wurden sie so populär, dass ihr Preis rasch anstieg, was vor allem die Aussicht auf Profit beim Wiederverkauf reizte. Die Nachfrage überstieg deutlich das Angebot, was naturgemäß die Voraussetzung für einen Preisboom bedeutet. Wer zu wenig Geld hatte, um sich eine ganze Tulpenzwiebel zu kaufen, investierte in Futures, ein noch heute gängiges Finanzprodukt. Ich setze also auf den Tulpenwert von übermorgen, bezahle dafür aber den Preis von heute. Ist der Preis der Tulpen bis übermorgen gestiegen, habe ich Gewinn gemacht. Wie man sich vorstellen kann, liefen die Future-Papiere extrem gut, da sie günstiger zu haben waren als eine echte Knolle – und man brauchte nicht einmal einen feuchten Keller zur Aufbewahrung.

Die Blase zum Platzen brachte wie bei jedem Crash der Moment, in dem die Preise nicht mehr stiegen und die Leute mit all ihren Futures und echten Tulpenzwiebeln in Panik gerieten, dass der Preis zu sehr fallen könnte. Kaum wollten zu viele Besitzer ihre Knollen verkaufen, rauschte auch der Preis in den Keller, und die Selffulfilling Prophecy traf ein.

Warum war die Stimmung gekippt? Schuld daran war ein Ereignis, das sich herumgesprochen hatte, eher eine Bagatelle, die als Zeitungsnotiz für Schmunzeln hätte sorgen können. In einem holländischen Hafen war ein Matrose an Land gegangen, der anscheinend noch nichts davon gehört hatte, wie kostbar die Tulpenzwiebeln waren. Er betrat ein Geschäft, in dem die Knollen ausgestellt waren – heute würde man sagen, es war ein Juwelier. Wie beim Juwelier waren kaum Preise an den Zwiebeln zu finden und der Matrose war sehr hungrig. Noch bevor ein Verkäufer zu ihm eilen konnte, hatte er sich eine Knolle geschnappt, reingebissen und soll kauend gefragt haben, was die Dinger kosten. Der Verkäufer erlitt wahrscheinlich einen Ohnmachtsanfall. Dieser Vorfall führte den Holländern vor, dass sie im Grunde für ganz gewöhnliche Zwiebeln schwärmten, und ließ den Markt zusammenbrechen.

Nur dank dieses Matrosen können wir heute wieder günstige Tulpensträuße aus den Supermärkten mitnehmen und müssen dafür nicht unser Haus verkaufen. Das Kostbarste für mich ist bei Tulpen übrigens das wunderbar knirschende Geräusch, das sie machen, wenn sich ihre Halme aneinander reiben. Vielleicht würden heute auch die Preise für Diamanten fallen, wenn ein Matrose in ein Juweliergeschäft käme und den größten Diamanten runterschlucken würde mit den Worten: »Was kosten diese Glitzer-Bonbons?«

Die Sache mit dem Wert

Wie kann eine Tulpenzwiebel am einen Tag Hunderte von Gulden wert sein und am anderen wieder nichts? Mit dem Wert ist das so eine Sache. Wenn Thomas 1000 Hallodri-Aktien zu 20 Euro kauft, also 20000 Euro investiert, freut er sich, wenn diese auf 30 Euro steigen. Er ruft seinen Kumpel an: »Ich habe schon 50 Prozent Gewinn gemacht, das ist irre! 10000, Alter! Damit könnte ich eine richtig lange Reise machen.«

Diese Aussage ist aber falsch. Denn Gewinn macht man nur, wenn man die Aktie auch verkauft. Fällt sie wieder, flucht Thomas: »Was, wieder nur 20? Oh, Mann, ich habe 10 000 Euro verloren!« Wieder falsch, noch ist nichts verloren, denn die zwischenzeitliche Wertsteigerung war nur theoretischer Natur. Sich reich zu fühlen, nur weil der Kurs der eigenen Aktien gestiegen ist, ist ungefähr so realitätsfern, als würde ein Jogger sagen, heute bin ich Marathonläufer.« – »Wieso?« – »Weil heute ein Marathon in der Stadt veranstaltet wird, alle laufen 42 Kilometer, Wahnsinn!« – »Aber du nimmst doch gar nicht teil.« – »Aber ich könnte!«

Als Thomas seine Hallodri-Aktien verkauft, liegen sie bei 10 Euro. Ein Panikverkauf, er will die Notbremse ziehen. »20 000 Verlust. Ich häng mich auf!« Wieder falsch, sein Verlust beträgt nur 10 000 Euro, aber er will nichts mehr riskieren, er steigt aus. Was waren sie nun wann wert? Den Höchstwert von 30 Euro das Stück waren sie nur für die Anleger wert, die sie in diesem günstigen Moment auch verkauft haben. Wenn Analysten sagen, es seien mit einem fallenden Kurs soundso viel Milliarden von Dollar vernichtet worden, stimmt das nur zum Teil. Auch die 10 000 Euro Verlust von Thomas sind in der Tasche eines Verkäufers gelandet. Oder, wie mir mal ein alter Professor zuraunte: »Wert ist nicht das, was man bezahlt hat – Wert ist das, was man bekommt.«

Ob Mississippi oder Südsee:
1720 gehen Anleger baden

Der berühmteste französische König, Louis XIV., soll am Ende ein Frankreich hinterlassen haben, in dem die gesamten jährlichen Steuereinnahmen nicht mehr für die Zinszahlungen der von ihm gemachten Schulden ausreichten. Zum Vergleich: In Deutschland gehen 8 Prozent des Bundeshaushalts für die unschönen Zinszahlungen drauf, im Frankreich des frühen 18. Jahrhunderts waren es 400 Prozent, das Vierfache der gesamten französischen Steuereinnahmen, ohne Tilgung. Der Sonnenkönig hat es zuvor richtig krachen lassen, so eine Partyrechnung hat nicht mal Klaus Wowereit in Berlin hinbekommen. Auf heutige Steuerverhältnisse umgerechnet stand Louis XIV. mit über 25 Billionen Euro in der Kreide. Was also tun? Der Name seines Nachfolgers, der sich dieser Frage annehmen musste, ist leicht zu merken, es war der fünfzehnte Louis. Dieser holte sich einen Experten ins Land, den Schotten John Law. Wie konnte man nur so einen großen Schuldenberg loswerden? Ganz einfach, indem man staatliche Aktien herausgab, die so beliebt waren, dass die Bürger bereitwillig all ihr Geld in diese Aktien steckten. Aber welche Aktie wäre sexy genug? Da traf es sich gut, dass Frankreich am unteren Lauf des Mississippi in Amerika einige Gebiete sein Eigen nannte. Die Stadt Louisiana enthält nicht zufällig den französischen König im Namen. »Dort gibt es unglaublich viel Gold!«, ließ John Law die Öffentlichkeit wissen und gründete 1717 die

173

compagnie d'occident, also die Abendland & Co. KG, deren Papiere auf dem Höhepunkt einen Wert von umgerechnet 30 000 Euro pro Stück erreichten. Mit diesem Geld sollte die Förderung des Goldes finanziert werden, dessen Wert dann wiederum die Aktie weiter steigen lassen sollte. Die Vorstellung von all dem, was jenseits des Atlantiks möglich war, beflügelte den Optimismus der Franzosen.

Als jedoch Seeleute Paris erreichten und erzählten, sie hätten überhaupt kein Gold gesehen am Mississippi, kamen erste Zweifel auf. Kaum hatte John Law von diesen Zweiflern gehört, wissend, dass Zweifel das Schlimmste sind, was einer Aktie widerfahren konnte, war es Zeit für eine vertrauensbildende Maßnahme. Er ließ kurzerhand alle Obdachlosen in Paris zusammentrommeln und mit Hacken und Schaufeln ausstatten. Der Marsch aus der Stadt hinaus zur Verschiffung nach Louisiana wurde mit viel Lärm inszeniert und die Zweifler verhöhnt. »Na, wo gehen denn die ganzen Arbeiter hin, wenn nicht zum Goldschürfen?«, rief man ihnen zu.

Auch für die Börse gilt Tucholskys Satz: »Unterschätze nie die Macht dummer Leute, die einer Meinung sind.« In Paris wurden an jeder Ecke Kioske errichtet, die Aktien verkauften. 1719 machte es Boom!, der Mississippi-Schwindel war aufgeflogen und viele Menschen wieder um eine Weisheit reicher und um viel Geld ärmer.

300 Jahre für einen Ratenkredit

Wenn ein Schwindel auffliegt, ist der nächste nicht weit. Nur ein Jahr nach den französischen Gold-Pleitiers fliegt den Briten 1720 die *South Sea Bubble* um die Ohren. Das Drehbuch für den dortigen Aktienkrimi hätte auch aus der Feder des Schotten John Law stammen können. England litt ebenfalls unter einem hohen Schuldenberg, und mithilfe einer Bank konnte man erneut die Menschen dazu bewegen, Geld einzusetzen, das der Staat so dringend brauchte. Die 1711 gegründete *South Sea Company* lenkte die Träume und Hoffnungen der Menschen diesmal nicht auf Nord-, sondern Südamerika. Mit 1000 Pfund pro Aktie erreichte auch sie Rekordwerte. Diese Wertsteigerung beruhte auf zahllosen Märchen, was für Dinge in Südamerika möglich seien. Zum Beispiel die Versklavung der Menschen. Leibeigenschaft ist auch heute noch die beste Möglichkeit, Renditen zu erzielen, wie man an den Textilarbeiterinnen in Bangladesch sehen kann, die jedem Zwischenhändler, den Modeketten und dem Shoppingkunden ein gutes Geschäft ermöglichen, nur nicht sich selbst. Neben Sklaven bot die *South Sea Company* auch Bodenschätze an, doch nach dem Desaster am Mississippi wurden die Zweifler auch in London immer lauter. Auf dem englischen Thron befand sich damals der in diesem Buch bereits erwähnte Exil-Hannoveraner Georg, hier George I. genannt. Er war allerdings nicht so kreativ wie Frankreichs Finanzchef John Law, sonst hätte er einfach alle Obdachlosen Londons gefangen und als Sklaven verkleidet von einem Schiff auf der Themse heruntersteigen lassen. Dann wäre das Vertrauen in die Aktien aus der Südsee vielleicht noch mal zurückgekehrt. Als die Manager der *South Sea Company* plötzlich aufgebrachten Kunden gegenüberstanden, verschwanden sie einfach von der Bildfläche und tauchten nie wieder auf. Hatten sie sich in die South Sea abgesetzt? Der Kurs der Aktie fiel natürlich ins Bodenlose. Viele Anleger waren ruiniert, selbst der bis heute berühmte Physiker und Astronom Isaac Newton verlor 20 000 Pfund und fluchte: »Ich kann zwar die Bewegungen der Himmelskörper berechnen, aber nicht die Verrücktheit der Menschen.«

Wegen der Empörung der Briten über die Werbetrommel, die ihre Regierung für die Aktien gerührt hatte, wurde das weltweit erste Rettungspaket der Geschichte aufgelegt. Wir sollten ihm kurz unsere Aufmerksamkeit widmen, da auch heute viele Rettungspakete geschnürt wurden und werden, für Banken, und sich dabei immer wieder die Frage stellt, wie groß die Verantwortung ist, die man als Schuldner damit auf sich nimmt.

Nun, Großbritannien erinnerte sich 2015 an sein damaliges Rettungspaket, als der britische Schatzmeister Georg Osborne ankündigte, man wolle nun endlich die letzte Rate dieses Kredites zurückzahlen. Er war im Jahr 1720 aufgenommen worden, um die geprellten Anleger zu besänftigen. Fast 300 Jahre lang stotterte ihn das Königreich ab – eine Zahlungsmoral, die man Griechenland heute nur ungern einräumt.

Was aber hat England damals dafür bekommen? Wenn man es mit Frankreich vergleicht, dessen damalige Wirtschaftskrise in der Französischen Revolution mündete, wahrscheinlich eine ganze Menge. Dieser Umsturz ist dem britischen Königshaus dank der Geldzahlungen erspart geblieben. Und was hat das mit der heutigen Wirtschaftskrise zu tun? Geld ist gut gegen Revolutionen – nur darum ist die Bereitschaft der EU so groß, Milliarde für Milliarde an marode Staaten zu überweisen.

Börse? Da gehe ich mit!

Eine große Spekulationsblase ist es wert, vorgezogen zu werden, da sie wunderbar zeigt, wie man aus Schulden Bares macht. Im Zusammenhang mit dem Börsensturz der Telekom-Aktie von 2002 bleiben vor allem zwei Namen in Erinnerung: Ron Sommer und Manfred Krug. Dabei waren sie nur Statisten im Vergleich zu der Rolle, die der deutsche Staat innehatte.

Ihm gehörte das mit umgerechnet 125 Milliarden Euro grandios verschuldete Staatsunternehmen namens Deutsche Post Telekom. Wir erinnern uns: Dank begeisterter Anleger konnten die Konsumschulden vom Sonnenkönig in Frankreich und die Kriegsschulden in England weggezaubert werden. Und ebenso gelang es 1996 – nach vielen weiteren Finanzkatastrophen, die wir hier kurz überspringen – erneut, Minus in Plus zu verwandeln. Hinein in den Zylinder mit den 125 Milliarden Schulden, *Hex-hex!*, und schwups werden rund 50 Milliarden plus daraus. Als die Telekom AG 1995 gegründet wurde, gehörten zunächst alle grottigen Aktien unserem Staat. Doch dann suchte er Käufer, und nach insgesamt drei Börsengängen ab 1996 und einer nie da gewesenen Werbekampagne, für die Manfred Krug sein zu diesem Zeitpunkt noch beliebtes Konterfei zur Verfügung stellte, griffen mehrere Millionen Deutsche erstmals zu Aktien und bescherten dem Staat 25 Milliarden Euro Einnahmen. Um die 100 Euro kostete die Aktie auf dem Höhepunkt, und selbst bei einem dritten Börsengang stiegen Rentner und »Tatort«-Zuschauer zu rund 60 Euro pro Aktie ein. Als sie schließlich auf 8,14 Euro zusammenbrach, war vor allem die Wut auf Manfred Krug groß. Hatte er nicht die Aktie empfohlen? Waren das dieselben bescheuerten Zuschauer, die sich nach einer Folge der »Lindenstraße«, in der ein Hund entlaufen war, bei der Polizei meldeten, mit Hinweisen, sie hätten den vermissten Hund gesehen? Manfred Krugs TV-Karriere war hernach beendet. Wann immer er noch mal auf dem Bildschirm auftauchte, flippten Millionen von Kleinanlegern, die zum Teil viel Geld verloren hatten, aus. Dabei konnte er doch nichts dafür. Nicht er hatte den Leuten das Geld aus der Tasche gezogen, sondern der Staat. Gab es ein Rettungspaket wie in England 1720? Nein. Gab es eine Revolution wie in Frankreich 1789? Auch nicht. Spielt die Geschichte in Deutschland? Ja.

Schwarze Freitage, schwarze Donnerstage, schwarze Montage

Untersucht man die Wochentage nach ihrem statistischen Risiko für einen Totalausfall bei Börsengeschäften, lautet mein persönlicher Tipp: Verkaufen sollte man immer nur am Mittwoch. Dieser Wochentag blieb seit Eröffnung der ersten Börse im belgischen Brügge 1409 unauffällig. An anderen Tagen kann das eigene Portfolio schon wertlos sein, bevor man aufgestanden ist und den zweiten Kaffee getrunken hat. Bis heute spricht man vom Schwarzen Donnerstag, *Black Thursday*, der den Auftakt zur großen Weltwirtschaftskrise 1929 markierte. Sie war so groß, dass sie noch zusätzlich den Schwarzen Dienstag in der Woche darauf benötigte, an dem die größten Panikverkäufe stattfanden. Dabei hatte doch die Begeisterung für neue Technologien wie die des Radios und des Automobilbaus so lange Zeit verlässlich für den Wertzuwachs von Aktien gesorgt. Der Direktor von General Motors, J.J. Raskob, konnte noch im Crashjahr sagen, dass jeder, der keine Aktien kaufe, schön dumm sei – oder in seinen Worten: »Und da sich das Einkommen tatsächlich auf diese Weise vermehren lässt, glaube ich fest, dass nicht nur jeder reich werden kann, sondern dass jeder dazu verpflichtet ist.«

Der Schwarze Freitag war schon im Jahr 1745 in London erfunden worden, als schottische Erfolge im Krieg gegen die englische Krone die Anleger zittern ließen. Noch bekannter wurde allerdings der Schwarze Freitag in den

USA im Jahr 1869, als zu viel und zu optimistisch mit Gold spekuliert worden war. Die Wiener wurden 1873 in den Club jener aufgenommen, denen schon mal ein Freitag um die Ohren geflogen war. In diesem Jahr kollabierte der Boom der Gründerzeit, der bei der Industrialisierung die Puste ausging. Montage sind bis heute für die meisten Menschen schwarze Tage, da an ihnen die mühselige Woche beginnt. 2015 war der letzte Schwarze Montag an der Börse, als die Wirtschaft Chinas schwächelte und Dinge passierten, die dort nie zuvor passiert waren: eine Abschwächung des Wachstums.

Man darf die Börse keinen Moment aus den Augen lassen. Das wusste auch der neue Chef der amerikanischen Notenbank Federal Reserve, Alan Greenspan, als er 1987 am bis heute berühmtesten Schwarzen Freitag in Washington eine Boeing betrat, um nach Dallas zu fliegen. Beim Check-in war es noch ein ganz normaler Freitag gewesen, aber als er in Dallas wenige Stunden später wieder ausstieg, waren die Aktien an den amerikanischen Märkten um 20 Prozent gefallen. Während Greenspan in der Luft war, hatten sich Milliarden in Luft aufgelöst.

Nun ist es natürlich sehr unwissenschaftlich, den Wochentagen die Schuld für die Zusammenbrüche an den Börsen zuzuschieben. Deshalb beschäftigte man sich ausgiebig mit ihren Ursachen und fand den wirklichen Schuldigen: den Oktober. Wer stets im September verkauft, ist auf der sicheren Seite, da der Oktober als ausgesprochen krisenanfällig für Investoren angesehen wird, nicht erst seit der Oktoberrevolution in Russland. Die Weltwirtschaftskrise von 1929 wurde in einem Oktober geboren, ebenso wie die Krise von 1987 oder unsere jüngste Finanzkrise von 2008. Doch als neu angehende Finanzexperten sollten wir jetzt zwischen guten und schlechten Krisen unterscheiden, denn manche waren sinnlos, andere brachten die Welt auch weiter.

1830 Die Railway Mania

Manche Spekulationsblase erscheint im Nachhinein segensreich. Wenn eine neue Technologie flächendeckend eingeführt werden kann, zum Beispiel der Kanalbau in Holland, dies aber nur mit enormem finanziellen Aufwand möglich ist, hilft die Begeisterung der Bevölkerung und ihre Bereitschaft, eigene Ersparnisse in diese Neuerungen zu stecken. So kauften viele Holländer Wertpapiere von Firmen, die das Land mit Kanälen durchzogen, bis die Papiere im Jahr 1792 verbrannten. Auch in England hatte es ein Kanalfieber gegeben, bis es vom Eisenbahnfieber abgelöst wurde, denn die neuen Dampflokomotiven waren so viel schneller als Boote. Dort überließ der Staat den Bau der Eisenbahn komplett privaten Firmen, im Gegensatz zur Deutschen Bahn AG, die sich bis heute nicht getraut hat, an die Börse zu gehen. Dafür gingen in der englischen *Railway Mania* gleich haufenweise Eisenbahngesellschaften an den Start. Sie ließen in den zwanzig Jahren zwischen 1830 und 1850 spektakuläre 10 000 Kilometer Strecke bauen. Durch das völlig unkoordinierte Baufieber wurden einige Städte wie Leeds gleich durch mehrere unabhängige Strecken mit denselben Nachbarstädten verbunden, ebenso gab es in einer Stadt mehrere Bahnhöfe, jede Bahngesellschaft hatte ihre eigenen. Als im Jahr 1857 auch diese Blase platzte, hatte das Land immerhin das dichteste Schienennetz der Welt und dazu noch die Kanäle. Auch wenn die Anleger pleite waren, die Eisenbahnen fuhren und machten das industrialisierte Großbritannien zum modernsten Staat der Welt.

An der Privatisierung der Britischen Bahn ab dem Jahr 1994 wird heute gerne gezeigt, wie unklug es ist, eine Bahn zu privatisieren. Bahnfahrten wurden teurer, Züge langsamer, und als ein schwerer Unfall die Gesellschaft zwang, in das Schienennetz zu investieren, ging sie an genau diesen Investitionskosten bankrott.

Da hat ein Staat andere und bessere Möglichkeiten, denkt man. Dabei wird völlig vergessen, dass die britische Bahn vor dieser Privatisierung in den 90er-Jahren lange in staatlichen Händen war, genauer seit 1948 – was allerdings auch keine Erfolgsstory war, denn damals wurde über die Hälfte aller Strecken einfach stillgelegt.

Des Kaisers neue Internetseite ist unsichtbar

In den 90er-Jahren waren endlich auch mal die Deutschen wieder Feuer und Flamme für neue Technologien. Der erste Mobilfunkkunde Uwe Seeler hatte ein brandneues C-Netz-Handy. Der Akku des Geräts musste separat in einem Koffer herumgetragen werden und ähnelte damit auf erschreckende Weise dem Koffer, der in Moskau hinter

Boris Jelzin hergetragen wurde, falls er spontan Lust hatte, die Atomraketen zu zünden.

1995 war Mark Zuckerberg, späterer Gründer von Facebook und angehender Milliardär, gerade mal elf Jahre alt, und nicht nur in den USA, auch in Deutschland beflügelte die Entwicklung des Internets die Fantasie der Menschen. Leute, die sich da auskannten oder zumindest behaupteten, dass sie sich da auskannten, umgab die Aura von Genies. Heute ist ein Webdesigner nichts anderes als ein digitaler Schaufensterdekorateur, damals war er ein Heiliger. Bereitwillig investierten die Menschen ihre Ersparnisse in Firmen wie Comroad, Infomatec, Metabox und Dutzende andere Start-ups. Eine neue Gründerzeit brach an. Motiviert von der mantrahaften Telekomwerbung, die einem in jedem TV-Werbeblock mehrmals einredete, man müsse unbedingt Telekom-Aktien kaufen, stieg auch das Interesse an anderen Internet- und Mobilfunkschmieden. Es waren bald so viele, dass an der Deutschen Börse der Nemax aufgelegt wurde, ein Index für IT-Unternehmen. Was für eine Sause! Durch die rasend schnelle Entwicklung versagten bis dahin bekannte Kriterien für die Bewertung von Unternehmen wie Jahresabschlüsse, auf die man viele Monate warten musste. Aber auch Quartalszahlen halfen den Anlegern nicht, wenn sie Erfolgsgeschichten hörten wie die der legendären Samwer-Brüder. Ihr im März 1999 gegründetes Internet-Auktionshaus Alando verkauften sie zwei Monate später für 43 Millionen Euro an eBay. Diesen Satz muss man zweimal lesen: Das Unternehmen wurde nach zwei Monaten für 43 Millionen verkauft! Um im rasenden Tempo neue Erfolgskriterien für

Beteiligungen zu schaffen, erfand man sehr schräge Methoden, zum Beispiel die *Cash-Burn-Rate*. Dieses Rating zeigte, wie schnell und in welchem Umfang ein Unternehmen Kapital einsammelte und wieder ausgab, um nicht zu sagen verbrannte. Dabei galt: Je höher desto besser, denn wer mehr Kapital verbrannte, arbeitete wahrscheinlich auch, so die Hoffnung. Ab dem Jahr 2000 verdienten die Samwer-Brüder Millionen damit, Schülern über ihre Firma Jamba Klingeltöne zu verkaufen. Spätestens das hätte Anlegern ein Weckruf sein sollen. Mich verfolgten die Werbespots bis in meine Albträume, denn vor allem nachts liefen sie permanent im Fernsehen: »Für ein Rülpsen wähle 33444, für ein Pupsen 33555.« Wer darauf Wert legte, buchte, ohne es zu merken, ein Monatsabo für Klingeltöne. Von da war es nicht mehr weit bis zum Big Bang. Comroad, deren Chefs ihre Aktien am eigenen Unternehmen für 15 Millionen Euro längst verkauft hatten, brannten ihre Firma ebenso ab wie die Macher von Metabox und Infomatec. Nur den Samwer-Brüdern gelang es, Jamba rechtzeitig weiterzuverkaufen. Sie rollen das Internet bis beute mit einer Idee nach der anderen auf. Der Knall nach der Jahrtausendwende war so groß, dass der Nemax eingestellt und an der Frankfurter Börse nicht mehr gelistet wurde. Die meisten in ihm enthaltenen Dotcom-Unternehmen waren zu *penny stocks* geschrumpft, zu Papieren, die nur noch wenige Pennys brachten. Und dennoch: Nur der Hype hat das Internet entscheidend vorangebracht. Wäre es klüger gewesen, die Entwicklung des Internets und Mobilfunks dem Staat zu überlassen? Dann gäbe es heute noch das C-Netz, von LTE oder High-Speed

Internet keine Spur. Ohne die Blase von 1792 hätte es kein Kanalnetz für die Binnenschifffahrt gegeben, ohne den Crash von 1873 keine Eisenbahn und ohne den Boom vorm Zusammenbruch von 2001 kein innovatives Internet.

9
Jump! You Fuckers!

Immer wenn eine Spekulationsblase platzt, ist der Frust groß. Doch der Crash straft nicht nur Gierhälse und Spekulanten ab, sondern vernichtet manchmal auch die Existenzgrundlage vieler Menschen, die so wenig Geld haben, dass sie es nicht anlegen können, sondern mit ihm Essen kaufen müssen. Der Zusammenbruch einer Spekulationsblase kann zu einer umfassenden Wirtschaftskrise führen. Die Große Depression der 30er-Jahre, die nach dem Crash von 1929 folgte, war so eine Katastrophe. Selbst wer nicht spekulierte, verlor Job und Wohnung. Oder, wie in der letzten großen Finanzkrise in den USA, sein Haus oder den Job oder beides. Deshalb zogen 2008 wütende Menschen vor die Zentrale der Investmentbank Lehman Brothers, als diese Konkurs anmeldete. Pappschilder mit der Aufschrift »Springt! Ihr Schweine!« oder wie auch immer man »Jump! You Fuckers!« übersetzen mag, wurden am Lehman Tower hochgehalten. In der Tat waren einige Banker aus Verzweiflung und Schamgefühl aus ihren Büros direkt in die Straßenschluchten gesprungen, nachdem sie Milliarden Dollar von Anlegern verspielt hatten. Nicht gesprungen waren allerdings jene, die am meisten gehasst wurden. So der Chef von Lehman Brothers Richard S. Fuld junior. Er verkaufte in der Krise seine für 13,75 Millionen Dollar erworbene Villa an die eigene Ehefrau für nur noch 100 Dollar. Auch wenn fallende Immobilienpreise ein Grund für das Platzen der Blase war, ist dieser 100-Dollar-Verkauf noch kein Beweis für das Ausmaß des Preisverfalls, sondern nur der Versuch eines sehr reichen Menschen, in Sicherheit zu bringen, was man noch in Sicherheit bringen konnte.

Was war passiert? Im Gegensatz zu früheren Blasen, bei denen immerhin ein schönes neues Schienennetz, neue Kanäle oder das Internet übrig blieben, blieb hier einfach nichts außer Schulden, deren Größe jede Vorstellungskraft sprengen. Nach der Dotcom-Blase von der Jahrtausendwende suchten die um den Globus schwappenden Milliarden nach neuen Anlagemöglichkeiten. Diese Suche ist die Wurzel vieler Übel, denn investiert wird in alles, in was sich investieren lässt. Die neueste Idee: Warum nicht mal Leuten Geld leihen, die keine hohe Bonität haben? Das gab es so noch nicht. Normalerweise mussten jene, die sich Geld leihen wollten, nachweisen, dass sie auch welches hatten, oft in derselben Höhe, in der sie nach Kredit fragten. Das veranlasste den unvergleichlichen Mark Twain einst zu seiner Bemerkung: Ein Bankier ist ein Mensch, der seinen Schirm verleiht, wenn die Sonne scheint, und ihn wiederhaben will, wenn es zu regnen beginnt. Je sicherer eine Anlage für den Anleger, desto geringer die Rendite, je höher die Rendite, desto höher das

Risiko. Das ist eine jener Binsenweisheiten der Ökonomie. Das Problem der Ökonomen ist, ihre Gesetze funktionieren im Gegensatz zu denen von Chemikern und Mathematikern nicht immer, sondern nur manchmal. So entdeckte man in den USA, dass Kredite an Leute ohne eigene Ersparnisse über eine Laufzeit von fünfzehn Jahren eine Rendite von über 10 Prozent abgeworfen hatten. Das war doch nicht schlecht. Diese Finanzprodukte nannte man Junkbonds oder auch Ninja-Darlehnen. Ninja war ein Kürzel für: »No income, no job, no asset«, also kein Einkommen, keine feste Stellung und kein Besitz. Auch diese Leute waren durchaus in der Lage, sich für die Rückzahlung eines Kredites anzustrengen. Zudem konnte man ihnen höhere Zinsen berechnen, die sie bereitwillig akzeptierten. Dazu war es auch der erklärte Wille von Präsident Bill Clinton, ärmeren Schichten den Traum vom Eigenheim zu ermöglichen. Da sich die Preise von Häusern stets nach oben bewegten, hatte man als Anleger doch neben den hohen Zinseinnahmen auch den Zugriff auf die Immobilien, sollte der Schuldner ausfallen. Deswegen griffen in aller Welt Anleger, Pensionsfonds und deutsche Landesbanken zu, als diese Kredite tranchiert, also in Scheiben zerlegt, und weiterverkauft wurden. Damit fiel nochmals das Ausfallrisiko, da die Forderungen an Kellnerinnen aus Dakota und Gärtner aus Boston gestreut wurden. Die ganze Welt war verrückt danach, bis die Immobilienpreise nach 2006 wieder fielen.

Die USA sind das Land der Freiheit und Bequemlichkeit. So fanden sich in den Hypothekendarlehen für die neuen Hausbesitzer bequeme Anlaufjahre mit geringen oder gar keinen Zinsen, also jenem berühmten *buy now, pay later*, jetzt einziehen, die erste Rate in zwei Jahren bezahlen, so haben Sie noch Geld für die Möbel übrig. Hernach konnten die Banken die Zinsen für die Kredite relativ frei anpassen, ein Umstand, den deutsche Hauskäufer fürchten und stets eine langfristige Zinsabsicherung anstreben. Vielleicht war es ein einzelner Jack Jackson, Trucker aus Cleveland, der die hohen Zinsen nicht bezahlen konnte und etwas tat, was nur amerikanische Kreditnehmer machen können. Er räumte sein Zeug aus dem Haus, fuhr zur Bank und warf dort den Hausschlüssel in den Briefkasten. Damit war der Vertrag erledigt. Wenn bei uns ein Lkw-Fahrer, nennen wir ihn Torsten, ein Haus per Kredit finanziert hat, liegt die Hand der Bank zwar ebenfalls auf seinem Haus. Sie ist bis zur Überweisung der letzten Rate nach zwanzig, dreißig oder mehr Jahren im Grundbuch als Besitzerin eingetragen. Doch Torsten haftet auch mit seinem Kopf für den Kredit. Scheitert er finanziell, muss er ausziehen, die Bank verkloppt das Haus, und wenn der Verkaufspreis unterhalb der Kreditschuld, inklusive hoher Strafgebühren liegt, muss er auch ohne Haus so lange Lkw fahren, bis die Schuld getilgt ist. Vielleicht, wenn er sich scheut, in Privatinsolvenz zu gehen, sein ganzes Leben lang. In den so praktisch veranlagten USA gibt es für eine Bank, die ein Haus finanziert, nur das Haus als Sicherheit. Deswegen kann Jack dort den Schlüssel einwerfen, eine Weile in seinem Truck wohnen und irgendwann sein Glück von Neuem versuchen. Für so einen geplatzten Kreditvertrag kommt er nicht mal auf eine schwarze Liste, denn die Bank hat ja das Haus bekommen.

Der Trick, den Ninja-Kunden höhere Zinsen abzunehmen, ging auch für die Banken nach hinten los. Denn nachdem Jack und einige andere Nachbarn von gegenüber ihre Schlüssel bei der Bank eingeworfen hatten, sanken die Hauspreise in der Straße. Damit hatte niemand gerechnet in den USA und der restlichen Finanzwelt, dass Hauspreise auch mal wieder sinken können, und auch heute halten das in Deutschland die meisten Menschen für ausgeschlossen. Es erinnert so viel bei uns an den Auftakt zur eben beschriebenen Subprime-Krise 2007, dass man unruhig werden könnte. Die verbliebenen Nachbarn von Jack saßen jetzt in Häusern, deren Wert niedriger war als die Schulden, die man für sie noch bezahlen musste. Warum sollte man es dann noch abbezahlen? Hatte ich schon gesagt, dass die Amerikaner außerordentlich praktisch veranlagt sind? Immer mehr Leute steckten ihre Sachen in den Kombi und warfen die Schlüssel bei den Banken ein. Cleveland war von dieser Kettenreaktion besonders stark betroffen. Damit implodierten die mit diesen Forderungen abgesicherten Finanzprodukte. Sie fanden sich auch bei deutschen Banken, und das in einem Umfang, der die Kanzlerin Angela Merkel mit ihrem Finanzminister Peer Steinbrück vor die Kamera treten ließ mit der Versicherung, dass die Einlagen von deutschen Sparern bei Banken sicher seien und vom Staat garantiert würden. Ja, waren sie denn nicht mehr sicher?, fragten sich viele Fernsehzuschauer erschrocken. Nein, die Kernschmelze des Bankensektors hatte schon begonnen, und die Kettenreaktion konnte nur mit einem Sarkophag aus Milliarden von Rettungseuros gestoppt werden. So wurde allein die

Commerzbank mit 18 Milliarden teilverstaatlicht. Für die Immobilienbank Hypo Real Estate übernahm der Staat sogar Garantien in der unvorstellbaren Höhe von 123 Milliarden Euro.

Zwei Dinge werden am Finanzmarkt oft vergessen: Investmentbanker leben von Provisionen, realem Geld. Das Risiko tragen andere, die ihnen das Zeug abkaufen. Sie sind vergleichbar mit einem Immobilienmakler. Auch er bekommt eine Provision und interessiert sich einen feuchten Kehricht dafür, was mit dem Haus passiert, nachdem er seine Prozente eingestrichen hat. Die wichtigste Erkenntnis aus der Subprime-Krise, die ihren Namen von den Subprimes, also suboptimalen Kreditnehmern hatte, ist für mich, dass man ein Risiko nicht streuen und damit mindern kann, wenn das Risiko ein Virus ist. Ein Virus wird, wenn man ihn auf der ganzen Welt verteilt, nicht kontrollierbarer, sondern eine Epidemie, die alles mitreißt.

Leben mit der Fieberkurve

Auch wenn das Platzen von Spekulationsblasen furchtbar schmerzlich ist und ganze Staaten, ja schon mehrmals die gesamte entwickelte Welt in den wirtschaftlichen Abgrund gerissen hat – vermeiden lassen sie sich nicht. Es ist auch unmöglich, eine Tomatensoße zu erhitzen, ohne dass sie Blasen wirft. Wären die Zentralbanken und Regierungen für das Erhitzen von Tomatensoßen zuständig, mit dem Ziel, platzende Blasen zu verhindern, die unschöne Spritzer an den Fliesen hinterlassen, blieben ihnen nur wenig überzeugende Strategien. »Lasst uns die Soße langsamer erhitzen und die Herdplatte von Stufe 6 auf Stufe 3 runterdrehen.« Prima, dann platzen die Blasen etwas später. »Wir müssen nur schneller rühren, um die Hitze zu reduzieren, dann wird der Prozess gebremst.« Jeder, der jemals Spagetti mit Tomatensoße gemacht hat, weiß, dass das alles nicht auf Dauer funktioniert. Aber die Billiarden von Dollar und Euro auf unserem Planeten, die in Produkte investiert werden, die sehr viel Ähnlichkeit mit Tomatensoße haben, gelten landläufig als gut angelegt. Stellen wir uns doch einfach mal vor, es ginge auf den Märkten wirklich um Tomatensoße – und die steht bei Familie Hoffmann aus Ingolstadt auf dem Herd. »Ich investiere immer in Tomatensoße, wenn sie gerade auf den Herd geschoben wird«, würde Warren Buffett dem Moderator von »Financial Times TV« auf CNN erklären. »Dann hat ihre Temperatur die höchsten Steigerungsraten noch vor sich.« – »Das stimmt«, würde der Journalist antworten, »wenn wir hier den Chart bei Familie Hoffmann anschauen, da hat die Soße ihre Temperatur von 20 auf 60 Grad glatt verdreifacht.« Buffett würde genüsslich schmatzen und sagen: »Und das wird auch noch eine Weile so weitergehen, glauben Sie mir, ich kenne mich aus mit Tomatensoße.« Eine Verdreifachung des Preises, das ist der Moment, in dem sogar jene Menschen beginnen, *MoneyTV* zu schauen, die sich sonst nicht so für Wirtschaft interessieren. Auch die Ratingagenturen wie Fitch oder Moody's könnten einer Tomatensoße auf dem Herd beste Noten geben. Sie liegt bei 65 Grad? Da ist noch einiges möglich: AAA. Auf Partys in Berlin Mitte raunen sich Studenten zu, dass Kommilitonen, die eigentlich von BAföG leben, inzwischen Cabrio fahren, seit sie ihr Geld in TSTS stecken, also Papiere namens Tomato Soup Temperature Shorts, die auf steigende Temperaturen wetten. »Aber ich habe doch kein Geld. Wenn ich jetzt welches hätte, wüsste ich, was ich tun würde!«, stöhnt einer. »Ich hab mir was geliehen, Digger, die Zinsen hatte ich sofort wieder raus.« Als der Vater der Familie Hoffmann bei 70 Grad Schmand in den Topf dazugibt und sich die Temperatur der Soße wieder auf 65 Grad abkühlt, liegen die Nerven blank. »Wer jetzt verkauft, ist ein Idiot«, gibt Warren Buffett zu Protokoll, und tatsächlich, kurz darauf nimmt die Temperatur-Rallye wieder Fahrt auf. Viele steigen bei 80 Grad ein, 10 Prozent müssten noch drin sein, ein gutes Geschäft innerhalb weniger Sekunden. Der Hochgeschwindigkeitshandel lässt die Server glühen. Wer bei 20 Grad eingestiegen ist, kann jetzt für jede Million drei Millionen Gewinn einstreichen oder noch etwas abwarten. Bei 84 Grad platzen zwei Blasen im Topf. »Pass auf die Fliesen auf! Ich muss dann wieder wischen!«, ruft die Frau von Herrn Hoffmann. »Okay«, antwortet der: »Kinder, essen!« Und zieht den Topf von der Platte. Was die Familie nicht weiß: Weltweit stehen Millionen von Anlegern am Abgrund. Familie Hoffmann sitzt am Tisch, und der älteste Sohn schaltet N24 ein. »Nicht beim Essen«, sagt die Mutter. »Lass mal an«, sagt der Vater. »Was passiert denn da?«

Hinter einem Moderator an der Deutschen Börse in Frankfurt zeigt eine Kurve stark nach unten. »Der Tomato Soup Temperature Index ist innerhalb weniger Minuten zusammengebrochen, steht aktuell bei 40 Grad, insgesamt wurden über vier Billionen Dollar verbrannt.« Ein Experte sieht noch Hoffnung: »Man sollte Tomatensoßen nicht zu schnell abschreiben. Manchmal werden sie noch mal erhitzt, für die zweite Runde. Wir nennen das den Reheating-Effect. Wer jetzt einsteigt, könnte am Ende zu den ganz großen Gewinnern gehören.« Doch Familie Hoffmann stellt den Topf nicht noch mal auf die Platte, die restliche Soße kommt in den Kühlschrank. Bei der Spätausgabe der Börsennachrichten schläft die Familie schon, nur unser imaginärer Temperaturfühler sendet noch Daten in die Welt. Die Soße, inzwischen in einer Tupperdose, hat nur noch 14 Grad, Tendenz fallend. Als der Sohn der Hoffmanns nachts schließlich noch ein kleines Hüngerchen bekommt und den Rest der kalten Soße mit ein paar Nudeln vor dem offenen Kühlschrank isst, springen erste Anleger in Tokio von Hochhäusern.

Die Party geht immer weiter

Bis heute wird alles dafür getan, dass die Party weitergeht. Stellen wir uns vor, Mario Draghi wäre für einen Jahrmarkt zuständig, denn nichts anderes ist Wirtschaft. Das folgende Gedankenexperiment soll veranschaulichen, was er als Präsident der Europäischen Zentralbank so alles unternimmt, damit die Wirtschaft in den schwächelnden

Euroländern wieder anspringt. Bei Draghi als Jahrmarkt-Manager sähe das so aus: Der Karussellbetreiber Willy Schmidtke muss die Preise senken, weil zu wenig Leute einsteigen. Das gefällt Draghi nicht, denn so was nennt man Deflation. Seine Angst: Wenn Willy Schmidtke weniger Geld für die Runden auf den bunt bemalten Holzpferden nimmt, hat er am Ende auch weniger Geld in der Kasse und kann nicht die Produkte kaufen, die seine Kundschaft tagsüber bei ihren eigenen Jobs produziert. Zum Beispiel ein Bier und Bratkartoffeln mit Spiegelei in der Kneipe von Fahrgast Heinz. Herr Schmidtke würde mit seiner geringeren Tageseinnahme an Heinz' Kneipe seufzend vorbeilaufen und sich gefrustet zu Hause selbst ein Spiegelei braten. Dadurch würde auch Heinz weniger verdienen, die Preise senken und nach Feierabend an Murats Taxi vorbeilaufen, in das er sonst gerne eingestiegen ist, um sich nach Hause fahren zu lassen. Und dann nähme eine fatale Kettenreaktion ihren Lauf, die Mario Draghi buchstäblich um jeden Preis verhindern will. Würden Murats Kinder am nächsten Tag sagen: »Wir wollen auch mal wieder Karussell fahren!«, antwortete er vielleicht: »Dafür ist kein Geld, ich hatte zu wenig Kunden, wir bleiben zu Hause.«

Zack, noch weniger Leute am Karussell; Willy Schmidtke wieder nicht in der Kneipe; erneut keine Fahrten für Murat; das ganze Land rutscht in eine Rezession. Am Ende müssten alle zu Hause bleiben, Jahrmarkt und Kneipe blieben dunkel und der Taximotor kalt.

Aber dank Draghi erhalten alle schon vor dem Umsatzrückgang einen Kredit von 5000 Euro.

Murats Kinder könnten Karussell fahren, bis sie spucken; Willy würde es bei Heinz richtig krachen lassen, Bier, Schnaps, Essen und noch Geld für die Musikbox; Heinz würde sich nach Mitternacht auf die Rückbank von Murats Wagen plumpsen lassen und dieser zufrieden die Taxiuhr drücken. Das Tolle: Wenn Murat für 5000 Euro Karussell gefahren ist, Willy 5000 Euro in Heinz' Kneipe gelassen hat und Heinz für 5000 Euro mit dem Taxi herumkutschiert worden ist, kann die Party von vorne losgehen. Denn gleichzeitig haben ja alle drei auch 5000 Euro verdient. Funktioniert so nicht Wirtschaft? Die schwäbische Hausfrau schüttelt den Kopf: »Na, ebbes ka do ned schdimmä, des isch doch alls auf Pump!«

Weiter! Höher! Aua! Der Skyscraper Index

Eine der spannendsten Fragen des Finanzsystems ist: Wie kann man Zusammenbrüche voraussagen? Analysten würden alles geben, um hier zuverlässigere Antworten zu finden. Vor der großen Bankenkrise im Jahr 2008 deutete nichts auf das Einbrechen der Märkte hin. Ratingagenturen vergaben an die zweifelhaften Kreditprodukte, die Subprimes, Bestnoten. Aber was sollten sie auch tun? Wenn Vertrauen das einzige Kapital ist, was wirklich zählt, dann ist natürlich jede schlechte Nachricht, jede kritische Äußerung brandgefährlich. Anzeichen für Blasen sind schnell gefunden. Jeder Markt, der Zuwächse hat, ist wie ein Ballon, der langsam größer wird. Die entscheidende Frage ist doch: Wann platzt der Ballon? Wer bei einem großen Ballon einsteigt, in den aber noch mehrere Stöße Luft gefüllt werden, kann trotzdem mit Gewinn wieder aussteigen, auch noch am Tag vor dem Knall. Die einzige wirklich verlässliche Regel am Finanzmarkt ist das schon erwähnte Schnoy-Bail-out: Produkte, bei denen ich einsteige, schmieren ab. Ich sollte als Finanzanalyst arbeiten, denn auf diesen Umstand ist Verlass. Ich bin im Jahr 2000 auf dem Höhepunkt der Dotcom-Hausse eingestiegen. Kurz zuvor war im Jahr 1997 für die vielen neuen Internetfirmen von der Börse neben dem DAX ein neuer Index eingerichtet worden, der Nemax. 2003 war mein Geld futsch und die Unternehmen des Nemax so schwach, dass der Index kurzerhand aufgelöst wurde. Als mein Nachbar im Jahr 2011 Gold kaufte, weil die Preise durch die Decke gingen, kratzte ich auch ein paar Euro für Gold zusammen. Die Hälfte dieses grandiosen Investments hat sich mit dem fallenden Goldpreis in Luft aufgelöst. Zum Glück war ich ein mittelloser Student, als Manfred Krug seinen größten Auftritt hatte. Und noch ein weiterer Krisenindikator ist derart zuverlässig, dass er einer Erwähnung würdig ist. In den Roaring Twenties wurden in New York mit dem Chrysler- und dem Empire State Building die bis dato höchsten Gebäude der Welt errichtet. Ihre Fertigstellung in den Jahren 1930 und 1931 fiel in die große Depression, die im Jahr 1929 mit lautem Knall aufgetretene Weltwirtschaftskrise. Beim höchsten Gebäude von 1973, dem World Trade Center, ist es dasselbe. Errichtet wurde es in einer langen Boomphase, pünktlich zur Fertigstellung brach die Weltwirtschaft mit der Ölkrise zusammen. Seitdem ist fast jedes höchste Gebäude der

Welt in einem Zusammenbruch fertiggestellt worden. Ob es die Petronas Towers in Malaysia waren, die den Beginn der Asienkrise 1998 markierten, oder der Zusammenbruch der Dotcom-Blase, zu der ich meinen Teil beigetragen hatte. Hätte ich es nicht wissen müssen, als ausgerechnet in Taiwan das höchste Haus der Welt gebaut wurde, wo doch das Land ganz wesentlich von der IT-Branche abhing? Kaum war es fertig, hatte in Taiwan niemand mehr das Geld, um auf der Aussichtsplattform auch nur einen Kaffee zu trinken. Ausgerechnet in Dubai steht heute das höchste Gebäude der Welt. Der mit 828 Metern Höhe gigantische Turm Burj Khalifa bekam seine letzte Etage, als nicht nur in Amerika, sondern auch in Dubai der Immobilienmarkt zusammenbrach. Deshalb sollte uns heute der Bau des mal wieder höchsten Gebäudes der Welt in Saudi-Arabien Grund zur Sorge sein. Hier wird der Jeddah Tower mit über einem Kilometer Höhe geplant, genau 1008 Meter sollen es werden. Und schon jetzt deutet in Saudi-Arabien alles auf eine große Krise hin. In diesem durch Ölreichtum verwöhnten Land arbeiten nur westliche Experten und pakistanische Hilfsarbeiter. Für Saudis gelten viele Jobs als unwürdig. Trotz der Ölmilliarden hat es das Land geschafft, einen gigantischen Schuldenberg anzuhäufen. Inzwischen liegt der Ölpreis am Boden. Wir müssen nur bis zur vorletzten Etage warten, um sicher zu sein, dass das Land in den wirtschaftlichen Abgrund stürzen wird.

Mit den Schwankungen leben

Wenn wir im Sommer in unserem Lieblingssee schwimmen und dabei versuchen, uns vorzustellen, wie wir auf diesem See im Winter schon Schlittschuh gelaufen sind, wird das schwierig. Theoretisch wissen wir es, aber eigentlich ist es doch unvorstellbar, in dem Moment an Schnee zu denken, in dem das Wasser fast 20 Grad hat, ein leichter Wind die Blätter der Uferbäume zum Rauschen bringt und die Sonne auf uns herunterknallt. Umgekehrt ist es ebenso unmöglich, sich an einem frostigen Januartag, an dem das Eis des Sees zum Begehen freigegeben wurde und sich viele Menschen beim Eishockey vergnügen oder ihre Kinder auf dem Schlitten über seine Oberfläche ziehen, vorzustellen, dass man hier in nur einem halben Jahr wieder schwimmen wird. Man mag sich in keinem Sommer ausmalen, dass es jemals wieder Winter wird, und Winter selbst sind oft so schrecklich lang, dass man den Glauben verliert, es könnte sich jemals wieder ändern. Wie sehr wir an die Unveränderlichkeit der Dinge glauben, zeigt sich an unserer Kleidung an jedem beliebigen Tag der Übergangszeit, sagen wir, einem Tag mit 15 Grad. Erleben wir einen solchen Tag im September, dann tragen wir wahrscheinlich noch ein T-Shirt oder ein leichtes Hemd, vielleicht kurze Hosen oder ein kurzes Kleid. Erleben wir einen Tag mit derselben Temperatur von 15 Grad im März, so tragen wir einen Pullover, eine wattierte Jacke und robuste Schuhe. Erst der Zusammenbruch des alten Trends, der uns mit einem sehr heißen oder sehr kalten Tag unmissverständlich in die anderen Klamotten zwingt, bringt das Umdenken. Trotzdem wissen wir um die Jahreszeiten. Niemand würde im Frühling seine Winterjacke wegschmeißen oder im Winter sein Surfbrett. In der Wirtschaft und auf den Finanzmärkten tut man das, und das ist gefährlich, dumm und unverständlich. Gern verweisen Politiker auf die Wichtigkeit einer antizyklischen Fiskaloder Konjunkturpolitik. Hinter diesen wichtig klingenden Begriffen verbirgt sich nichts anderes als die Binsenweisheit, dass man in guten Tagen für schlechte vorsorgen soll, damit man in schlechten davon zehren kann. Im Privatleben funktioniert das schon seit Urzeiten. Im Sommer wird Marmelade gekocht, der Weizen eingebracht und im Herbst Holz geschlagen. Im Winter setzt man sich dann an den warmen Kamin und isst ein Marmeladenbrot. In einer Zeit, in der Wärme und Erdbeeren knapp sind, darum die Vorsorge. Wieso klappt das nicht an den Finanzmärkten? Auch dort sollte man Marmelade und Brennholz im Sommer kaufen – stattdessen besorgen sich die meisten Leute Marmelade Ende März, wenn das Angebot heiß begehrt und die Preise hoch sind. Umso größer der Frust, wenn die nächste Erdbeerernte die Preise einer Korrektur aussetzt. Bei den Politikern klappt es auch nicht. In guten Zeiten mit hohem Steueraufkommen etwas zurücklegen, um in schlechten Zeiten mit diesen Rücklagen steuerliche Anreize zu schaffen oder die Krise abzufedern? Die meisten Staaten sparen nur dann, wenn blanke Not herrscht, ihnen nichts anderes übrig bleibt. Sprudeln die Steuereinnahmen hingegen, tauchen sofort endlose Listen auf mit teuren Wünschen.

Wenn die Menschen den Lauf der Jahreszeiten genauso naiv einschätzten wie das Auf und Ab an den Finanzmärkten, würde es so laufen: Im Sommer verkündeten Meteorologen, dass der Winter endgültig überwunden sei und der Sommer nicht mehr aufhöre. Firmen für Kaminöfen und Heizthermen gingen reihenweise in die Insolvenz, keine Bank liehe solchen Fantasten noch Geld. Dafür boomten neue Fonds, die ausschließlich in neue Freibäder und Hersteller von Klimaanlagen investieren. BMW und Daimler böten nur noch Cabrio-Modelle an, alles andere wäre unverkäuflich. Die Trockenheit verleitete Pensionsfonds, Milliardenbeträge in den WEF zu stecken, den Water Exploration Fonds, der nur auf Firmen setzt, die sich auf die Erschließung neuer Wasservorkommen spezialisiert haben. Wenn dann die Nation Anfang Oktober von einer ersten Kälteperiode überrascht würde, verkündete der oberste Klimaexperte der Nation, Alan Greenspan-Kachelmann, dass dies noch lange keine Wende des Temperaturindex sei, sondern nur eine kurze Korrekturphase. Er prognostizierte dann bis zum Jahresende Temperaturen um die 30 Grad. Erst nach zwei Wochen Dauerregen, bei dem das Thermometer auf 7 Grad fiele, bräche große Panik aus. Alle Freibäder würden schließen, Investoren, deren Renditeerwartungen mit vielen Besuchern dieser Bäder rechneten, müssten ihr Geld abschreiben. Noch schlimmer träfe es die Rentner. Nach Hochwasser auf Elbe und Rhein verlören die Zertifikate für die Erschließung von Wasservorkommen die Hälfte ihres Wertes. Auch die Stützung dieser Papiere durch die EZB könnte den Preisverfall nicht mehr stoppen. Wer dann in Rente ginge, würde den Kältetod erleiden, denn auch der Bau winterfester Häuser wäre inzwischen eingestellt. Erfrorene Cabriofahrer säumten die Ränder unserer Autobahnen. Und wenn Knecht Ruprecht mit seinem Schlitten käme, führe er durch ein kaltes weißes Nichts, nur hier und da ein toter Schornstein aus vergangener Zeit, als man diese noch befeuern konnte. Banden führten Krieg um die letzten Zaunbretter, die man noch in Wärme verwandeln könnte.

Nur einer wäre dann nicht mehr da, sondern längst in der Karibik: Alan Greenspan-Kachelmann.

10
Konsumier, so ich dir

Der ideale Konsumtyp ist ein vergesslicher Messie,
jemand, der wie verrückt sammelt
und dann nicht mehr weiß,
was er schon hat.

Ich lebe in Hamburg in einer Siedlung mit 32 Reihenhäusern. Jedes Haus hat einen kleinen Garten. Die Nachbarn sind nett, ich wohne gerne in meiner Straße. Es gibt hier 32 Rasenmäher, 32 Waschmaschinen, 32 Wäschetrockner und 32 Gas-Thermen, die jeweils für warmes Wasser und Heizung in nur einem Haus sorgen. Große Flachbildfernseher, Akkuschrauber und Waffeleisen, fast alles gibt es hier 32 Mal. Dazu gehen diese Geräte öfter mal kaputt, da sich viele nicht die teuersten Fabrikate leisten können. Würde man sich indes auf einen großen Heizblock, acht Waschmaschinen und Trockner und drei Rasenmäher einigen, könnte man die qualitativ hochwertigsten aussuchen und der Wirtschaft den Todesstoß versetzen, wenn sich dieser Trick bei genug Menschen herumsprechen würde. Es wäre auch eine gute Idee, eines der 32 Häuser gemeinsam zu nutzen, wenn mal wieder eines frei wird. Mit einem großen Tisch, an dem viele Gäste Platz hätten, einem imposanten Kühlschrank mit zwei Türen. Kochen ist im Alltag eine mühsame Angelegenheit, wenn man wenig Zeit hat und für sich allein oder nur für zwei, drei Leute kocht. Wüsste ich, dass ich alle vierzehn Tage dafür zuständig wäre, etwas zu zaubern, was andere gerne essen, stünden an meinem Tag Antipasti im Kühlschrank und selbstgebackenes Brot. Dazu vielleicht ein Käsekuchen. Wann immer man nach Hause käme, könnte der Weg direkt ins eigene Heim oder zunächst in das Gemeinschaftshaus führen. Tagsüber würde man hier auf Kinder stoßen, die sich im Spielkeller austoben, wenn es draußen regnet, und im Norden regnet es bekanntlich oft. Später träfe man auf ein Kaffeekränzchen der Nachbarinnen oder ein abendliches Fußballspiel, das man an die Wand projiziert.

Wer links träumt, dem schwebt solch ein Lebensmodell vor. Konsumterror ist nämlich schlimm! Doch man denkt bei diesem Schlagwort oft nur an manisch shoppende Leute, die sich ihr zwanzigstes Parfum, zu oft neue Autos oder elektronischen Schnickschnack kaufen. Ist Konsumverzicht nicht der Weg zu einer friedlicheren Welt? Ironischerweise nannten sich Verkaufsläden ausgerechnet in der sozialistischen DDR ebenfalls »Konsum«. Hier wurde jedoch die erste Silbe betont, wenn man im *Kon*sum einkaufen ging. Betont man die zweite Silbe, ist unser Konsum gemeint, und der steht in vielen Köpfen für etwas Böses. Natürlich lässt sich darüber streiten, ob Teenager Abos für Klingeltöne brauchen. Aber Konsum ist viel mehr. Wer lieber selbst kocht, als den Pizzaboten anzurufen, wer Kinder daheim spielen lässt und nicht im Indoorspielplatz, wer Fahrrad fährt statt Auto oder U-Bahn, sorgt, wie Dimitri, für arbeitslose U-Bahn-Fahrer, Pizzaboten und den Konkurs vom Jump House, einer Halle, in der man auf endlos vielen Trampolinen hüpfen kann. Konsum ist in der Systemkritik immer ein Negativbegriff. Doch auch das Trinken von fairem Kaffee aus Nicaragua, das Belegen eines Tangokurses und der Besuch bei einer Heilpraktikerin sind Konsum. Bei mir an der Ecke ist eine Praxis für alternative Medizin. Wenn sich, was ihr Angebot anbetrifft, alle so in Verzicht üben würden wie ich – man könnte fast schon von Verweigerung sprechen –, wäre die Praxis längst pleite. Die Frage ist doch eher, *was* wir für unser Glück und eine bessere Welt konsumieren sollten. Kauft gute Dinge! Doch der Traum von einer konsumfreien Gesellschaft wird immer wieder erzählt.

Als man zum Lachen noch in den Keller ging

Gerade zwischen den Reihenhäusern in meiner Straße wird gerne die Geschichte erzählt, wie es früher war, in den 70ern. Damals ging man am Wochenende nicht aus, sondern in die berühmten Partykeller der Nachbarn. Viele Paare, die noch heute verheiratet sind, haben sich in diesen Kellern kennengelernt. Der eine hatte Fassbier, der andere eine Discokugel an die Decke gehängt oder einen Spielautomaten an die Wand geschraubt. Gemeinsam schrie man »Griechischer Wein«. Vor viel Täfelholz und Nippes wurde getrunken, geschunkelt und gefeiert. Die Eltern waren nicht weit, und beim Engtanz oder Klammerblues verliebte sich die nächste Generation. Auf die Reeperbahn ging man damals nicht. In den 70ern gab es dort kein einziges Musical und bis auf eines auch keine Theater. Nur Rotlicht-Nepp, Kriminalität, Dreck und Tristesse. Kein Wunder, dass die Leute lieber zu Hause blieben. Warum sollte man rausgehen, wenn im Keller die Musikbox spielte und man die nette Nachbarin auch hier treffen konnte? Zu dieser Zeit empfing selbst Helmut Schmidt Gäste wie Giscard d'Estaing oder Leonid Breschnew lieber in seiner Hausbar im Neuenberger Weg in Langenhorn. Es gab keine Szene-Restaurants, kein Vapiano und keine Kaffeehausketten. Aber heute sind sie da. Austro-asiatische Küche, Sushi-Theken mit rotierenden Nigiris, so lang wie die Kofferbänder am Flughafen. Heute geht man ins Imperial Theater, früher, in den genannten 70ern, war es noch Europas größtes Pornokino, was für ein Slogan! Das Schmidt Theater und »Der König der Löwen«, »Tarzan« und »Cats« locken nicht nur Hamburger, sondern auch Millionen von Touristen in einen Stadtteil, in dem noch vor vier Jahrzehnten niemand sein wollte. Tausende von Kellnerinnen, Türstehern, Musicaldarstellern, Bookerinnen und Taxifahrern leben davon, dass wir uns in der Stadt vergnügen. Wer heute hingegen versucht, mit alkoholischen Getränken Leute in seinen Keller in

Langenhorn zu locken, macht sich mehr als verdächtig. Und das zu Recht.

Konsum ist so wichtig für eine Gesellschaft mit vielen Jobs, dass wir lieber über eine Konsumpflicht nachdenken sollten oder daran, Konsumverweigerer auszuweisen.

Die Espressodrucker

Dem Erfindungsreichtum, unser Leben immer aufwendiger zu gestalten, um damit Geschäfte zu machen, sind keine Grenzen gesetzt. Wie könnte man es zum Beispiel schaffen, dass die Leute für ein Kilo Kaffee statt 12 nun 70 Euro bezahlen? Ausgeschlossen, sagten einst Wissenschaftler des Nestlé-Konzerns, als ein irrer Kollege vorschlug, man könnte Kaffee in kleine Kapseln stecken, mit denen sich immer nur eine Tasse zubereiten ließe. Die Kollegen klopften ihm auf die Schulter und machten neckische Sprüche. Wer zum Kaffee einlädt, hat doch keine Lust, für jeden Gast zwei- bis dreimal auf einen Knopf zu drücken, das dauert doch ewig. Aber heute trinken immer mehr Menschen ihren Kaffee allein, und das ist der Grund für eine große Erfolgsgeschichte. Nestlé setzt mit den Nespressokapseln weltweit 11,5 Milliarden Euro um. Besonders Deutschland ist in ein Kapselfieber verfallen, und wenn die Deutschen etwas machen, dann gründlich. In jedem Technikmarkt wartet eine Armada von Senseo, Nespresso und Tassimo-Brühautomaten darauf, herausgeschleppt zu werden. Sämtliche Kaffee-Röstereien bieten eigene Kapselsysteme an, dazu gibt es No-Name-Kapseln von Aldi bis Lidl und allein in unserem Land zusätzliche 4000 Tonnen Kapselmüll pro Jahr. Dazu kann dieser Müll nur schwer recycelt werden, weil die Dinger so klein sind. Es gibt aber einen Ausweg, eine Therapie, den Absprung zu schaffen von der Droge Kapsel, mit der Kaffee in wenigen Grammeinheiten verkauft wird, wie man es auch mit anderen Drogen macht. Man muss sich nur vorstellen, dass die Maschine in die Tasse Pipi macht. Schon ist man wieder clean.

Zaubertintendrucker machen reich

Als einmal ein TV-Team eine lustig-absurde Idee für eine Reportage hatte, nämlich einen kaputten Tintendrucker reparieren zu lassen, hörten sie überall den Satz, den wir schon so verinnerlicht haben, dass wir ihn in Gedanken selber sprechen, bevor wir es wagen, ihn an andere zu richten. »Warum sollte man einen Drucker, der in der Anschaffung nur knapp über 100 Euro gekostet hat, reparieren?« Man wird uns auslachen, denn: »Die Reparatur wird fast so viel kosten, wie …« Ich muss den Satz gar nicht beenden, denn wir haben ihn alle im Kopf. Er wurde uns dort von Geschäftemachern eingepflanzt. Und immer, wenn etwas kaputtgeht, ist er dort zu hören, weil wir zu Konsumrobotern degradiert wurden. »Schauen Sie, wenn ich das Gehäuse aufschraube und nichts finde, müsste ich Ihnen 40 Euro berechnen. Ich würde Ihnen empfehlen, lieber gleich ein neues …« Das sagte zum Beispiel der Service im Technikmarkt. Doch das TV-Team hatte eine Mission:

»Nein, schauen Sie, reparieren Sie. Es ist egal, was es kostet.« Daraufhin schaute der Mitarbeiter, als hätte man bei ihm zwei Kilo Koks bestellt, was bekanntlich auch in den Geräten mit angeliefert wird. Das lohnt sich doch nicht. Lieber gleich etwas Neues kaufen. Die Drucker werden, genau wie die Kapselmaschinen, billig angeboten, dafür die Kapseln – in diesem Fall die Tonerkapsel – sehr teuer verkauft. Siebzig für den Drucker, dreißig für die Kartusche. »Tut mir leid, ich konnte nichts finden, leider muss ich Ihnen trotzdem ...« Das hörte das TV-Team vier Mal, bis es zu einem wissenschaftlichen Institut ging. Dort beschied man ihm, dass sich im Drucker ein Einbauteil befände, eine Art Schwamm, der sich mit jedem Druckvorgang weiter vollsauge, bis er das Gerät blockiert, zufällig kurz nach Ablauf der Garantie.

Die Stelle bricht, wenn sie soll

Über die berühmten Sollbruchstellen ist schon oft geschrieben worden. Sie sind ein Mythos, in dem Namen vorkommen wie der von Adolphe Chailet. Dieser Tüftler war aufgeregt und glücklich, als sich in einem Test zeigte, dass die von ihm entwickelte Glühbirne länger leuchtete als die von Thomas Edison. Dessen und eine Reihe anderer Glühbirnen explodierten bei wechselnden oder steigenden Stromspannungen, nur die von Adolphe hielt, mal heller, mal weniger hell leuchtend. Wenn man Verschwörungstheoretikern folgt, spürte der jubelnde Ingenieur, der schon glaubte, als Erfinder der Glühbirne in die Ge-

211

schichte einzugehen, in diesem Moment eine schwere Hand auf seiner Schulter. Es muss die Hand eines Vertreters des Phoebus-Kartells gewesen sein. »Deine Scheißbirne wird uns ruinieren.« Edison wurde berühmt, das Phoebus-Kartell konnte 1924 die Leuchtdauer einer Birne auf 1000 Stunden begrenzen. Das sind, wenn man sie jeden Tag vier Stunden leuchten lässt, gerade mal acht Monate. Für eine weltberühmte Glühbirne kamen diese kriminellen Absprachen zu spät. Sie leuchtet seit 1901 in Livermore/Kalifornien als Not- und Nachtbeleuchtung in einer Feuerwache und damit weit über 100 Jahre. Da über Sollbruchstellen schon oft berichtet wurde, die anscheinend so wichtig für eine hektische, kapitalistische Wirtschaft sind, möchte ich mich den Ausnahmen widmen. Branchen, die anscheinend auch mit langlebigen Produkten auskommen, ohne selbst bankrottzugehen.

Sind wir glücklicher, wenn Dinge ewig halten?

Deutsche Einbauküchen halten oft mehrere Jahrzehnte, auf jeden Fall viel länger als die Küchenmode. Deshalb zerriss ich jüngst in Wut ein Einrichtungsmagazin, das frech titelte: »Hochglanzoberflächen sind out, freche Farben und matt sind der neue Trend.« Und das, wo ich mir wenige Jahre zuvor eine Küche mit Hochglanzoberflächen einbauen ließ. Verdammt, dachte ich, schon wieder out. Dabei hatte ich die Küche wie alle ängstlichen Kunden in Weiß geordert, in der Hoffnung, dass Weiß etwas länger auf wohlwollende Betrachter stoßen wird als sogenannte freche Farben. Viel schlimmer ergeht es einem mit Fliesen. Einmal an der Wand angebracht, halten sie so lange wie die Tempel von Palmyra. Es bedarf schon der Bomben islamistischer Terroristen, die Fliesen und überhaupt gerade Wände für gottlose Dekadenz halten, oder der Presslufthammer polnischer Handwerker, um sie wieder zu zerstören. Letztere kommen vor allem zum Einsatz, wenn sich Fliesen zu sehr vom Trend verabschiedet haben. Eigentlich wird jede Fliese, wenn genug Zeit verstrichen ist, zu einem Klassiker. In den 70ern wurden nicht nur hohe Decken abgehängt und alte Holztüren mit Sperrholz geglättet, meist wurden in dieser Zeit auch blau-weiße Fliesen aus der Jahrhundertwende abgeschlagen und durch freundliche PVC-Wandbeläge in Orange-Braun ersetzt. Wie bescheuert konnte man sein, fragen wir uns heute. Doch auf den Moment zu warten, in dem aus scheußlichen Fliesen Klassiker werden, heißt Nerven behalten, starke Nerven. Was die Haltbarkeit von Produkten betrifft, scheint es naheliegend zu sein, besonders solide und langlebige zu fordern. Wenn ich an die Zimmertüren denke, die ich bei Renovierungen in Händen hielt, ist der Trend gegenläufig. Bis in die 60er-Jahre waren Türen stets aus massivem Holz gefertigt. Zertrümmert man die glatten, dunkelbraunen Zimmertüren aus den 70ern, so findet sich in ihnen ein Rahmen aus massivem Holz, bespannt mit dünnem Sperrholz. Die Türen waren erstmals hohl, dennoch wurde dieser Hohlraum noch mit Holz ummantelt. Heute bestehen günstige Zimmertüren aus Kunststoff mit einem Kern aus Wellpappe. Eine ähnliche Evolution erlebten die Türklinken. Die trotz ihrer Scheußlichkeit kitschig geschwungenen Klinken aus Messing waren tatsächlich massiv. Bei den heutigen Türklinken in Stahloptik ist nur die Optik aus Stahl, auch dort der Kern hohl. Doch diese Entwicklung lässt sich in gutes und schlechtes Licht stellen. Solides hält lange, das klingt nachhaltig. Doch warum sollten wir für Türen mehr Bäume fällen, wenn es ein Kern aus recycelter Wellpappe auch tut? Ist das nicht viel nachhaltiger? Vor allem, wenn sie eben nicht 150 Jahre im Türrahmen bleiben, weil sich der Geschmack der Menschen ändert? Auch massive Schränke, Tische und Türen wurden an den legendären Sperrmülltagen der 70er-Jahre an den Straßenrand gewuchtet. Damals wurde auch in den Autos mehr schweres Blech verarbeitet. Ein kleines Auto wie der Opel Kadett benötigte noch 10 Liter verbleites Benzin auf 100 Kilometern. Für heutige Verhältnisse kaum mehr vorstellbar.

Reisen zu hohen Preisen

Wie sehr ich zum Hamster im Konsumrad geworden bin, merke ich nicht nur, wenn ich intakte Fliesen ersetzen lasse, weil ich neue haben will, und während die Handwerker das Haus mit einer Staubwolke füllen, einen Kapselkaffee trinke. Ich merkte es zuletzt auf einer Reise. Es ging, wie es oft bei Familien mit kleinen Kindern vorkommt, nach Dänemark in ein Ferienhaus. Und es regnete, wie es ebenso oft bei Urlauben in Dänemark vorkommt. Was also tun? Das nahe gelegene Schloss Egeskov lockte zur Besichtigung. Jedoch mussten wir nicht nur

80 Euro Eintritt bezahlen, sondern wurden nach der Absperrung von einer großen Menge Automaten empfangen, in die man Geld einwerfen sollte. Wer keine Kinder hat, muss sich das so vorstellen, als wartete auf ausgehungerte Vampire eine Armada von Blutautomaten. Hier also Eisautomaten, Zuckerwattemaschinen, ein Riesenbagger, mit dem sich für zwei Münzen sechzig Sekunden lang ein Sandhaufen schaufeln ließ, dazu Imbisse, Elektroautos und Ponystreicheln gegen Bares. Als ich mich am nächsten Tag ärgerte, wie wir ausgenommen worden waren, zeigten uns dänische Kinder, wie man im Meer Krebse fängt. Man besorgt sich einen angelartigen Stock aus den Büschen, macht eine Schnur dran, an deren Ende man eine Wäscheklammer bindet. Dann sucht man eine Miesmuschel, die die Krebse lieben, aber leider nicht aufbekommen können, und öffnet sie mit einem Stein, sodass das rosafarbene Muschelfleisch zu sehen ist. Diese geöffnete Miesmuschel wird nun mit der Wäscheklammer als Köder an der Schnur befestigt und an einer Mole oder einem Steg, der ins Meer führt, ins Wasser gehalten. Schon wenige Momente darauf kann man einen Krebs herausziehen, der sich an der Muschel zu schaffen macht und auch nicht bereit ist, wieder abzuspringen. Diese mitunter großen Krebse sammelten die Kinder aufgeregt schreiend in mit Wasser gefüllten Eimern. Am Ende der Jagd wurden alle Krebse wieder ins Meer geschüttet, bis wir sie am nächsten Tag wieder fingen. Fortan begann jeder Tag mit dem Satz: »Wann fangen wir Krebse?« – »Nach dem Frühstück.« – »Nein, jetzt!« Das Meer, die Tiere darin, das Wetter, so ein Naturerlebnis ist viel wertvoller als dieses Disneyschloss, dachte ich,

215

und – auch wenn das sicher nicht der erste Grund ist, in die Natur zu gehen – es ist kostenlos!

Ich erinnerte mich daran, dass ich, als ich zwanzig war, ganz Europa bereist hatte und nun aber schon lange zu denen gehörte, die für kurze Urlaube viel Geld bezahlten. Ich hatte es schon zu 5-Sterne-Hotels gebracht, war Gast im Robinson Club auf Fuerteventura gewesen, doch für wie lange? Auf Buchungsportalen im Internet wird immer eine einwöchige Reise als Standard angeboten, das reicht gerade für ein paar Fotos, um mit ihnen im Netz vor Freunden anzugeben, schon geht es wieder nach Hause. Als Zwanzigjähriger war ich monatelang unterwegs gewesen. Wer einmal im Leben gelernt hat, wie man mit einem Iglu-Zelt, Trangia-Kocher und Rucksack reist, dem steht tatsächlich die Welt offen. Was kosten sechs Wochen Schweden? Eine Alpenüberquerung? Der Strand in Galizien? Fast nichts, nur das, was man täglich essen sollte – und essen müssen wir auch zu Hause. Welchen Radius haben wir, wenn wir an unser Fahrrad Satteltaschen anhängen? Wer täglich nur 50 Kilometer schafft, kann in vier Wochen von Berlin nach Rom radeln, wer das doppelte schafft, könnte sich jeden zweiten Tag unter einen Baum legen und sich entspannen. Ich habe nichts gegen Luxuskonsum, eine Villa an der Côte d'Azur, eine Wohnung im 432 Park Avenue Tower am Central Park in New York, eine 21-Meter-Segelyacht. Das sind alles wunderbare Dinge, die einen sehr glücklich machen können. Doch die meisten Menschen, die diese Dinge besitzen, leben in so ausgeprägter Zeitarmut, dass sie nur wenig davon haben. Nicht nur in dem genannten Appartement-Wolkenkratzer 432 Park Avenue. Genauso ergeht es vielen Luxusyachten, die in Marinas entlang des Mittelmeeres und der Karibik vor sich hin dümpeln und auf ihre Eigner warten. Gleichzeitig ist es zeitreichen Menschen möglich, auf Yachten vor der Côte d'Azur zu kreuzen, denn viele dieser Schiffe suchen nach Crews. Natürlich will ich einem Obdachlosen nicht sagen, dass er mehr hat als nur den Central-Park-Blick aus 432 Park Avenue, weil er sogar im Park wohnt. Er braucht vor allem eine Wohnung, und ich glaube, ich würde den Reichtum genau an der Stelle begrenzen, an der Reiche nicht mehr in der Lage sind, ihren Reichtum zu nutzen. Ich habe kein Problem damit, wenn jemand in der sechzigsten Etage ein großes Appartement für sich allein nutzt. Ich habe ein Problem damit, wenn es leer steht. Wer in Deutschland einen Wohnwagen zu lange an derselben Stelle parkt, weil er ihn nicht nutzt, bekommt irgendwann von der Polizei einen Zettel auf ihn geklebt; zeigt er sich dann nicht, ist der Wohnwagen weg. Genauso muss man es mit Luxusappartements machen, sie müssen genutzt werden, sonst kommt ein Zettel dran. Dann kann die Stadt es vermieten. Wie sehr unsere Gedanken geldversucht sind, zeigt sich in der Suche nach Preisen bei Dingen, die keinen haben. Zum Beispiel in der Frage:

Was kostet ein Kind?

Eigentlich kostet es nichts, ein Kind in die Welt zu zaubern. Hier das bei uns längst in Vergessenheit geratene Rezept: Eine Frau und ein Mann lieben sich. Sie wird schwanger. Neun Monate später ist das Kind da. Alles kostenlos und damit ganz schlecht für die Wirtschaft. Vielleicht ist das Geldmonster deshalb dazu übergegangen, uns so lange vom Kinderkriegen abzulenken, bis es ohne Geld nicht mehr machbar ist. Zuvor wollen wir uns im Wirtschaftssystem behaupten, ein Studium beenden und dann noch einen gut bezahlten Job ergattern und ein bisschen Karriere machen. Oft endet dann noch eine langjährige Beziehung, und es ist kein Partner da, wenn man schließlich doch ein Kind haben möchte. Und wenn sich nach panischem Onlinedating jemand findet, ist eine Schwangerschaft nicht mehr kostenlos. Tausende Euro müssen Paare in Fertility-Kliniken schleppen, um doch noch ein Baby zu bekommen. Es ist inzwischen ein Markt, auf dem Milliarden umgesetzt werden. Dass es früher jüngere Eltern gab, die noch dazu mehr Kinder bekamen, ist sicher auch dem Umstand geschuldet, dass die Menschen weniger frei waren. Schön, wenn heute fast jedes Kind ein Wunschkind ist. Schade nur, dass die Eltern dabei in einem Alter sind, in dem früher Großeltern waren. Warum denken so viele Frauen, und natürlich auch Männer, erst an Kinder, wenn sie zwischen 35 und 45 Jahre alt sind? Es liegt mit daran, dass sie vorher Angst haben, ein Kind könnte sie im Wettrennen um Effizienz, einen schönen Körper und beruflichen Erfolg ausbremsen. Die wichtigste Frage für stillende Mütter mit Babys oder Männer, die viel für ihre Kleinkinder da sein wollen, ist oft: Wo kann ich ein bisschen arbeiten, zum Beispiel nur vormittags? Dieser Halbtagsjob hätte ein Studium sein können, doch das ist schon lange her.

218

Absurderweise läuft es in einem der geldverseuchtesten Länder der Welt ganz anders. In den USA heiraten junge Leute im Schnitt mit 22 Jahren, bekommen zwei Kinder, lassen sich mit 37 wieder scheiden und sind dann in einem Alter, in dem Paare hierzulande das erste Mal daran denken, dass es vielleicht schön wäre, ein Baby zu haben, und sich bei Parship anmelden. Ich neige nicht zu Verschwörungstheorien, aber der Umstand, dass mit Schwangerschaften in unserem Land inzwischen Unsummen umgesetzt werden, macht mich skeptisch. Auch wenn ein neuer Mensch auf der Erde ist und Eltern, Großeltern, Freundinnen und Geschwister an alles denken, nur zum Glück nicht an Geld, kommt ein befremdlicher Brief vom Amt. Dieser Brief sorgt für einen besonders bizarren Moment, denn in diesem wird dem Baby eine Steuernummer zugeteilt. Schließlich reden wir hier nicht nur von einem Kind, sondern auch von einem zukünftigen Renten- und Steuerzahler. Yippie! Und damit fängt das Thema Kind und Kommerz erst an. Als ich mein erstes Kind bekam, dachten meine Frau und ich wie alle Eltern. Nur das Beste kam in Frage. Was das Beste ist, hängt wesentlich vom Geldbeutel ab. Ich kaufte Babybett und Wickelkommode und später einen Kinderstuhl, die aus unbehandeltem Buchenholz waren und mindestens 160 Euro kostete. Als wir das Privileg hatten, länger im Ausland zu leben, und alles noch mal angeschafft werden musste, lernte ich, dass der Kinderstuhl von IKEA, eine Plastikschale auf Metallbeinen für 11 Euro, nicht weniger praktisch ist als der Superstuhl. Auf einer auf dem Boden liegenden Matratze kann man ein Baby ebenso gut wickeln wie auf einer Wickelkommode, es ist sogar besser, da es nicht selten vorkommt, dass Babys von der Wickelkommode herunterfallen. Auch ein Kinderbett ist zwar hübsch anzuschauen, aber bei Babys, solange sie noch nicht davonkrabbeln, völlig überflüssig. Auch sie können auf einer Matratze auf dem Boden schlafen, wichtig ist nur, dass sie eine sichere Entfernung zu ihren Eltern haben, damit sie nicht des Nachts überrollt werden. Auch mit dem Wunsch, nur das Beste für seine Kinder zu tun, werden Milliarden verdient.

Was kostet die Liebe?

Wie konnte es passieren, dass auch die Liebe monetarisiert wurde? Die Natur hat es uns so einfach gemacht. Wenn die Menschen nicht durch Kriege Leid verbreiten und alles durcheinanderbringen, sorgt sie dafür, dass immer ungefähr genauso viele Frauen wie Männer auf der Welt sind. Das ist für alle heterosexuellen Leute wunderbar, für jeden ist die eine da und für jede der eine. Und die rund 12 Prozent Männer, die lieber Männer lieben, finden sich auch gegenseitig, und ist die Gesellschaft auch noch so reaktionär. Das ist im heutigen Teheran oder Kabul nicht anders als im Deutschland der Nazizeit und gilt natürlich auch für Frauen, die Frauen suchen. Gerade nach der sexuellen Befreiung durch die Generation der 68er, die Liebesbeziehungen vielen ihrer Zwänge von Ehe und Unterdrückung der Frauen entriss, ist es besonders traurig, wie unfrei sich Sex und Liebe heute zeigen, oder noch schlimmer, wie Sex und Liebe bei vielen Menschen gar nicht stattfinden. Dabei gehört beides zu den absoluten Grundbedürfnissen, gleich nach Essen, Trinken und Schlafen kommt schon Miteinanderschlafen. Als die Strategen des Geldes darangingen, zu überlegen, wie sie mit der Liebe Geld verdienen könnten, war die wichtigste Idee, die Menschen glauben zu machen, sie seien hässlich. Wer glaubt, er sei hässlich, traut sich nicht, eine Liebesbeziehung einzugehen, denn dabei muss man sich mitunter ausziehen, und das ist peinlich, vor allem wenn das Licht an ist. Menschen, die sich hässlich finden, sind da zurückhaltend, dafür umso forscher, was den Kauf von Beautyprodukten, Anti-Aging-Cremes und Lebensmittel betrifft, die besonders leicht sind. Aber Milch mit 0,3 Prozent Fett schmeckt wie weißes Wasser und ein Camembert mit 6 Prozent Fett wie ein Flummi. Tofusteaks, die ich probierte, schmeckten wie eine gebratene Fußmatte. So geben wir viel Geld für Lusttöter aus. Dass uns Werbung und Filme eintrichtern, wie wir auszusehen haben, und diese Schönheitsideale junge Frauen in die Magersucht treiben, ist hinlänglich bekannt. Dabei können wir, wenn wir auf dem Laufband im Meridian Spa eine Folge *Sex in the City* auf den an der Decke befestigten Bildschirmen sehen, sogar noch sexuelle Bescheidenheit lernen, ausgerechnet in dieser Serie. Denn mit wem ist ausgerechnet die hübscheste aller Darstellerinnen – Charlotte – zusammen? Mit diesem Glatzkopf.

Alle, die wir eigentlich ein bisschen zu alt, zu dick, zu verschroben finden, verdienen eine eingehende Begutachtung, ob sie nicht doch etwas haben, was sie attraktiv macht. Was die eigene Schönheit betrifft, empfehle ich folgendes Experiment: Stellen Sie sich an eine Rolltreppe, sortieren Sie eine Zeit lang alle, die auf Sie zukommen in »hübscher als ich« und »hässlicher als ich«. Sie werden sehen, so schlecht schneiden Sie gar nicht ab, und es gibt wirklich Leute mit echten Problemen!

Gerade das Reisen auf dem Schiff hatte mich gelehrt, wie weit die Kommerzialisierung einer Sache fortgeschritten war, die doch eigentlich ganz privat ist: der Flirt. Ich hatte an der Bar der Bord-Disco einen Tequila Sunrise bestellt, als dort eine Gruppe von Animateurinnen auflief. Sie waren am Tag für lustige Spiele auf dem Pooldeck zuständig, führten in einer Modenschau die Klamotten des Bordshops vor und zeigten im Bordtheater den Clubtanz, zu dem sich alle Gäste erheben und idiotische Bewegungen machen mussten. Aber an dem Abend in der Bar schienen sie Feierabend zu haben, vielleicht waren die Frauen befreundet und wollten sich noch ein bisschen vergnügen. Es wurde lustig an der Bar, ein Lachen folgte auf das andere. Und schließlich tanzten alle miteinander, und zwei Herren aus Kaiserslautern, die schon die Härte des Marktes für Verpackungsmaschinen erläutert hatten, ließen sich von Steffi und Melanie die Schlipse zusammenknoten. Das war sicherlich der Höhepunkt der Stimmung, bis beide jungen Frauen plötzlich riefen: »War schön mit euch Jungs, aber jetzt haben wir Feierabend, wir sehen uns morgen bei der Karaoke-Show am Pool.« Und schon waren sie weg. Mit ihnen verschwand auch der Schwung und wich einer Lähmung. Wir waren also nur Arbeit für sie gewesen, sie hatten nicht freiwillig mit uns getanzt, aber wir hatten genau das für möglich gehalten. Zwei Herren, die an ihren Schlipsen zusammengebunden sind, verströmen, wenn keine heitere Frau mehr anwesend ist, eine gewisse Tristesse. Trotzdem dauerte es lange, bis die beiden den Knoten wieder aufgefummelt hatten. Für die Gunst der Frauen sollte man niemals bezahlen. Was Sex betrifft, gibt es sicher keinen heterosexuellen Mann, der es nicht wenigstens einmal in seinem Leben für elektrisierend gehalten hat, dass eine Frau mit ihm schlafen würde, nur weil er dafür mit Geld bezahlt. Doch schon im selben Moment wird ihn die Vorstellung frustrieren, dass diese Frau nur mit ihm schlafen wird, eben weil er dafür bezahlt.

Früher lernte man sich auf der Schule, an der Uni, im Tanzkurs oder auf der Demo kennen, alles kostenlos. Bei Parship, dem erfolgreichsten Online-Flirtportal, muss heute gleich zu Anfang eine stattliche Summe überwiesen werden, damit man mit anderen Singles ins Gespräch kommen kann. Schon wieder etwas, das erfolgreich kommerzialisiert wurde. Der Haken am Flirten im Internet ist, dass man dort nur mit der Optik von Fotos punkten kann und mit originellen Texten. Alles, was einen am anderen darüber hinaus bezaubern könnte, die Stimme oder die Art sich zu bewegen oder wie derjenige lacht, all das ist unsichtbar. »Single« ist ein sehr vages Wort. Es beschreibt sowohl jene, die jedes Wochenende neue Bekanntschaften machen, wie auch jene, die über Jahre von keinem anderen Menschen mehr gestreichelt werden. So ein Wort taugt nicht viel. Doch auch jene, die auf eine feste Beziehung verzichten, weil an jedem Wochenende was geht, sind mehr allein, als ihnen recht sein kann. Am meisten gekuschelt wird in Beziehungen. Dass die Bereitschaft, eine feste Beziehung einzugehen, gesunken ist, liegt auch an der Kommerzialisierung unserer Liebe. Warum sollte man sich festlegen, wenn doch noch etwas Besseres kommen könnte? Der nächste Sale, die neue Kollektion im Frühling, die nächste Party, die nächste Chance. Lasst uns wieder mehr feiern und uns im echten Leben begegnen. Wenn sich unsere Freunde treffen, entstehen auch neue Geschichten. Feiern kann man überall zu jedem Budget, wenn alle etwas mitbringen. Und schließlich ist man auch stolz, wenn man andere zueinanderfinden ließ. Gibt es ein größeres Kompliment, als wenn jemand sagt: »Du, Michael und ich, wir haben uns ja auf deiner Party kennengelernt. Weißt du noch?« Natürlich, so was vergisst man nicht.

11
Ohne Moos nix los?

Die Kapitalisten werden uns noch den
Strick verkaufen, mit dem wir sie aufknüpfen.
Waldimir Iljitsch Lenin

Eine der spannendsten Fragen der Geschichte ist: Wieso
hat der Kommunismus nicht funktioniert? Eine typische
Antwort lautet, dass Menschen sich bei der Arbeit nur anstrengen und produktiv sind, wenn sie Geld dafür bekommen und sich mithilfe ihrer Arbeit persönlich bereichern
können. Doch das stimmt nicht, denn es lassen sich zahlreiche Beispiele finden, wo sich Menschen auch ohne Bezahlung schwer engagieren und wahnsinnig viel arbeiten.
Ich denke dabei an Leute, die an die Botschaft Jesu oder
Mohammeds glauben und ihre ganze Kraft dafür aufwen-
den, andere davon zu überzeugen. Sei es, indem sie indige-
nen Völkern nachstellen und für sie auf der Gitarre christliche Lieder spielen oder im Fernen Osten ein Militärregime
stürzen und einen Gottesstaat einführen. Auch wer unter
einem Sonnenschirm der SPD in der Fußgängerzone von

Wuppertal Flyer verteilt und Plakate eines mittelschönen Kandidaten aufhängt, wird nicht dafür bezahlt und gibt doch alles. Andere verteilen mit der Kelle Suppe an Bedürftige, sammeln für Geflüchtete oder Jugendliche oder sind einmal pro Woche die Fußballtrainerin von Kindern, oftmals in Vereinen. Mehr als dreizehn Millionen Deutsche rackern in einem Ehrenamt honorarlos für einen guten Zweck. Die meisten großen Kunstwerke sind nicht entstanden, weil jemand gesagt hat, wenn du das Bild malst, bekommst du diesen Scheck. »Ich mache mir immer wieder Vorwürfe, dass meine Malerei nicht wert ist, was sie gekostet«, sagte der zu Lebenszeiten bettelarme Maler Vincent van Gogh, heute einer der teuersten alten Meister. Als die Farben für seine Bilder bezahlt werden wollten, während seine Werke unverkäuflich herumstanden, lebte der Künstler in den schon kapitalistisch entwickelten Niederlanden. Hier galt das Gesetz des Handels, billig einkaufen, teurer verkaufen. Doch genau das gelang ihm nicht, und er spürte, dass er die Logik des Marktes nicht erfüllen konnte. Doch in anderen, optimistischeren Momenten wusste er, warum er beim Tanz um das liebe Geld nicht mitmachte. »Ich wähle bewusst den Hundeweg, ich bleibe Hund, ich werde arm, ich werde Maler, ich will Mensch bleiben – in der Natur.« Die Selbstausbeutung von Künstlern für Gemälde, Musikstücke oder Romane ist grenzenlos. Sie arbeiten oft rund um die Uhr, vernachlässigen dabei ihre Gesundheit und fühlen sich dabei den Quellen des Lebens dennoch näher als Immobilienmakler. Und auch die kleinen Meister, deren Herz für die Rosenzucht pocht, für die Herstellung von Obstbränden oder Modellflugzeugen, vollbringen ohne Aussicht auf Geld Erstaunliches, echte Produkte. Schöne Schnittblumen, Obstbrände eben und Spielzeug dürfen auch auf keinem Weihnachtsmarkt fehlen, doch diese Enthusiasten haben gar nicht das Ziel, etwas damit zu verdienen. In den Genuss von Rosen und Quittenschnaps kommen nur Freunde und Nachbarn, die eingeladen werden. Ein gutes Modellflugzeug gibt man nicht mal denen in die Hand, sie dürfen nur begeistert zuschauen, wenn es in den Himmel aufsteigt, schon das Zuschauen ist ein Gewinn. Es ließen sich noch viele weitere Beispiele finden. Deshalb lässt sich mit wissenschaftlicher Gewissheit sagen, dass Menschen auch ohne Bezahlung viel, motiviert und produktiv arbeiten, allerdings nur – und das ist die alles entscheidende Einschränkung –, wenn ihnen diese Arbeit sinnvoll erscheint. Sich für sinnlose Arbeit zu schinden und dabei noch Engagement zu zeigen, das geht nur, wenn man dafür Geld bekommt. Entweder viel Geld, oder ansonsten sind mir Berufe wie der des Steuerberaters unerklärlich. Wie kann man sich angesichts der Vielfalt des Lebens, von Natur, Kunst und Wissenschaften dazu entscheiden, sich sein Leben lang nur mit Belegen und Buchungen zu beschäftigen? Sinnloses täglich wiederholen müssen auch Notare. Es ist völlig absurd, dass ausgerechnet die Juristen am besten bezahlt werden, die jeden Tag nichts weiter machen, als Verträge vorzulesen, als wiederholten sie immer wieder den Vorlese-Wettbewerb der 5. Klasse. Wie kann man Menschen, die Rechtswissenschaften studieren und sich damit als Anwalt für die Rechte von Angeklagten einsetzen könnten oder als

Staatsanwältin den Staat verteidigen, angesichts dieser spannenden Tätigkeiten dazu bringen, Notar(in) zu werden und jeden Tag Kaufverträge vorzulesen? Nur sehr viel Geld kann diesem öden Unterfangen einen Sinn geben. Oder blanke Not, in der nur die Aussicht auf Geld zur Bezahlung von Miete und Ausbildung der eigenen Kinder einen Menschen dazu motivieren, schon morgens um sechs Uhr auf dem Hauptbahnhof Kaffee an müde Pendler auszuschenken. Nur Geld lässt Arbeiter in der Fertigungsstrecke bei Volkswagen Dichtungsgummis in Kofferraumklappen drücken, immer wieder, oder Hilfsarbeiter die Koffer von Reisenden vom Kofferband am Flughafen auf Wagen und zurück wuchten, obwohl sie selbst kein Geld für eine Reise haben. Wenn allerdings im Kommunismus Wohnung und Ernährung und Ausbildung gesichert sind, wenn auch oft höchst bescheiden, dann ist die Motivation in öden oder anstrengenden Jobs nicht sehr groß und dies einer von vielen Gründen, die in der Summe die berühmte Ineffizienz des Kommunismus ausmachen.

Das Ende des Kapitalismus:
Traum und Albtraum

Hätten wir nicht mehr Zeit und müssten weniger arbeiten, wenn wir nicht so viel sinnloses Zeug konsumieren würden und uns mit weniger Geld zufriedengäben? Sicher. Aber auch der Verkäufer im Media Markt, der deswegen keinen Job mehr hätte, müsste sich mit weniger Geld zufriedengeben und hätte plötzlich viel mehr Zeit, und das völlig unfreiwillig. Wäre es nicht schön, wenn es keinen Konsumterror mehr gäbe, sondern nur noch Güter hergestellt würden, die die Menschen wirklich brauchen? Sie hätten mehr Zeit, und alle wären glücklich. Dieser Traum ist ein Albtraum, denn die wichtige Frage lautet, wer sollte entscheiden, was die Menschen brauchen und was nicht? Wie kann eine zentrale Planungsstelle den Bedarf der Menschen ahnen und richtig einschätzen? Das Ergebnis kann nur totalitär und bevormundend sein. Wenn die Maßgabe der Versorgung der Bevölkerung nur ist, was notwendig erscheint, ist eine Weiterentwicklung ausgeschlossen. Heute gehört für die meisten Menschen in vielen Ländern ein Handy zum gewohnten Leben. Die Möglichkeit, auch aus dem Bus mit Leuten zu telefonieren, unterwegs erreichbar zu sein und im Internet zu surfen, ist völlig normal. Aber die Entwicklung dieser Technologie ermöglichte nicht ein Staat, der irgendwann gesagt hat, es wäre doch toll, wenn die Menschen all das machen könnten, sondern nur die Fähigkeit zu Innovation von Unternehmen, die sich von dieser Entwicklung ein gutes Geschäft versprachen. Natürlich gab es 1985 keinen notwendigen Bedarf an Internet und Handys. Es ging auch ohne. Die meisten Erfindungen sind nicht das Ergebnis einer Bedarfsanalyse, sondern resultieren aus Experimentierfreude, Zufällen oder Gewinnstreben. Schon Henry Ford, Erfinder der Fließbandarbeit und Massenproduktion von Autos, hatte gesagt: »Hätten wir die Leute gefragt, was sie wollen, hätten sie gesagt: Schnellere Pferde.«

Warum die DDR am Geld gescheitert ist

Soziale Utopien klappen nur, wenn alle mitmachen. Eine vegane Zukunft, in der Tiere weder gequält, geschlachtet, noch ihnen Eier und Milch geklaut werden, bleibt eine Utopie, wenn nur ein kleiner Teil der Menschen mitmacht und der Rest weiterhin Steaks bestellt. So ist es auch mit dem Sozialismus. Staaten, die von kapitalistischen Nachbarn umgeben waren wie Kuba oder heute noch Venezuela, hatten es schwer, einen alternativen Handel aufzubauen. Denn Sozialismus funktioniert nur zwischen Staaten, die sich mögen, Kapitalismus hingegen – und das verschafft ihm einen entscheidenden Vorteil – funktioniert auch zwischen Menschen und Staaten, die sich nicht mögen. Zwischen Bruderländern wie der DDR und der Sowjetunion ging es in den 70er-Jahren des vergangenen Jahrhunderts, in der Phase zwischen dem Abschluss der Demontagen für die Reparationen nach dem Zweiten Weltkrieg und dem Zusammenbruch in den 80er-Jahren, durchaus etwas brüderlich zu. Wie in einer Familie schaute man, wer was am besten konnte, und alle hatten das Recht, auch von den Früchten zu essen, die andere gesammelt hatten. So lieferte Russland vor allem Öl durch eine neu gebaute Pipeline mit dem passenden Namen *Erdölleitung Freundschaft*. Sie leitete das wichtige Öl von den russischen Fördergebieten über viele Tausende Kilometer bis nach Bratislava, Budapest und ins ostdeutsche Leuna. Von Ungarn machten sich im Gegenzug die legendären Ikarus-Busse auf nach Russland, aber auch in die anderen Bruderländer. Die DDR war gut im Schiffbau, die Slowaken, die sich damals noch ganz brüderlich Tschechoslowaken nannten, bauten schöne Straßenbahnwagen, Traktoren kamen wiederum aus der UdSSR. Eigentlich eine geniale Idee – anstatt dass sich jedes Land damit beschäftigen muss, sämtliche Industriegüter herzustellen, macht es eben nur *ein* Bruder, der aber im großen Stil. Im Gegensatz zum Kapitalismus, in dem jeder Trecker herstellen darf, koordinierte die Mammutaufgabe der RGW, der Rat für gegenseitige Wirtschaftshilfe, mit Sitz in Moskau. Dort trafen sich regelmäßig Wirtschaftsfunktionäre, und der russische Vorsitzende rief:»So, wir brauchen Fischkutter, und zwar große, wer kann das?« –»Wir!«, rief ein DDR-Vertreter.»Wir haben da diese Werft in Rostock.« –»Na gut. Hm, und wer kann Diesellokomotiven bauen?« –»Wir!«, riefen wieder die Deutschen.»Wir haben da eine zuverlässige Baureihe.« Der Vorsitzende kniff die Augen zusammen.»Schon wieder ihr?« Dann rempelte er mit dem Ellenbogen einen Mann an, der direkt neben ihm saß.»Was ist mit euch Rumänen, ihr habt euch noch gar nicht gemeldet.« Der Kollege schreckte auf:»Wir haben sehr gute Schreiner.« –»Diesellokomotiven, die baut jetzt ihr, kapiert?« –»Okay.« Leider war es diesem Rat nicht immer möglich, die besten Talente zu entdecken, trotzdem waren Beschlüsse des RGW wie Befehle. Die DDR musste die Herstellung von Straßenbahnwagen ebenso einstellen wie den Bau mittelschwerer Diesellokomotiven, Letztere kamen fortan aus Rumänien – wenn sie denn kamen, denn die Ausfallrate lag bei rumänischen Lokomotiven zeitweise bei 50 Prozent. Andere Staatsfirmen reüssierten

231

durchaus. U-Bahnen aus dem Ostblock galten als ebenso solide wie die Ikarus-Busse, die sich noch heute, lange nach dem Zusammenbruch des Kommunismus, auf dem Markt behaupten können.

Demontage – Sabotage – Blamage

Eine Wirtschaft ohne Wettbewerb, ohne freie Märkte und freie Preise – in der DDR ist dieses Experiment gleich an einer schier endlosen Zahl von Systemfehlern, Missmanagement und Schicksal gescheitert. Schon der Anfang hätte nicht schlechter laufen können. Nach dem Zweiten Weltkrieg ließ die Sowjetunion Maschinen aus der DDR demontieren in einem Ausmaß, das im Westen nicht stattfand. Die russischen Menschen hatten unter den Deutschen vorher weitaus mehr gelitten als die Bevölkerung der anderen alliierten Nationen. Weder eine deutsche Bombe noch ein deutscher Soldatenfuß hatte im Krieg den Boden der USA erreicht, sie blieben völlig intakt. Großbritannien wurde zwar von Deutschen bombardiert, doch da die Briten, nach einer bitteren Zeit, die Oberhand in der Luft zurückerringen konnten und eine deutsche Invasion ausblieb, hielten sich die Zerstörungen in Grenzen. Frankreich hingegen wurde zwar von der Wehrmacht überrannt – da das Land aber kapitulierte, blieb relativ viel heil, vor allem das wunderbare Paris. Die Russen mussten fast dreimal mehr Kriegsopfer beklagen als Briten, Franzosen und Amerikaner zusammen. Zudem hatten die Deutschen bei ihrem Vormarsch in den Osten keinen

Stein auf dem anderen gelassen, in Polen und Russland Felder und Dörfer abgebrannt und so viele Menschen umgebracht, dass das Wüten der deutschen Truppen im Osten als größtes Kriegsverbrechen der gesamten Geschichte in Erinnerung bleibt. Sehr viel musste nun also wieder repariert werden, deshalb wurden ostdeutsche Kräne und Maschinen auf Waggons verladen. Und als nichts mehr zum Demontieren da war, wurden hinter dem letzten Waggon noch die Gleise aus dem Bett gerissen und ebenfalls nach Russland gebracht. In Russland selbst war man aber oftmals nicht in der Lage, die demontierten Druckmaschinen, Hochöfen oder Drehbänke wieder in Betrieb zu nehmen. Sie standen irgendwo im Schneeregen herum und wurden am Ende eingeschmolzen. Als auf dem Gebiet der späteren DDR die ersten Funktionäre Fabrikhallen inspizierten, um die berühmten Produktionsmittel zu erfassen, die nach der sozialistischen Theorie in den Besitz der Arbeiterklasse wechseln sollten, waren keine Produktionsmittel mehr da. Den rasanten Wechsel der Deutschen in ihrer Rolle vom Feind zum Partner musste man aber auch im Westen erst mal in die Köpfe bekommen. Zu ihrem großen Glück wurden die Deutschen von den Westmächten als Grenzstaat zum Osten gebraucht und von der Sowjetunion als Grenzstaat zum Westen. Als viele deutsche Faschisten noch immer an den Endsieg glaubten, waren in Washington, London und Moskau die Pläne für die Zeit nach der totalen Niederlage Nazi-Deutschlands schon weit ausgereift. Diese konnten gegensätzlicher nicht ausfallen, waren ihre Urheber doch die kommunistische Sowjetunion auf der einen Seite und das Mutterland des Kapitalismus USA auf der anderen. So kam es zu der bizarren Situation, dass in einem Land zwei völlig gegensätzliche Wirtschaftssysteme ausprobiert wurden, die für dieses Buch wichtig sind. Das eine auf Geld gegründet, das andere auf die Idee der Gemeinschaft. Beim großen Deutschlandspiel Marktwirtschaft gegen Sozialismus ging es von Anfang an ungerecht zu. Während die Trainer aus dem Westen der bundesdeutschen Mannschaft viel Geld bereitstellten und mit dem Marshallplan ein neues Stadion finanzierten, neue Trikots und Schuhe, musste die ostdeutsche Mannschaft barfuß antreten, die Trikots waren alt, und einen Ball hatte sie auch nicht, alles war zuvor in die Sowjetunion transportiert worden. So gut man die Russen verstehen kann, die nach dem schrecklichen Krieg Wiedergutmachung haben wollten, so sehr schwächte dies die Versuche, in Ostdeutschland eine sozialistische Wirtschaft aufzubauen. Dabei galt es doch zu zeigen, dass der Sozialismus das bessere System sei, ein großes Versprechen wollte eingelöst werden. Aber die Mannschaft konnte gar nicht zeigen, ob sie besser spielen konnte als die aus dem Westen, weil sie schlecht ausgerüstet war.

Go West!

Das nächste Desaster folgte sogleich. Kaum war klar, dass der Sozialismus in Ostdeutschland eingeführt würde, türmten viele alteingesessene Firmen in den Westen, bald waren es 36 000 Unternehmen, vor allem aus den alten Industrieclustern in Sachsen und Thüringen. Der Arbeiter- und Bauernstaat hatte Unternehmer auf dem Kieker, und so suchten sie schnell das Weite und stärkten die Wirtschaft im Westen völlig unverhofft. Dazu kamen noch die Firmen aus Ostpreußen und anderen nach dem Krieg in den sowjetischen Machtbereich gefallenen Gebieten. So die Instrumentenbauer der Firma Höfner im Sudetenland. Das schon damals renommierte Unternehmen mit fast 400 Angestellten wurde flugs verstaatlicht. 1945 tauchten Vertreter der neuen sozialistischen Tschechoslowakei in den Werkshallen auf und sagten den Chefs, sie könnten ihre Koffer packen. In diesem Fall wurden die Unternehmer besonders schnell und unnachsichtig enteignet, da sie auch Deutsche waren und diese nach dem Zweiten Weltkrieg im Sudetenland vertrieben wurden. Zuvor hatten natürlich auch Deutsche wahnsinnig viele Menschen vertrieben, entscheidend für die Wirtschaft ist aber: Wo Leute gehen, schrumpft die Wirtschaft, wo Leute ankommen, da wächst sie. Das gilt auch für Flüchtlinge, die heute vor Krieg, Terror und Armut fliehen. Die Geigen- und Gitarrenbauer von Höfner fanden im bayerischen Bubenreuth ein neues Zuhause. Die Einwohnerzahl schnellte von nur 500 auf 1600 nach oben. Durch den Zustrom von Flüchtlingen steigerte sich die Einwohnerzahl im gesamten Bayern um 30 Prozent, rund ein Drittel mehr Einwohner. Ich glaube, das war der wesentliche Impuls für den Wandel in Bayern vom Bauernland zum Innovationsstandort, denn neue Nachbarn arbeiten, konsumieren, bringen ihre Ideen mit und damit Wachstum. All das fehlte der DDR. Während der Kapitalismus nur verlangt, dass Menschen etwas verkaufen, ihre Produkte, ihre Arbeitskraft, ihren Körper, völlig egal was, und sie damit genau den Kern des Kapitalismus stärken, nämlich die Produktion von Kapital, schwächte der Sozialismus sich laufend selbst. Ob jemand Punkrock macht, vegane Ernährung propagiert oder sogar Kapitalismuskritik – selbst systemkritische Arbeit stärkt das System, wenn sie sich gut verkauft. Eine Brandschrift gegen den Liberalismus, ein flammendes Plädoyer für eine Revolution und den Kommunismus ist, wenn sie als Bestseller für 19,99 Euro im Regal steht, nichts weiter als ein weiteres innovatives Produkt. Der Kapitalismus integriert selbst Menschen, die ihn hassen. Im Sozialismus konzentrierte man sich dagegen ausschließlich auf Arbeiter und Bauern.

Junkerland in Bauernhand

Doch selbst für Landwirte wurde es im Arbeiter- und Bauernstaat ungemütlich, wenn ihre Höfe zu groß waren. Aber erzählen wir die Geschichte der ostdeutschen Bodenreform doch aus Sicht derer, die sich darüber erst mal riesig freuten. Denn endlich sollten brennende Fragen der Geschichte beantwortet werden: Wieso gehörte immer so wenigen so viel und so vielen so wenig? Und warum ist das noch heute so? Und wird sich das jemals ändern?

Schon im September 1945 wurde diese jahrhundertealte Ungerechtigkeit zumindest in der Sowjetischen Besatzungszone mit einer Bodenreform beseitigt, als die letzten Kriegsruinen gerade aufgehört hatten zu qualmen. Nun wurden die Junker enteignet und gingen ebenfalls in den Westen – jene Großbauern, die mehr als 100 Hektar bewirtschafteten und in fetten Gutshäusern zu Hause waren, während alle, die für sie schuften durften, arm dran waren. 3,3 Millionen Hektar wurden im ersten Streich enteignet, und 210 276 sogenannte Neubauernwirtschaften entstanden. Zum ersten Mal in der Geschichte wurde den Armen in Deutschland Land geschenkt, was für ein Traum! Die gut gelaunten Neubauern zogen, da es noch keine Neubauernhäuser gab, teilweise in die ehemaligen Gutshöfe, quasi als Bauern-WG. Andere Gutshöfe wurden nach ihrer Enteignung in Krankenhäuser umgewandelt – noch heute stößt man auf diese Krankenhäuser, Reha-Kliniken und Seniorenheime, die in ehemaligen Gutshöfen und auch Schlössern untergebracht sind. Hier war wirklich eine soziale Utopie Wirklichkeit geworden, dachte ich, als ich kurz nach der Wende bei einer Radtour durch Mecklenburg-Vorpommern an diesen Gebäuden vorbeifuhr.

Doch ganz so reibungslos war die Neuverteilung des Besitzes wohl doch nicht abgelaufen. Viele stolze Neubauern waren keine ausgebildeten Landwirte, Maschinen hatten sie auch nicht, und so sank nach der Flucht der Junker die Weizenproduktion bedrohlich ab. Deshalb gab es 1952 schon die zweite Bodenreform, die großen Frust auslöste. Die vielen Neubauern wurden wieder enteignet, ihr Land zu LPGs zusammengelegt, die so groß waren, dass sie mit dem alten Junkerland mithalten konnten, nunmehr aber ohne Junker. Und auch die eben noch stolzen Kleinbauern wurden zu Landarbeitern, ein echter Downgrade.

Eine kapitalistische Insel in der DDR ist grün

Doch inmitten der sozialistischen DDR gab es ein kapitalistisches Experiment, das zeigte, wie dynamisch private Wirtschaft sein kann. Während auf den LPGs riesige Flächen mit mäßig motivierten Landarbeitern bewirtschaftet wurden, ließ die Regierung zu, dass Privatpersonen Äcker bis zu einem Hektar, also die Fläche eines Fußballfeldes, privat bewirtschafteten. In diesen kleinen Refugien arbeiteten Kleingärtner auf eigene Rechnung und zeigten all die Symptome klassischer Marktteilnehmer. Sie reagierten auf Nachfrage, waren flexibel, effizient und sicherten fortan einen Großteil des gesamten DDR-Angebots von Obst und Gemüse, deren Produktion das Land mit der Planwirtschaft nicht schaffte. Die Gewinnmargen waren enorm, da die DDR viele Waren subventionierte. Wer mit zwanzig Gläsern Honig in der Aufkaufstelle ankam, konnte diese dort verkaufen und eine Stunde später im Laden für einen geringeren Preis wieder kaufen, die Gläser wieder an den Hintereingang zur Ankaufstelle bringen und so weiter – das klappte genauso mit Erdbeeren oder Birnen, bis die Verkäuferin schrecklich schimpfte.

Trotz des Erfolges der privaten Gärten unternahm der Staat später einen Kollektivierungsversuch. Aber öffentliche Parkanlagen mit Obstbäumen, die allen gehören und für deren Pflege man zu Einsatzdiensten herangezogen wurde, waren einfach nicht so sexy wie der Stolz auf die eigene Scholle. Die Kleingärtner reagierten auf die Kollektivierungsversuche biestig und stur, und irgendwann gab das SED-Regime auf. Damit hatten die Laubenpieper etwas geschafft, was weder Junker noch Industrielle trotz ihrer Macht und ihres Geldes vermochten, nämlich dem DDR-Staat die Stirn zu bieten. Dieser gab auf und ließ den »Verband der Kleingärtner, Siedler und Kleintierzüchter« zu, der tatsächlich ein freier Verband war. Die Kleintierzüchter gehörten ebenfalls zu den letzten privat wirtschaftenden Galliern, die dem römisch-sozialistischen König Honecker die kalte Schulter zeigten und für die Versorgung mit Eiern, Geflügel und Forellen wahnsinnig staatstragend wurden. Als die friedliche Revolution in der DDR schon in vollem Gange war, trat der »Verband der Kleingärtner, Siedler und Kleintierzüchter« sogar im Mai zur Kommunalwahl an und gewann mehr als 2800 Mandate. Sie waren kurz davor, die Macht im Staat zu übernehmen, aber dann kam ihnen die Kürbisernte dazwischen.

Auch andere Inseln der Privatwirtschaft gab es in der DDR lange, vor allem Handwerksbetriebe. Auch diese Unternehmen deckten einen wichtigen Service ab, den die Planwirtschaft einfach nicht leisten konnte: Reparaturen. Trotzdem standen alle privaten Betriebe in der DDR unter einem enormen Zwang, kollektiviert zu werden. Eine Unternehmenssteuer von 95 Prozent war da nur ein Argument, private Unternehmen wurden auch abgeschnitten von staatlichen Aufträgen und Warenlieferungen und gaben meistens irgendwann auf. 1972 wurden in einer großen Welle die letzten freien Betriebe in volkseigene, kurz VEBs, umgewandelt. Jetzt konnte der Sozialismus richtig losgehen.

Wer braucht schon Innovation?

Wir wollen das sozialistische Experiment und die Zeit, in dem es versucht wurde, aber nicht hämisch verurteilen, mit dem heutigen Wissen, dass die Utopie schlussendlich gescheitert ist. Schließlich besagt eine alte Historikerweisheit: Im Nachhinein ist man immer schlauer.

Schauen wir uns vielmehr die politischen Maßnahmen zur Durchsetzung des Sozialismus oder auch Kommunismus als paradiesischen Endzustand an. Vor allem in der DDR war das Paradies ein erzwungener Zustand, der mit dem Schwert der Unfreiheit eingeführt und durchgesetzt wurde. Stalin war ein derartiger Despot, dass er nach einer misslungenen Ernte in der Ukraine, die zu einer Hungersnot führte, einfach sämtliche Bauern wegen Sabotage töten ließ und damit eine noch viel größere Hungersnot auslöste, für die dann weitere Saboteure gefunden werden mussten.

Der spätere SPD-Fraktionsvorsitzende Herbert Wehner, der zunächst als überzeugter Kommunist in den 30er-Jahren in Moskau weilte, fand sich in einer Zeit wieder, in der kommunistische Schergen in panischem Misstrauen Tausende deutscher Exil-Genossen umbringen ließen. Irgendwann waren es so viele Tote, so hatte jemand errechnet, dass es bald keine deutschen Kommunisten mehr geben würde, wenn Stalin in diesem Tempo weitermorden ließ. Wehner selbst schwärzte damals viele Genossen an und lieferte sie ans Messer – ob als rücksichtsloser und glühender Kommunist oder einfach, um seinen eigenen Hals zu retten, wird wohl nie ganz geklärt werden können.

Die Briefe, mit denen er andere denunzierte, sind übel, doch wer damals seine Treue nicht unter Beweis stellte, machte sich selbst verdächtig.

Kurz vor seinem Tod wähnte sich Stalin als Opfer einer Verschwörung seiner Ärzte, die vielfach jüdische Wurzeln hatten, und ließ sämtliche Ärzte kurzerhand in die Folterkeller schicken. Als er eines Mittags nicht mehr aufzuwachen schien, traute sich niemand in sein Schlafzimmer. Der Diktator schlief gern aus, das hatte er mit Hitler gemein. Beide Massenmörder machten oft die Nacht zum Tage, indem sie in Gesellschaft einer nicht ganz freiwilligen Entourage bis in die Puppen amerikanische Kinofilme anschauten, dabei lauthals lachten und sich vergewisserten, dass ihre Begleiter ebenfalls lachten, wenn sie es selbst taten.

Am 1. März 1953 jedenfalls gab Stalin auch mittags keinen Laut von sich, und erst sechs Stunden später ließen die verunsicherten Kader eine Art Briefboten ins Zimmer. Stalin ahndete schon die kleinsten Störungen mit der Todesstrafe, und der Bote drückte zitternd die Türklinke herunter. Man fand Stalin im Pyjama auf dem Boden liegend, unfähig zu sprechen, und er dämmerte noch einige Tage vor sich hin. Als man die wenigen verbliebenen Ärzte fragte, wer das beste Fachwissen mitbringe, um dem Diktator zu helfen, verwiesen diese nur darauf, dass die besten Kollegen gerade in den Gefängnissen gefoltert wurden. So ließen die hochrangigen Führungskader Stalin sterben, da sie nichts bis wenig für das röchelnde und nach Luft schnappende Monster taten – man munkelt auch, einige von ihnen könnten ihn vergiftet haben.

Unter Stalin war der Kommunismus in Russland zu einer brutalen Diktatur geworden und kam 1945 auch in der DDR an. Na super, das waren ja beste Voraussetzungen. Und wer sollte es richten? Der Apparatschik Ulbricht? Der übrigens – und das enthülle ich hier erstmals – die gleiche Stimme hatte wie die Schlange Ka in Moglis Dschungelbuch. Wer kurz beide Figuren ihre berühmtesten Sätze im Geiste sagen lässt, nämlich:»Die Mitte? Ach so, die Mitte. Hier ist wirklich nichts in der Mitte«, und:»Niemand hat die Absicht, eine Mauer zu bauen«, wird dieselbe Stimme hören. Beide Figuren waren wenig vertrauenerweckend, und so scheint mir auch der Song der Schlange Ka, beginnend mit den Zeilen:»Hör auf mich, vertraue mir..., sinke in tiefen Schlummer...«, genauso gut auf Ulbricht zu passen. Wie gut, dass ich keine wissenschaftlichen Bücher schreibe, sonst wäre der Ulbricht-Schlange-Ka-Vergleich sicher gestrichen worden, vor allem im bierernsten deutschen Wissenschaftsbetrieb.

Die Sache mit der Freiheit

Da Kommunismus oft mit Unfreiheit gleichgesetzt wird, möchte ich die Frage aufwerfen, warum das eigentlich so ist. Weil freiwillig niemand mitmachen würde, lautet ein höhnisches Argument. Aber damit will ich mich nicht abfinden. Warum gab es nie einen demokratischen Sozialismus? Die Parteien in der DDR waren gleichgeschaltet und die regelmäßig stattfindenden Wahlen eine Farce. So weit, so undemokratisch. Aber wäre es nicht denkbar, dass in einem Land mit sozialistischer Verfassung verschiedene freie Parteien um den richtigen Weg streiten, so wie sie es auch in der parlamentarischen Demokratie tun?

In der Bundesrepublik müssen alle Parteien verfassungskonform sein, dürfen also nicht für die Abschaffung des Staates antreten, so wie das in der Weimarer Republik geschah, als eine Mehrheit der Deutschen mit den Kommunisten und der NSDAP zwei Parteien wählte, die das Ziel hatten, den Staat (in dem man sie wählen durfte) abzuschaffen. Wäre es nicht denkbar, dass in einem sozialistischen Land, jenseits der wichtigsten Verfassungsgrundsätze wie der Abschaffung des Privateigentums und der Verstaatlichung aller Betriebe, freie Parteien innerhalb dieser Grenzen darum ringen, was die beste Strategie sei, den Sozialismus zu vollenden? Dass eine grüne Partei den Schutz der Umwelt in den Vordergrund stellte, eine freiheitliche Partei die persönliche Freiheit und eine Rentnerpartei das Wohlergehen der Rentner?

Als die DDR Ikea erfand

Und wäre nicht auch eine Produktion in volkseigenen Betrieben denkbar, in denen die Ideen der Mitarbeiter Eingang in die Produktion fänden? Selbst in der DDR gab es zahlreiche Tüftler, die ganze Schubladen mit Ideen für Verbesserungen füllten. Vor allem in den 70er-Jahren wurden in der DDR konkurrenzfähige Produkte gebaut, die später im Westen in ganz ähnlicher Machart zu riesigen Verkaufsschlagern wurden. So gab es zum Beispiel in der Möbelindustrie einen VEB, der Schrankwände entwarf, die man – und jetzt sollten wir ganz hellhörig werden – selbst aufbauen und zusammenschrauben konnte. Hatten schlaue Köpfe in der DDR sogar das Ikea-Prinzip erdacht?

Die DDR war voller schlauer Köpfe, daher ist es nur schwer zu begreifen, warum es nicht möglich war, deren Ideen für einen besseren Sozialismus zu nutzen. Der Kapitalismus schafft es doch auch, jeden noch so schrägen Vogel zu integrieren, wenn er nur in der Lage ist, irgendetwas zu verkaufen. Die Selbstaufbaumöbel waren so beliebt, dass man sie auch gut exportieren konnte. Ihre schlichten Formen trafen den modernen Geschmack in Ost wie West, auch wenn ein Ulbricht das Potenzial des puristischen Möbeldesigns made in GDR nicht sah, dieses auf einer Messe sogar mit den Worten kommentierte: »Ich sehe keine Möbel, ich sehe nur Bretter.«

In der DDR wurde dieses kreative Potential jedoch nicht gefördert, sondern eher gefürchtet und abgebügelt, weshalb das Land im Laufe der Jahre Zeug produzierte, das schon neu alt aussah. Auch die Ingenieure in den berüchtigten Trabant-Werken in Zwickau hatten ganze Schubladen voller Innovationen, die regelmäßig von der SED-Führung abgelehnt wurden. Der Ideenreichtum der Trabbi-Konstrukteure ist ein weiterer Beweis, dass Menschen auch im Sozialismus und ohne Aussicht auf persönliche Bereicherung zu Innovation fähig sind. Mitte der 60er-Jahre war der Trabant, der ab 1957 zusammengeklebt wurde, noch ein zeitgemäßes Auto, und man ging in Zwickau davon aus, dass es einen Produktionszyklus von sieben Jahren geben würde, ähnlich wie im Westen. Doch es blieb beim Trabbi, ein Vierteljahrhundert lang, auf Befehl von ganz oben. Der Höhepunkt der Ignoranz war Ende der 70er-Jahre erreicht, als in Zwickau ein visionärer Entwurf eines Nachfolgermodells ersonnen worden war. Unter dem Kürzel P603 hatte man sich eine Schrägheck-Limousine ausgedacht, ein bis heute weitverbreiteter Autotyp mit großer schräger Heckklappe, auch Golfklasse genannt. Dass in Zwickau ein Prototyp erschaffen worden war, der stark an den späteren Golf aus Wolfsburg erinnert, ist Grundlage der weitverbreiteten Verschwörungstheorie, dass der Golf eigentlich in Zwickau erfunden worden war. 11 Milliarden Ostmark veranschlagten die fleißigen Tüftler aus Zwickau für den Prozess bis zur Serienfertigung – wozu es aber leider nie kam, da den SED-Oberen der öde Trabbi genügte – schließlich gab es ja genügend Bestellungen! Kein Wunder, dass auch der motivierteste Tüftler sein Genie irgendwann nicht mehr in Entwürfe volkseigener Innovationen steckte, sondern eher darüber nachdachte, mit welchem exotischen Fluchtfahrzeug er zu Wasser, zu Land oder in der Luft aus der DDR abhauen konnte.

Als rohstoffarmes Land war die DDR darauf angewiesen, dreckige Braunkohle zu verfeuern und Getreide für teure Devisen einzukaufen. Gleichzeitig waren Mehl, Brot und Strom so stark subventioniert, dass die Menschen mit ihnen sehr sorglos umgingen. Die Geschichte von Kleingärtnern, die ihre Privatschweine mit Brötchen vom Konsum fütterten, ist legendär.

Die DDR verlor nicht nur das Spiel, als sozialistisches Land mit den Kapitalisten Handel zu betreiben, auch intern wurde jedwede Idee, die Situation zu verbessern, unterminiert. So gab es den findigen Vorschlag, den Menschen Geldbeträge für Strom und Brot zu geben und gleichzeitig die Preise zu erhöhen. Mit dieser Reform hätte sich für die Menschen nichts geändert, außer für jene, die fortan sparsamer mit Brot und Strom waren, sie hätten mehr Geld in der Tasche gehabt. Dieser Effekt wäre realistisch gewesen, und die Staatskosten für weggeworfenes Brot und verschwendeten Strom wären zurückgegangen. Jedoch war im Politbüro die Furcht vor einer Revolution so groß, dass sich niemand traute, daran festzuhalten.

War doch nicht alles schlecht

Trotz der Demontagen von Industrieanlagen nach 1945, der Minderung landwirtschaftlicher Erträge nach den beiden Bodenreformen, trotz 36 000 abgewanderter Betriebe und rund 2,7 Millionen Menschen, die bis zum Mauerbau im August 1961 aus der DDR geflohen waren, schaffte es das Land in den 70er-Jahren dennoch, einiges auf die Beine zu stellen. Immer mehr Menschen konnten in neue Plattenbausiedlungen ziehen, die mit Zentralheizung und fließend warmem Wasser ausgestattet waren, ein großer Fortschritt in Ost wie West, so scheußlich wir sie heute auch finden. Bis dato gab es in beiden Teilen Deutschlands noch viele Wohnungen mit Etagenklo und Waschschüssel. Die Pro-Kopf-Versorgung mit Waschmaschinen und Fernsehern stieg in der DDR an, sodass die Hoffnung blieb, man könne auf diesem Gebiet irgendwann den Westen noch ein- oder gar überholen. Dazu waren Grundnahrungsmittel dank Subventionen billig. Netterweise lieferten die Russen ihr billiges Bruder-Öl, und die DDR-Führung konnte es in Leuna in einer Raffinerie zu Benzin machen lassen und einen Großteil davon in den Westen exportieren – Moment mal, stopp, was hat die DDR gemacht? Genau, das war der Sündenfall, der im Sozialismus nicht vorkommen sollte. Die DDR exportierte in den Westen, vor allem nach Westdeutschland. Sie wurde ein kapitalistischer Player im Welthandel und infizierte damit immer mehr das eigene Land, wo doch eigentlich alles anders sein sollte. Der Grund: Die DDR brauchte dringend Dinge aus dem Westen, zunächst vor allem Walzstahl, Maschinen und seltene Rohstoffe. Womit sollte sie das Zeug kaufen? Auf dem Weltmarkt galten die Gesetze des Kapitalismus, das heißt, es musste mit Dollar oder Mark bezahlt werden, zur Not auch mit Lire – nur die Ostmark galt als nicht konvertierbar, niemand wollte sie haben. Deshalb machte die Bundesrepublik ein Angebot, das sich im Nachhinein als Trojanisches Pferd entpuppen sollte. Die DDR durfte nach Herzenslust Industriegüter im Westen einkaufen und zunächst mal anschreiben lassen. Erst im Anschluss musste sie nach und nach Waren in den Westen exportieren, für die ein Tauschverhältnis ausgerechnet wurde, in etwa so: Für 50 Leichtmotorräder, 50 Erika-Schreibmaschinen und 1000 Bademäntel konnte man zehn

Verpackungsmaschinen aus dem Schwarzwald abbezahlen. Der Tauschhandel war wiedergeboren. Während für die Menschen der Eiserne Vorhang wirklich undurchdringlich war, zirkulierten die Waren fröhlich hin und her. Trotz aller Abgrenzungs-Rhetorik in Ostberlin waren DDR und Bundesrepublik in einer Zollunion. Normalerweise erhob die EWG – Vorläuferin unserer heutigen EU – Zölle auf Importe. Nicht so auf Güter aus der DDR, wenn sie nach Westdeutschland gingen. So konnten Versandhäuser wie Neckermann und Quelle Millionen von Produkten aus Ostdeutschland an ihre Kunden verkloppen. Sie waren wettbewerbsfähig, oft zuverlässig, oft etwas simpler als der neueste Schrei, aber stets günstig. In den 70er-Jahren war die DDR für den Westen lange das, was später China wurde: der Lieferant von allem, was billig sein sollte und wo man mal guckte, wie lange es hielt.

Allerdings erinnern Sozialisten, die mit dem kapitalistischen Ausland zu dessen Bedingungen handeln, ein bisschen an Anti-Alkoholiker, die sich einmal in der Woche mit den Nachbarn besaufen. Die DDR zog bei diesem Spiel auf lange Sicht den Kürzeren. Als sie ihre Rechnungen im Westen nicht mehr bezahlen konnte, kamen von dort listige Vorschläge, wie der Osten noch mehr Devisen ins Land holen könne. Einer lautete, Honecker möge doch Westberlinern erlauben, am Wochenende zur Entspannung an die Seen in Mecklenburg-Vorpommern und Brandenburg zu fahren. Ferienanlagen für Wessis oder Campingplätze für jene, die mit ihrem BMW einen Wohnwagen an die Müritz ziehen wollen.

Sag Honecker, ich habe geweint

Die beiden Ölschocks der 70er, als die Weltmarktpreise passend zum Jahrzehnt um bis zu 70 Prozent stiegen, trafen die DDR gleich doppelt. Das Gluckern in der Erdölleitung Brüderlichkeit stockte, da Russland erhebliche Probleme hatte, die eigene Bevölkerung mit allem Notwendigen zu versorgen. Also entschied sich Präsident Breschnew, die Liefermenge in die DDR zu halbieren und den Preis zu verdoppeln. Damit blieb preislich alles beim Alten, es gab aber nur noch die Hälfte dafür. Breschnew ahnte wohl schon, dass dies bei Honecker für einen ganz persönlichen Öl-Schock sorgen würde, und ließ den Überbringer der Hiobsbotschaft noch wissen, er solle Honecker sagen, diese »brüderliche Bitte« sei ihm sehr schwergefallen, er habe beim Unterschreiben geweint. Und er, entgegnete Honecker daraufhin, habe seit diesem Brief nicht mehr schlafen können. Er fürchtete um die Stabilität im Land, unterschlug dabei aber, dass Öl in der DDR nur zum Teil für Bewohner und Industrie eingesetzt wurde, zum anderen Teil aber dazu, Devisen ins Land zu holen. 1982 stand die DDR vor der Situation, die nächste Rate für ihre Auslandskredite nicht mehr bedienen zu können. Panisch wurde nach Lösungen gesucht. Ausgerechnet der bayerische Ministerpräsident Strauß fädelte einen Milliardenkredit ein. Doch jede Hilfe aus dem Westen beschleunigte die Abhängigkeit und den Niedergang der DDR. Was war nur geschehen? Wie konnte ein sozialistisches Land in den Sumpf von Krediten, Schulden und Zinsen geraten? Wollte man nicht genau das überwinden? Der Druck, Devisen erwirtschaften zu müssen, führte zu immer bizarreren Exporten. So wurden für 3,5 Milliarden Valutamark, wie man die Westmark im Osten nannte, politische Häftlinge in den Westen verkauft. In Gefängnissen zwang man die politischen Häftlinge zuvor, zusammen mit anderen Häftlingen Textilien für den Westen im Akkord zu nähen, IKEA-Möbel zu bauen und sogar Blut zu spenden. Alles, was zu Geld gemacht werden konnte, wurde zu Geld gemacht. Schließlich durfte Westdeutschland auch noch seinen Müll in den Osten kippen. Täglich stauten sich die Mülltransporter an der Grenze bei Lübeck und kippten wie zum Hohn die leeren Coladosen und Bohnenkaffee-Verpackungen in das Land derer, die sich den Inhalt dieser Verpackungen nicht leisten konnten. Wie ein Heroinabhängiger, der für die nächste Spritze seine eigene Familie bestahl, war die DDR-Regierung auch ein Junkie geworden, der für den nächsten Schuss alles verkaufte.

Wie der Sozialismus fast die Kurve bekommen hätte

Dabei hätte die DDR fast die Kurve gekriegt. Was den Wechsel von Ulbricht zu Honecker im Jahr 1971 betrifft, hat man den Eindruck, dass da ein jüngerer, dynamischer Genosse einen kauzigen Opa ablöste. Das Gegenteil war der Fall. Nach drei gescheiterten Wirtschaftsprogrammen hatte Ulbricht verstanden, dass bestimmte ökonomische Regeln auch im Sozialismus nicht abgestellt werden konnten. So durfte man nicht auf Dauer Energie und Grundnahrungsmittel zu einem Preis verkaufen, der rund ein Drittel unter den Erzeugungskosten lag. Ulbricht wollte, dass sich die volkseigenen Betriebe mehr nach »dem Markt« richteten, »gewinnorientiert« produzierten und die Direktoren und Arbeiter »Erfolgsprämien« erhielten. Oje, war das nicht Teufelszeug aus dem Werkzeugkasten des Kapitalismus? Nein, auch Angebot und Nachfrage gibt es in der Planwirtschaft, sie zu befriedigen ist indes die Kunst. NÖSPL nannte Ulbricht seine Wirtschaftsreform, ich will das sperrige Kürzel nicht übersetzen, weil es einen sofort einschläfert, aber es finden sich die Worte »neu«, »ökonomisch« und »Plan« darin, und das S steht überraschenderweise nicht für »sozialistisch«, sondern für »System«. Ulbricht schaffte es tatsächlich, die Effektivität der DDR-Wirtschaft zu erhöhen. Kennziffern, die auch das Herz westlicher Investoren höherschlagen lassen, zeigten steil nach oben, doch dann kam Honecker. Ulbricht hatte den Fehler gemacht, Breschnew von seinen Reformen vorzuschwärmen, doch in Moskau kam die Liberalisierung der Wirtschaft ebenso wenig an wie die menschliche Liberalisierung, die Alexander Dubček im Prager Frühling probierte. Ein Sozialismus mit menschlichem Antlitz – ja, das wäre es doch gewesen –, das Ende ist bekannt. Breschnew beendete den Prager Frühling gewaltsam, auch Ulbricht hatte keine Sympathie für das menschenfreundliche Prager Modell. Aber er hatte sich gewagt, Moskau gegenüber ebenfalls selbstbewusst aufzutreten, ja sogar Breschnew ins Gesicht zu sagen, dass die DDR nicht zu Russland gehöre: »Wir sind nicht Weißrussland.« Deshalb musste er ebenfalls seinen Hut nehmen. Honecker ließ sich als neue Hoffnung feiern, kehrte allerdings zur reinen Planwirtschaft zurück und ließ auch die letzten privaten Betriebe und Handwerker enteignen. Ulbricht hatte sich dies zuletzt nicht mehr getraut, »integrieren statt liquidieren« war sein Motto, wohl wissend, wie viel Wohlstand auf die Arbeit der kleinen Handwerker und Einzelunternehmer zurückzuführen war. Aber der Plan konzentrierte sich stets auf die großen Versorgungsthemen Nahrung, Wohnungsbau und Industrie. Doch wenn es an Dosenöffnern oder Regenschirmen mangelte, dann fehlten die Marktteilnehmer, die auf die Nachfrage schnell reagieren konnten – wie die Männer in New York, die immer, wenn es regnet, an vielen Ecken der Stadt auftauchen und Regenschirme verkaufen.

Stattdessen legte die DDR-Führung ein absurdes Programm der 1000 kleinen Dinge auf. Werften mussten Dosenöffner herstellen, Kombinate, die im Tagebau Braunkohle förderten, mussten Stofftiere nähen lassen. Und die »Aktuelle Kamera« zeigte einen grimmigen Baggerfahrer, der Teddys Augen aufklebt und sich nur mit Mühe ein Lächeln abringen konnte. Nach 25 Jahren technologischem Stillstand im Trabbi schaffte es der VEB Automobilbau Zwickau dank einer Kooperation mit Volkswagen, einen aus dem Westmodell VW-Polo stammenden Viertaktmotor im Trabbi zu verbauen. Er hätte das Ende des bläulichen Abgasqualms bedeutet, doch da zählte man schon das Jahr 1990, die Grenzen war endlich wieder offen, und niemand wollte mehr neue Trabbis für den Listenpreis von 9000 Mark kaufen.

Frankreichs Sozialismus in 100 Tagen

Im Nachhinein erscheint vieles oft geordneter, als es eigentlich war. Sozialismus? Das war doch das, was man östlich des Eisernen Vorhangs probiert hatte. Und im Westen gab es als Gegenmodell den Kapitalismus. Dabei wird oft vergessen, dass viele Menschen auch im Westen von Sozialismus träumten, zum Beispiel in Frankreich. Die Franzosen tragen seit ihrer großen Revolution von 1789 die Vorstellung mit sich herum, dass vor allem Gleichheit – *égalité* – zwischen den Menschen hergestellt werden muss. Vor allem nach 1945 war diese Idee nicht ganz so populär, verwendeten die USA doch jede Menge Energie darauf, alle westeuropäischen Länder als freies Bollwerk gegen den Kommunismus einzuschwören. Daher mussten sie gerade den Franzosen viel bieten, um sie bei Laune zu halten. Das im Krieg etwas glücklose Frankreich vom Faschismus befreit zu haben, reichte nicht. Auch die Aufbauhilfe des Marshallplans nötigte den stolzen Galliern nur ein bedauerndes Achselzucken ab. Die Kriegsschiffe, die Charles de Gaulle sofort nach dem Krieg von den USA gefordert hatte, um Truppen in die französische Kolonie Indochina zu bringen, mündeten für die USA nur in einem weiteren Krieg.

Warum sich die Amerikaner trotzdem auf diese Spielchen einließen? Sie hofften stets, dass Frankreich ein stabiler Partner in einem starken Westblock sein würde. Vor allem Anfang der 80er-Jahre wirkte das Ziel aus Sicht der Westmächte greifbar nah. Die DDR dämmerte ihrem wirtschaftlichen Untergang entgegen, in Polen war von unzufriedenen Arbeitern die freie Gewerkschaft Solidarnosc gegründet worden, und eine triste Sowjetunion stand kurz vor der Abwicklung durch Gorbatschow. Der Sozialismus schien sich erledigt zu haben, lang lebe der Kapitalismus in Europa! Ganz Europa? Nein! ... Ein von unbeugsamen Franzosen bevölkertes Land wählte 1981 mitten in der größten Krise des real existierenden Sozialismus François Mitterrand zum Präsidenten – einen Sozialisten!

Dabei war auch im Westen die linke Phase bereits zu Ende gegangen, hatten die Franzosen das nicht mitbekommen? Helmut Schmidt konnte Mitterrand nur noch kurz die Hand schütteln, bis er den Schlüssel des Kanzleramtes an den konservativen Helmut Kohl abgeben musste. In Großbritannien hatte schon zwei Jahre zuvor, 1979, mit Maggie Thatcher eine besonders ruppige Konservative die Macht übernommen. Über Subventionen konnte sie beispielsweise nur lachen. Dabei würde man ja erfolgreichen Unternehmen, die brav Steuern zahlen, Geld abnehmen, um es Erfolglosen zu geben, konstatierte sie. Nein, bei so einem Quatsch wolle sie nicht mitmachen. Und wenige Monate vor Mitterrands Triumph war auch in den USA mit Ronald Reagan ein Konservativer in den Sattel gestiegen, und nun das: Mitterrand gewann die Präsidentschaftswahl in Frankreich und versprach den »Sozialismus in 100 Tagen«.

Die Menschen tanzten die ganze Nacht auf der Straße, als habe es eine Revolution gegeben, und U-Bahn-Fahrer ließen die Nationalhymne durch ihre Lautsprecher erklingen. Mai ist ein guter Monat für eine Revolution, man ist gerne draußen. Mitterrand versprach tatsächlich nicht Reformen, sondern eine Revolution, daher ist seine Wahl nicht zu vergleichen mit der Kanzlerschaft Willy Brandts 1969. Schon einzelne Äußerungen Mitterrands ließen entsetzte Fabrikanten in ihre Limousinen springen und nach Monaco flüchten:»›Das Wichtige ist, dass das Eigentum den Besitzer wechselt.‹ Er zitiert gerne Lenin«, erzählten sich Reiche im Schweizer Exil. Mitterrand schickte sich an, die Macht des Geldes zu besiegen. Er verlängerte den bezahlten Urlaub von vier auf fünf Wochen, die verbleibende Zeit musste nur noch 39 statt 40 Stunden gearbeitet werden, und neuerdings durfte man im 60. Lebensjahr in Rente gehen. Es bestand auch keine Notwendigkeit mehr, zu arbeiten, da der neue Präsident die Löhne im öffentlichen Dienst um bis zu ein Viertel anhob. Endlich hatten die Menschen mehr Zeit und mehr Geld, um ins Theater zu gehen. Den Kulturetat ließ er verdoppeln, die Ausgaben für Forschung vervierfachen, was für ein mutiger Kerl! Damit mehr Menschen in den Genuss der Verbesserungen im öffentlichen Dienst kommen konnten, verstaatlichte er kurzerhand die Banken und viele Industrieunternehmen. Dazu schuf er 200 000 neue Stellen. Die Abschaffung der Todesstrafe und die Einrichtung eines Ministeriums für die Gleichstellung der Frau waren dabei noch die weniger kostspieligen Reformen. Das klingt alles märchenhaft, doch bei der Wahl 1986 wird Mitterrand krachend abgewählt. Wie konnte das passieren? Als Mitterrand an die Macht kam, schwächelte die Weltwirtschaft und ächzte unter einem hohen Öl- und Dollarpreis. Sein Milliarden Franc teures Konjunkturprogramm verschärfte die Krise dramatisch, die Arbeitslosigkeit stieg um eine Million, das Defizit schnellte in die Höhe. Gleichzeitig wanderte das Kapital in andere Länder. Anleger zogen ihr Geld ab, Unternehmen wollten nicht mehr in Frankreich investieren, da sie – ähnlich wie einst in der DDR – vor allem als Feindbild gesehen wurden.

Warum war Mitterrands Plan vom Sozialismus in Frankreich gescheitert? Schon kurz nach seinen Reformen schwenkte er auf einen radikalen Sparkurs um, der genau das Gegenteil von dem war, was er zuvor noch versprochen hatte. Radikalere Sozialisten forderten damals, Mitterrand solle einfach alle privaten Unternehmen enteignen. Dann konnten sie auch nicht ihre Produktion und ihr Kapital abziehen und so Frankreich schwächen. Tja, warum eigentlich nicht? Dann wäre Frankreich den Weg der DDR gegangen. In Honeckers Sozialismus mussten die wenigen kleinen Privatbetriebe, die es geschafft hatten zu überleben, eine Gewerbesteuer von 95 Prozent bezahlen. Zuletzt versuchte der aktuelle französische Präsident François Hollande mit einem Spitzensteuersatz von 75 Prozent mehr Gerechtigkeit herzustellen. Gérard Depardieu beantragte daraufhin wie erwähnt Asyl in Russland. Dabei muss man als Franzose gar nicht so weit weglaufen, um seinen Reichtum zu behalten. Gerade Frankreich hat für Steuerflüchtlinge mit Belgien, Monaco und dem französischen Teil der Schweiz gleich drei Länder um die Ecke, in dem man sich in seiner Muttersprache verständigen kann und dennoch weiterhin wie Gott in Frankreich fühlt.

Kommunismus als Hobby

Der glückliche Ausstieg aus den Zwängen des Geldsystems hat im Maßstab von Nationen noch nie geklappt. Der Kommunismus bleibt für viele eine Horrorvorstellung, dabei stammt sein Kern vom lateinischen *communis* ab und bedeutet »gemeinsam«. Was kann daran so schlimm sein? Deswegen steckt ein bisschen Kommunismus auch in den uns wohlvertrauten Dingen wie der Kommune oder der Kommunalpolitikerin, die sind doch alle keine Kommunisten. Dabei ist auch die Schwimmhalle, die sie planen, ebenso für die Gemeinschaft wie der Bahnhof oder die Schulen.

Im Privatleben kann Kommunismus aber durchaus glücklich machen. Wer verschenkt, spürt immer ein Glücksgefühl. Da unsere Wirtschaft vor allem davon lebt, dass wir viele Dinge kaufen, die wir im Anschluss nicht oder kaum benutzen, wie zum Beispiel Waffeleisen, Raclette-Grills oder ein Wohnmobil, können wir uns wunderbar erleichtern, wenn wir unseren Besitz vergesellschaften. Wer dies in moderner Form in einer der vielen neuen Sharing Communitys tut, kann ein paradiesisches Leben beginnen. Plötzlich klingeln Nachbarn, die man sonst kaum kannte, und fragen nach der Bohrmaschine, die man als verleihbar ins Internet gestellt hat. Gleichzeitig eröffnen sich unzählige Möglichkeiten, die man zuvor ohne Geld nicht hatte. Eine Kanutour? Kein Problem, in 4,5 Kilometern Entfernung verleiht jemand sein Kanu, auch ein teurer Gegenstand, der nur wenige Tage im Jahr von seinem Besitzer benutzt wird. Überkommt einen der Hunger, kann man einen der öffentlichen Kühlschränke der Foodsharing Community ansteuern. Dort deponieren all jene, die verreisen, Milch, Obst und andere Lebensmittel, die man sonst in den Müll geschmissen hätte. Dazu beliefern selbst Supermärkte bereitwillig die kommunistischen Kühlschränke mit Dingen, die sonst bei Ladenschluss im Container gelandet wären. Nach diesem kostenlosen Abendessen klingelt es an der Tür, und zwei nette Studenten aus Barcelona, die sich in der Couchsurfing Community für zwei Nächte angemeldet haben, übernachten bei einem auf dem Sofa. Auch wer sein Gästezimmer oder eben den Platz auf der Couch an andere verschenkt, wird selbst reich beschenkt, kann seinen Urlaub auf Sofas in Paris und Barcelona planen, völlig ohne Geld. Wenn allerdings die eigene Couch in Bad Harzburg oder Detmold steht, wird sie weniger gefragt sein als welche in Berlin oder San Francisco. Sich in der Überflussgesellschaft auszuklinken und von dem zu leben, was andere verschenken oder nicht nutzen, kann einen zwar selbst befreien, sogar den Ausstieg aus dem Hamsterrad des ständigen Arbeitens, Geldverdienens und Konsums bedeuten, welch Erleichterung! Doch es taugt nicht als Kapitalismuskritik, höchstens als Protest gegen Verschwendung. Denn ohne Konsumgesellschaft wäre auch nichts übrig, was man abstauben könnte.

Das Missverständnis mit der Natur

Könnte man dem Geldsystem nicht am besten den Rücken kehren, indem man sich in die Natur zurückzieht und im Einklang mit ihr lebt? In Skandinavien, Kanada oder zur Not auch einem deutschen Wald? Sind nicht auch indigene Völker das beste Vorbild für ein Leben ohne Umweltzerstörung? Seltsamerweise sind vor allem Großstädter vom Leben in der Natur fasziniert. Sie scheint eine Projektionsfläche zu sein für den Traum von etwas Reinem. Mich schlug eine Dokumentation in den Bann über eine Frau, die ganz allein in einer Hütte in Alaska lebte. Dank eines Solarpanels war sie autonom und konnte über ihr Aussteigerleben im Internet bloggen. Zwei Tage mit dem Kanu war der nächste kleine Supermarkt entfernt oder im Winter eine Tagesreise mit dem Motorschlitten. Diese Einkaufsreise unternahm sie auch einmal im Monat, vor allem, um für ihren Hund Dosenfutter zu kaufen, das halbe Kanu füllte sich mit Dosen. Ohne eine Industrie, die Laptops, Solarpanels, Kunststoffkajaks, Motorschlitten samt Benzin und Ersatzteilen herstellte und natürlich Hundefutter, war an solch ein Aussteigerleben allerdings nicht zu denken. Zudem musste sie vom Supermarkt manchmal den Bus in die nächste Stadt nehmen, da sie Probleme mit den Zähnen hatte und die Behandlung bis zum nächsten Winter hinter sich haben wollte.

Über so viel Technikbedarf und ärztliche Versorgung konnten die Nomaden in der ägyptischen Wüste nur lachen. Ich erfuhr von ihnen durch eine Frau, die in einem

Kulturzentrum auftrat, in dem ich ebenfalls eine Vorstellung hatte. Sie bot Lesungen über ihre Reise zu den Nomaden an und erzählte von der Entdeckung ihrer »heilenden Märchen«. Diese Menschen brauchten keine Pharmaindustrie, stellte sie fest. Da sie ohnehin die meiste Zeit weit entfernt von jedem Arzt lebten, konnten sie, wenn jemand in der Karawane erkrankte, auf diese jahrhundertealten Märchen zurückgreifen und sie dem Erkrankten vortragen. Eine ganze Vorstellung widmete die Frau den heilenden Märchen. Sie mussten wirklich wundersame Kräfte haben, wenn sie bei akuten Zahnschmerzen oder einer Blinddarmentzündung halfen. Ich dachte, wenn diese Märchen in die falschen Hände gerieten, würde der Sozialstaat manchem Bedürftigen den Telefonanschluss und die Krankenversicherung streichen und ihm stattdessen ein Buch mit heilenden Märchen ans Bett legen.

Wenn mir Leute von Urgesellschaften vorschwärmen, während ich mit ihnen in einem Café sitze, bin ich immer skeptisch. Die Natur ist nur dann erholsam, wenn man sich nur zur Erholung in ihr aufhält und danach in die Zivilisation zurückkehren darf. Das dauerhafte Leben in ihr ist entbehrungsreich und anstrengend. Für mein Empfinden sollte es allen freigestellt sein, ob sie lieber zurückgezogen in den Wäldern leben oder in einem modernen Dorf oder einer Stadt. Doch jeder Mensch, auch wenn er sich entschließt, für immer im Wald zu bleiben, sollte das Grundrecht auf ein Gerät mit einem roten Knopf haben, das, wenn er gedrückt wird, ganz schnell einen Helikopter kommen lässt.

In Mitteleuropa haben die Menschen die heile Welt der

Natur im 19. Jahrhundert endgültig verlassen. In der Schule lernte ich die Industrialisierung mit ihren Fabriken und Bergwerken als furchtbare Entwicklung kennen. Die Menschen mussten unter schlechten Bedingungen wahnsinnig viel arbeiten und bekamen wahnsinnig wenig Geld dafür. In der Tat eine Horrorvorstellung. Erst viel später erfuhr ich, dass in der Zeit der Industrialisierung die Lebenserwartung der Menschen rasch anstieg und sich die Kindersterblichkeit halbierte. So ungesund und hart das Leben im Kohlebergbau und an den Textilmaschinen auch gewesen sein mag, das frühere Leben als Bauern oder Landarbeiter war noch bitterer gewesen und kein Paradies, aus dem der Kapitalismus die Menschen entführt hat.

Das Versprechen auf einen menschlichen und angenehmen Sozialismus ist bis heute nicht eingelöst. Wollen wir es noch mal versuchen? Die Hoffnung stirbt zuletzt.

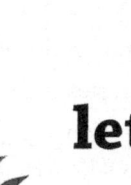

12
»Was ist
letzte Preis?«

Das Geldmonster denkt sich täglich neue Dinge aus, um
Kohle zu scheffeln und uns zu Konsumsklaven zu machen. Dabei dringt es in immer weitere Bereiche des Lebens vor. Vor einigen Wochen rief es bei mir an und gab
sich als Versicherungsmakler aus. Es säuselte, und ich war
sofort hellwach: »Schauen Sie, Herr Schnoy, es ist ganz
einfach. Wenn Ihnen ein Arzt die Diagnose stellt, dass Sie
einen Herzinfarkt hatten oder einen Schlaganfall, dass Sie
Krebs haben, Alzheimer oder eine von weiteren 43 schweren Krankheiten, überweist Ihnen die Globalhappy24
sofort 100 000 Euro.« Das klang verlockend. Diese Vor-
sorgeversicherung für schwere Krankheiten, auch Dread
Disease Versicherung genannt, schien selbst mich als absoluten Versicherungsskeptiker zu überzeugen. Konnte
man mit ihr der Angst vor solch einer Diagnose, die doch
jeder irgendwie mit sich herumträgt, nicht etwas Positives
entgegensetzen? Nämlich die Freude über den Scheck?
»Selbst wenn Sie von der schweren Krankheit vollständig
genesen, können Sie das Geld behalten.« Ich konnte den

weiteren Ausführungen des Maklers nicht mehr folgen, da ich in Gedanken schon bei meinem Arzt saß, der ein Röntgenbild von mir in die Luft hielt und sagte: »Tut mir leid, Herr Schnoy, Sie haben Lungenkrebs«, worauf ich jubelnd vom Stuhl aufspringe und ihn umarme. Vielleicht würde der Arzt in solch einem Moment selbst einen Schwächeanfall erleiden, denn es war ein ganz neuer, riesiger Markt. »Oder stellen Sie sich vor, Sie fallen nach einer Operation ins Koma. Gerade wenn Sie nach einer solchen Diagnose nicht mehr arbeiten können, brauchen Sie unbedingt eine Absicherung.« Das stimmte wohl, allerdings dachte ich, dass ich im Koma auch nicht mehr in der Lage wäre, mich bei der Globalhappy24 zu melden, um meinen Scheck einzulösen. Bei genauerem Nachdenken galt das natürlich auch für schwere Herzinfarkte und Schlaganfälle. Wer so etwas erleidet, lebt oft nur noch wenige Minuten. Und wer sich in solch einem Moment entscheidet, statt des Notarztes die Hotline der Globalhappy24 anzurufen, für den werden die Worte »Haben Sie noch einen Moment Geduld, der nächste Mitarbeiter ist für Sie da« die letzten Worte sein, die in seinem Leben jemand zu ihm sagt. Mit Alzheimer hatte man zwar mehr Zeit, würde aber vielleicht die Unterlagen nicht wiederfinden. Deshalb ließ ich mir vom Makler noch die anderen vierzig Diagnosen aufzählen, die einen reich machen können. Die Auflistung der Krankheiten, wie beispielsweise der Aplastischen Anämie, hatte nicht mehr den Schrecken, der mir bei unbekannten Krankheiten sonst in die Glieder fährt. Wenn zum Beispiel in der Zeitung berichtet wird, ein Schauspieler habe eine Syringomyelie, und man denkt: »Um

Himmels willen, so was kann man also auch noch bekommen?«

Nein, ich befand mich eher in einer aufgeschlossenen, ja faszinierten Stimmung. Vielleicht war eine progressive Supranukleäre Blickparese etwas für mich? Auf jeden Fall schien die Dread Disease Versicherung mit rund 90 Euro pro Monat nicht ganz billig zu sein. Ich würde bei jeder Abbuchung denken, verdammt, wieso hast du keinen Krebs oder wenigstens diese aplastische Blickparese? Da inzwischen nachgewiesen ist, dass die eigene Einstellung zum Leben durchaus Auswirkungen darauf haben kann, ob man erkrankt oder nicht, schien mir das zu gefährlich. Schließlich lehnte ich ab. Depressionen fanden sich übrigens nicht in der Liste. Aber gut, mit der Diagnose würde einen auch ein Scheck nicht mehr aufmuntern. Zwölf mal 90 macht übrigens 1080 Euro, dafür kann man zum Beispiel eine Reise nach Korsika oder Lanzarote buchen. Und die Vorfreude darauf ist sicherlich gut für die Gesundheit.

Irgendwas muss man ja tun

Die Deutschen lieben Versicherungen. Sie lieben die Ordnung, die sie versprechen, und fürchten das Chaos, das ohne sie herrschen könnte. Sie sehen dabei aber nicht, dass Versicherungen nur gegen solche Schäden versichern, die nicht eintreten. Passiert dann doch mal was, legt der Versicherer mithilfe seiner Juristen Einspruch ein und beschuldigt den Versicherungsnehmer der Fahrlässigkeit. Hausratversicherungen versichern Möbel und anderes Zeug, das zu schwer ist, um von Einbrechern herausgetragen zu werden. Alles, was solche Ganoven gerne mitnehmen, wie Bargeld oder Schmuck, ist in den Verträgen nur eingeschränkt versichert. Und wenn Omas Brillanten dennoch abgedeckt sind, stellt sich heraus, dass irgendein Fenster gekippt war, und oha, dann wird nichts bezahlt. Häuser kann man gegen Wasserschäden versichern. Steht der Keller unter Wasser und alles ist hin, stellt sich heraus, dass die Police nicht für Leitungswasser gilt, sondern nur für Flutwellen, Starkregen und Überschwemmungen. Gegen Hochwasser kann man aber nur Häuser versichern, die nicht hochwassergefährdet sind. Liegt der nächste Fluss oder Bach im Umkreis von einem Kilometer, werden solche Anträge einfach abgelehnt. Von Berufsunfähigkeitsversicherungen ist immer nur die Rede, wenn ein treuer Einzahler bei der Arbeit in die Müllpresse gefallen ist und die Versicherung dem schwer Geschädigten die Zahlung verweigert. Er habe einen Moment lang an den Streit mit seiner Freundin gedacht, deshalb war er durch sein Privatleben abgelenkt, und das ist nicht versichert. 12 000 Leuten, die wirklich schlimmes Pech hatten, wurden die Ansprüche verweigert. Wer vergessen hat, eine Erkältung, die vierzehn Jahre zurückliegt, bei Vertragsabschluss anzugeben, wird der Lüge bezichtigt. Als ich noch Student war, dachte ich, eine Berufsunfähigkeitsversicherung sei für jene, die einfach zu unfähig waren, ihren Beruf auszuüben, zum Beispiel Taxifahrer, die schlecht am Steuer sind.

Viele Versicherungen entfalten kriminelle Kreativität, um Leistungen zu verweigern, und es stellt sich die Frage, warum es sie überhaupt gibt. Auch bei der Vermögensbildung tragen Versicherungen nichts zur Geldvermehrung bei, und trotzdem schließen Millionen von Menschen jedes Jahr sinnlose Verträge ab, meist mit dem Hinweis: »Irgendwas muss man ja tun.« Mit dieser eigentlich kritischen, aber zugleich resignierten Haltung stecken die Deutschen heute Milliarden in Versicherungen, die nur einen einzigen Sinn haben, nämlich eine hohe Vermittlungsprovision für diejenigen zu ermöglichen, die uns diesen Schwachsinn verkauft haben. Zwar möchte auch ein Autoverkäufer einen hohen Gewinn einstreichen, doch wir bekommen für das Geld immerhin ein Auto. Bei Versicherungen bekommen wir nichts für unser Geld. So auch bei Lebensversicherungen, bei denen ein Großteil unserer Beiträge nicht wieder zu uns zurückkehrt; sinnlose Bausparverträge, die die Menschen aus unerfindlichen Gründen am meisten lieben, vielleicht weil das Wort »Bauen« darin vorkommt. Mein spezieller Liebling ist aber die Riester-Rente, in deren Verträgen sich hohe Provisionen verstecken, von denen man bei Abschluss nichts erfahren hat. Aber die Riester-Rente hat doch die SPD eingeführt? – werden treuherzige Sparer nun einwenden –, das kann doch nicht so verkehrt sein! Ja, und doch, sage ich, ausnahmsweise mit Konrad Adenauer, der seiner linken Konkurrenz bei der demokratischen Willensbildung stets vorwarf: »Das Einzige, was Sozialdemokraten von Geld verstehen, ist, dass sie es von anderen Leuten haben wollen.«

Im Falle der Riester-Rente stimmt das ausnahmslos, wie sich inzwischen herausgestellt hat. Denn sollte man mit dem eigenen staatlichen Rentenanspruch nicht auf die Mindestrente kommen, wird man nicht etwa zusätzlich abgesichert – so wie von Riester versprochen –, sondern die kumulierten Beiträge werden einfach angerechnet, sodass man am Ende gleich mehrmals betrogen wird. Zudem schwappen die in Pensionskassen angelegten Milliardenbeträge um den Globus, panisch auf der Suche nach Rendite, und richten viel Unheil an. Die einzige Rentenkasse, deren Milliarden nicht angelegt werden müssen, ist die staatliche. Was sie von den Beitragszahlern in einem sonnigen August eingesammelt hat, wird im nächsten Monat schon an die Rentner von heute ausgezahlt. Private Versicherungen müssen Gewinne erwirtschaften, aber das wird zum Fallbeil, wenn man nicht Kaffeemaschinen oder Urlaubsreisen verkauft, sondern nur das Versprechen auf Sicherheit. Ich finde, wer in der Marktwirtschaft mitmachen möchte, sollte produktiv sein. Was wie eine liberale Forderung aus dem Manchesterkapitalismus klingt, könnte zur sozialen Utopie werden, wenn wir schauen, wie viel unproduktive Wirtschaft bei uns zugelassen ist. Auch für Banken würde es ganz schön eng werden, wenn man diesen Maßstab anlegen würde. Wieso dürfen sich nur Banken für 0 Prozent Geld beim Staat leihen und niemand sonst? Wieso dürfen sie dieses Gratisgeld mit 10 Prozent Zinsen als Dispositionskredit an all die Millionen verleihen, die stets Milliarden im Minus sind? Wieso dürfen sie das Gratisgeld an Studenten verleihen, wobei der Staat auch noch über seine eigene Bank, die KfW, die Kreditausfallrisiken übernimmt? Und wieso müssen Studenten trotzdem auf ihre Studienkredite Zinsen zahlen?

Die Freiheit, die Unfreiheit zu wählen

Das Gute an Demokratie und Marktwirtschaft ist, dass wir eine Wahl haben, so weit die Theorie. Nehme ich halt keinen Kredit auf, bin ich halt sparsam. Doch wir, die wir frei sind, können mit jeder Wahl auch die Unfreiheit wählen. Nicht nur an der Wahlurne, sondern viel häufiger, nämlich jeden Tag, wenn wir einkaufen. Wenn das Kabinenpersonal der Lufthansa streikt, fliegen wir halt Emirates. Ich hörte schon einige Freunde von mir über die Flüge der Airline aus den Vereinigten Arabischen Emiraten schwärmen, sie seien viel günstiger und der Service dabei auch noch viel besser. »Allein die Stewardessen«, raunte mir ein Freund, der in Hongkong arbeitet, zu. »Die schenken dir Kaffee ein und lächeln dabei immer, als ging es um ihr Leben.«

Und das tut es tatsächlich. Denn im Gegensatz zum Lufthansa-Personal, das für Lohnerhöhungen, kürzere Arbeitszeiten und mehr Urlaub streiken kann, unterschreiben Frauen, die für Emirates als Flugbegleiterin arbeiten, dass sie nicht heiraten und nicht schwanger werden. Wenn sie es doch tun, werden sie fristlos gefeuert. Wenn sie aber nicht verheiratet sind, behandelt sie die islamische Rechtsordnung so brutal, wie es sich als Christen getarnte Ewiggestrige bei uns seit sechzig Jahren nicht mehr trauen. Und dennoch bekommt man seinen Saft trotz aller Rechte und Freiheiten des Kabinenpersonals in deutschen Flugzeugen immer etwas lustlos eingeschenkt. Machen die ganzen Grundrechte am Ende gar nicht glücklich?

Auch was das Reiseziel betrifft, haben wir die Wahl, mit wem wir Handel betreiben. Deutsche Urlauber in Ägypten waren lange Zeit erstaunlich gleichgültig, was die dramatische Menschenrechtssituation in Kairo betraf, solange es am Roten Meer ruhig zuging. Erst als der Terror die Touristenorte erreichte, brachen die Buchungen ein. Als in Bangladesch eine marode Textilfabrik in sich zusammenbrach und unzählige Näherinnen starben, zeigte sich erneut und besonders bitter, dass wir uns mit jedem Kauf von Kleidung, die unter solchen Bedingungen hergestellt wird, die Freiheit nehmen, für andere die Unfreiheit zu wählen. Wo endet der Markt der Dinge, mit denen wir handeln wollen? Ist jemand, der eine seiner beiden Nieren zum Verkauf anbietet, ein Marktteilnehmer, der ein Geschäft macht? Sollte es erlaubt sein, dass in unserem Land mit der Produktion von Waffen und anderen Rüstungsgütern Geld verdient wird? Ihr Export in arabische Länder hat sich in der ersten Hälfte des Jahres 2015 verdoppelt. Wer angesichts des Unrechts in der Textilindustrie in Bangladesch nur noch T-Shirts aus deutscher Produktion kauft und Urlaub statt in Ägypten lieber im Sauerland macht, hilft den Menschen in diesen Ländern nicht. Ich glaube, ich werde auch in Zukunft auf Reisen ins Ausland angewiesen sein. Nur durch Zufall bin ich im letzten Sommer an die mecklenburgische Ostseeküste gefahren und war schockiert von den Ausmaßen des FKK-Strandes. Angesichts so viel nackter Haut dachte ich zum ersten Mal, ich möchte lieber an den Hundestrand. Ich finde, Hunde sehen nackt irgendwie besser angezogen aus.

Doch im Kampf für eine bessere Welt muss man eben

Opfer bringen. Noch viel mehr bewirken kann man jedoch mit einer konzertierten Protestaktion. Wichtig ist dabei, dass sich der Protest exemplarisch gegen ein großes Unternehmen richtet. Ein Boykott kann schnell zum Umdenken zwingen, wie man 1995 im Fall des Shell-Konzerns beobachten konnte. Fast die Hälfte der Deutschen haben vom einen Tag auf den anderen damit aufgehört, bei Shell zu tanken, aus Protest gegen die Versenkung des schwimmenden Öltanks Brent Spar. In der Konzernzentrale lagen die Nerven blank, und der mächtige Konsument setzte sich durch. Warum ist das nie bei anderen Konzernen gelungen? Wieso können wir in jedem Supermarkt fairen Kaffee kaufen, aber kaum faire Klamotten in den Einkaufszentren?

Die individuelle Grenze zu ziehen, jenseits derer wir nicht mit Geld wirtschaften wollen, ist so wichtig, dass sie jeder für sich selbst definieren muss. Was sind unsere Werte, die unveräußerlich sind und nicht zum Verkauf stehen, egal welcher Preis geboten wird?

Von den unverkäuflichen Dingen

Wir müssen immer aufs Neue entscheiden, wie wir leben wollen und was uns hoch und heilig ist. Diese Werte sollten wir mit viel Tschingderassabumm feiern. Deshalb ist es auch völlig absurd, dass in Deutschland je nach Bundesland zwischen neun und vierzehn Feiertage existieren, die häufig christlichen Ursprungs sind. Mit über 33,5 Prozent sind die Nichtgläubigen die größte Glaubensgemeinschaft in Deutschland. Und weil das so lockere Leute sind, feiern sie ganz brav einen christlichen Feiertag nach dem anderen ab und haben sie mit der Erfindung von Weihnachtsmännern und Osterhasen sogar heidnisch unterwandert. Selbst die rund 5 Prozent Moslems in Deutschland können sich nur schwer dem Weihnachtsfest entziehen, vor allem wenn sie Kinder haben. Denn Feiertage, an denen Carrera-Bahnen und Smartphones verschenkt werden, sind kaum zu sabotieren. Nichtgläubige als Nichtgläubige zu bezeichnen ist schon ignorant, denn nur weil man nicht an einen Gott glaubt, kann man doch fest an andere Dinge glauben, den Humanismus, die Aufklärung oder die Befreiung der Frau. Es ist längst überfällig, dass wir die Dinge mit Pathos feiern, an die wir wirklich glauben. Unsere Bundesrepublik wurde am 23. Mai 1949 als parlamentarische Demokratie gegründet und nicht als christlicher Gottesstaat. Wir schleppen die christlichen Feiertage noch aus dem Mittelalter mit uns herum wie ein paar alte Bonbons, die am Boden einer Reisetasche festkleben. Was die Werte unserer Gesellschaft betrifft, lassen sich wichtigere Tage zum Erinnern finden als jenen, an dem Jesus-Jünger Brot aßen und dabei eine Erscheinung hatten (Pfingstmontag). Der 8. Mai sollte der wichtigste sein, der Tag, an dem 1945 der Krieg endete. Andere Länder feiern ihn, weil sie die Schlacht gewonnen haben, die das faschistische Deutschland verlor. Entscheidend ist doch: Die Deutschen haben am 8. Mai den Frieden gewonnen, und nicht nur sie, er ist die Grundlage von allem. Jeder 8. Mai sollte ein riesiges Fest sein, zudem sind die Aussichten auf gutes Wetter bestens. Seit dem 23. Mai 1949 darf man im

westlichen Teil Deutschlands an freien Wahlen teilneh-
men, die Ossis erst seit 1990. Das Grundrecht auf Demokratie ist natürlich auch wichtiger als zum Beispiel die
Heiligen Drei Könige, deshalb sollten wir an jedem 19. Ja-
nuar die Korken knallen lassen, denn 1919 durften an diesem Tag erstmals auch Frauen wählen. Der 10. Dezember
ist auch rasend wichtig, wurde doch an ihm im Jahr 1948
die Deklaration der Menschenrechte verlesen. Ein Text,
der in keinem Haushalt fehlen darf, Schmuckausgaben
mit veganem Ledereinband böten sich an. Der Kampf für
die Grundrechte der Menschen wird seit Jahrhunderten
geführt, deshalb gehören seine wichtigsten Siege in die
Top 5 der deutschen Feiertage. Der 31. Mai sollte dazuge-
hören, denn an ihm wurde 1994 der § 175 StGB ersatzlos
gestrichen, der Homosexualität unter Strafe stellte. Ein
wirklich hartnäckiges und langlebiges Unrecht. Aber da
mit dem Christopher Street Day (CSD) eh schon ein pep-
piger Feiertag existiert, für Schwule, Lesben und alle weiteren Menschen, die ihr Liebesleben lange Zeit nicht so
leben konnten, wie sie wollten, kann man auch gleich
beim 28. Juni bleiben, dem Tag, an dem in New York eine
ganz besondere Revolution begann. Nach Razzien der
Polizei mit willkürlichen Übergriffen in der Schwulenbar
Stonewall Inn schlug die erste Dragqueen beherzt mit
ihrer Handtasche auf einen Polizisten ein, und es begann
ein mehrtägiger Aufstand mit Straßenschlachten. Da die
meisten unserer Werte nur aufgrund von Revolutionen
möglich wurden, sollte mindestens ein Feiertag ein revo-
lutionärer sein, schließlich schauen wir an jedem 14. Juli
neidisch nach Frankreich. Dass Frauen in unserem Land

erstmals wählen durften, ist ein Ergebnis der Revolution von 1918, die auch den Kaiser weggefegt hat. Ein Feiertag am 9. November könnte die friedliche Revolution 1989 in der DDR würdigen, das wäre schöner, als den formalen Staatsvertrag vom 3. Oktober zu nehmen. Dazu müsste noch ein Feiertag im März kommen, denn in den berühmten Märztagen fand die Revolution von 1848 statt, in der bei uns überhaupt erstmalig für Gleichheit und Demokratie gekämpft wurde. Wieso wird sie nicht gefeiert? Sie war vielleicht die wichtigste Revolution für unsere heutigen Werte, auch wenn sie gescheitert ist. Doch »Ideen kann man nicht erschießen«, dieser Satz wurde von Hermann Jelinek gesagt, der im selben Jahr in Wien für den Fortschritt kämpfte. So, damit haben wir fünf bis sechs staatliche Feiertage, die endlich das würdigen, was wichtig ist. Streichen könnten wir dafür den 1. Mai. Die Arbeit mit einem freien Tag zu feiern ist völlig absurd, darauf können nur Deutsche kommen. Abgesehen davon, dass der 1. Mai von den Nationalsozialisten zum gesetzlichen Feiertag erklärt wurde und heute nur noch – in welchem Zusammenhang auch immer – von Autonomen und der Reparaturannahme bei Mercedes Benz gefeiert wird. Was weitere Glaubensfragen betrifft, sollte jeder drei Feiertage zur freien Verfügung haben. Das entlastet auch den Berufsverkehr. Um die Quellen des Lebens zu würdigen, wären weitere Feiertage zur Weizen-, Kartoffel oder Pflaumenernte sinnreich und natürlich drei Tage zur Sommersonnenwende, so viel Licht muss gefeiert werden. Da jeder Mensch einmalig ist, sollte allen ein weiterer frei wählbarer Feiertag zugestanden werden, für den ganz persönlichen wichtigsten Tag des Lebens. Welcher wäre es bei Ihnen? Das mag für den einen der Geburtstag sein, für die andere der Hochzeitstag oder vielleicht gar der Tag der Scheidung. Da unsere Gesellschaft auch wesentlich von der Wirtschaft geprägt wird, darf auch ein Feiertag des Konsums nicht fehlen. Vielleicht in einem traditionell umsatzschwachen Monat wie dem August. Sämtliche Unternehmen könnten ein Rabattfeuerwerk abfeuern und Mario Draghi endlich sein so oft angekündigtes Helikoptergeld abwerfen. 100-Euro-Gutscheine pro Einwohner und Einwohnerin, die allerdings am selben Tag eingelöst werden müssen. Das brächte mindestens 0,2 Prozent Wachstum, obwohl – Feiertage des Konsums haben wir ja schon, oder was wird noch zu Weihnachten gefeiert?

Wenn Kinder sparen

Ab welchem Alter wollen wir unsere Kinder der Logik des Geldmonsters aussetzen? Ist es nicht schöner, wenn der Weihnachtsmann die Geschenke bringt, als wenn sie jemand kaufen muss? Als sich mein Sohn im Alter von sieben Jahren einmal beschwerte, ich sei zu viel weg, erklärte ich ihm, dass ich, wenn ich nicht da sei, Geld verdiene und wir mit diesem Geld Sachen zum Essen kaufen, zum Beispiel Schokolade. Gerade Schokolade aß er immer sofort auf, wenn welche verfügbar war. Als ich das nächste Mal den Koffer packte, erklärte er mir, er würde nunmehr keine Schokolade mehr essen, damit ich zu Hause bleiben könne. Das machte mich so traurig, dass ich wieder dazu überging, nicht von Geld zu reden. Doch Kinder müssen früh an dieses Thema gewöhnt werden, lautet eine andere Meinung. Taschengeld sei dabei eine gute Möglichkeit, ihnen zu zeigen, dass man sich nicht alles kaufen könne, wenn man nicht spare. Um Sparen zu lernen, bietet die Sparkasse Kindern das Mäusekonto an mit 5 Prozent Zins. Na prima, dann lernen sie die Zinsrechnung gleich dazu und die Erbsenzählerei. Nie aber lernen sie dabei den wichtigsten Satz, der sich nicht mit Preisen aufhalten will, obwohl er nach ihm fragt: Was kostet die Welt? Nichts, ist die Antwort. Entweder sie gibt sich einem freiwillig hin – und wenn nicht, kann auch Geld nicht helfen. Weisheiten, in denen das Wort »Geld« vorkommt, sind stets deprimierend. »Beim Geld hört die Freundschaft auf«, »Freunden sollte man kein Geld leihen« – ja, wieso eigentlich nicht? Ich habe mehr als einmal Geld an Freunde verliehen und auch schon Freunde angepumpt. »Zeit ist Geld« ist sicher die dümmste aller Geldweisheiten, denn es ist die Jagd nach Geld, die einem die Zeit raubt. Wie reich man ist, wenn man Zeit nicht in kleinste Einheiten von Arbeit und Pausen, Feierabend und Brückentagen quetscht, erfuhr ich ganz unverhofft, als ich ein anderes Gespräch mit meinem Sohn führte. Ich fragte ihn aus einer Laune heraus: »Sag mal, wenn ich mal länger ins Krankenhaus müsste, würdest du mich besuchen?« Seine Antwort lautete »Nein«, und ich war erstaunt. Das war vielleicht auch zu viel erwartet, ist es doch in jedem Krankenhaus schrecklich langweilig. »Wieso würdest du mich nicht besuchen?«, hakte ich nach. »Ich würde einfach die ganze Zeit bei dir sein«, antwortete er.

13
Was uns lieb und
teuer ist

Es ist nie zu spät, um aufzugeben.
Es ist nie zu spät, das aufzugeben, was man macht,
um etwas zu machen, von dem man weiß, dass man es liebt.

Hans Rosling
Professor für globale Gesundheit

Die meisten Menschen haben ein ähnliches Verhältnis zu
Geld wie zu einem Geliebten. Nennen wir ihn mal Jimmy
Cash, um das Persönliche im Auf und Ab dieser Liebe zu
zeigen.

In der Honeymoon-Phase, wenn wir viel Zeit mit Jimmy
Cash verbringen, vergöttern wir ihn, er ist einfach genial.
Das Beste: Das Leben ist schön, und man kann mit ihm
richtig viel Spaß haben. Zieht er sich zurück, trauern wir
ihm nach, und es kommt dieses flehentliche Gefühl, dass
er doch wiederkommen möge. Tritt dies aber nicht mehr
ein, kann unsere Liebe in puren Hass umschlagen. Vor allem, wenn er sich wirklich nie wieder blicken lässt. Dann
ist Geld für alles Schlechte auf der Welt verantwortlich. An

der Börse geht das Hin und Her von Liebe und Liebesentzug noch schneller. Es scheint, als hätten wir es im Kapitalismus beim Auf und Ab der Märkte mit sehr organischen Strukturen zu tun, die wir sonst nur aus der Natur kennen. Die Launenhaftigkeit der Börse, der ständige Wechsel von überzogenem Optimismus hin zu panischer Angst und zurück erinnern an das bipolare Syndrom, das davon Betroffene mal mit Niedergeschlagenheit und mal mit Selbstüberschätzung quält.

Um nicht ganz so viel Energie in diese Liebesbeziehung zu einem seelenlosen Ding zu investieren, sollten wir uns am besten eine pragmatischere Einstellung zulegen. Wir brauchen Geld, da es vieles vereinfacht und, auch das ist eine Wahrheit, wirtschaftlichen Wohlstand ermöglicht. Aber ist unser Geldsystem mit dem Fetisch Wachstum nicht auch schuld an der Zerstörung unseres Planeten?

Wachstum, Konzerne und anderes Teufelszeug

Wenn es um ökonomische Zusammenhänge geht, ist Wachstum vor allem für Linke ein Negativbegriff. Permanentes Wachstum ist unmöglich, lautet eine These, vor allem mit Hinweis auf die Endlichkeit von Rohstoffen. Seit den 70ern ist davon die Rede, dass das Öl bald alle ist. Vierzig Jahre später sprudelt es noch immer, und das zu ungeahnten Niedrigpreisen. Zunächst schaffen es die USA durch die umstrittenen Fracking-Methoden, gänzlich auf Ölimporte zu verzichten, und lösen damit einen Fracking-Boom aus. Dann beschließen die großen konventionellen

Förderländer wie Saudi-Arabien, einfach so lange die Preise zu senken, bis die Fracking-Unternehmen in Konkurs gegangen sind. Denn Fracking lohnt sich nur ab einem bestimmten Preis pro Barrel, den die OPEC-Länder perfide unterboten. Seitdem importieren auch die USA wieder Öl, allerdings solches, das noch billiger ist als bei der ersten Party.

1972 prophezeiten die Gelehrten des berühmten Club of Rome das Ende des Wachstums, seitdem ist die Weltwirtschaft permanent gewachsen. Für wirtschaftsorientierte Parteien ist Wachstum dagegen ein Fetisch. Was ist ein ideales Wachstum? Zurzeit gehört Deutschland mit 1,7 Prozent zu den wenigen Ländern in Europa, deren Wirtschaft tatsächlich noch wächst. Ist also 1,7 Prozent gut? Für unser Land anscheinend schon. In China sind aber schon 6 Prozent ein katastrophal schlechtes Wachstum. Das Problem mit dem Wachstum ist, es lässt sich nur schwer kontrollieren. Wachstum und Zusammenbruch – diese beiden Gegensätze gehören zu jedem Leben eines Menschen, eines Tieres oder auch einer Pflanze. Durch den Umstand, dass wir erst keimen, dann emporschießen, blühen und am Ende verwelken, sind wir Menschen auf beängstigende Weise jeder Schnittblume gleichgestellt. Doch für die Gesellschaft als Ganzes ist Wachstum mit darauffolgendem Zusammenbruch eine Katastrophe. Denn wir wollen Sicherheit und am besten ein moderates, verlässliches Wachstum. Doch es scheint, als wenn wir um die Zusammenbrüche nicht herumkommen. Ob die letzte große Schulden- und Bankenkrise seit dem Jahr 2008, die Dotcom-Krise im Jahr 2000, die große Rezession Anfang der 80er-Jahre, man könnte diese Liste selbst ohne Kriege endlos fortschreiben. Bei großem Wachstum machen sich Experten auf die Suche nach Blasen. Konstantes Wachstum ohne Blasen, die platzen, ist genauso unmöglich wie der Versuch, eine Tomatensoße zu erhitzen, ohne dass sie Blasen wirft. Je heißer sie wird, desto schwieriger das Unterfangen.

Dennoch stört mich an der sozialistischen Wirtschaftskritik, dass sie die Bedeutung von Innovation für das Wachstum ignoriert. Wenn man nämlich davon ausgeht, dass Wachstum ausschließlich durch die Plünderung unseres Planeten möglich ist, also durch den Abbau von Kohle, Öl, Gold, Diamanten, ist es nur logisch, dass dem Unterfangen natürliche Grenzen gesetzt sind. Bestünde Wirtschaft immer aus einem permanenten Diebstahl von Ressourcen, dann läge auch der Schluss nicht fern, es sei viel besser, die Produktion zu verstaatlichen, als sie profitsüchtigen Konzernen zu überlassen. Aber diese Sicht der Dinge verkennt, dass der wirtschaftliche Erfolg und damit auch das Wachstum vieler Unternehmen nur durch Innovation möglich sind. So sind die Basis des Erfolges moderner Kapitalisten wie Google, Facebook, eBay und Apple fast ausschließlich Ideen. Ihr Ressourcenverbrauch ist im Vergleich zu alten Industrieunternehmen minimal.

Sind wir zu viele?

Wenn es besser ist, weniger Ressourcen zu verbrauchen, weniger CO_2 zu emittieren, weniger Flächen zu versiegeln, wäre es dann nicht auch besser, wenn wir weniger Menschen auf diesem Planeten wären? Ist nicht das Bevölkerungswachstum eine schlimme Geißel?

Ich empfinde es als besonders bitter, wenn die Kritik am Wachstum plötzlich auch das Thema Bevölkerungswachstum infiziert. Momentan leben rund 7,4 Milliarden Menschen auf der Erde. Als es zuletzt eine Hungerkatastrophe in Somalia gab, war ich entsetzt, wie ein Freund, den ich an sich für großherzig gehalten hatte, angesichts von Fotos mit unterernährten Kindern zu mir sagte: »Was soll man machen, die Erde gibt halt nicht genug her für die Menschen.«

Die Erde in Manhattan gibt auch nicht genug her für die Menschen, die dort leben. Die meisten Leute ernähren sich von Lebensmitteln, die woandersher kommen, sei es Weizen oder auch Erdbeeren und Kiwis, die wir selbst im Winter kaufen können. Unser Gas kommt aus Russland, unser Trendwasser aus Südfrankreich, unser Sushi aus allen Meeren der Welt.

Wenn es möglich ist, an einem Mittwochabend in Villingen-Schwenningen Blauschwanzthunfisch zu essen, sollte es doch auch machbar sein, eine Wasserpipeline in die trockenen Gebiete Somalias zu legen. Dass es Hunger in der Welt gibt, hängt nicht damit zusammen, dass irgendwo zu viele Leute wohnen, es hängt immer damit zusammen, dass irgendwo Leute in katastrophalen Verhältnissen leben müssen.

Doch diese Verhältnisse können verbessert werden, und dann ist Unglaubliches möglich. Hier eine Rechnung, die Mut macht: 7,4 Milliarden Menschen, das ist – zugegeben – eine unvorstellbare Masse von Leuten, aber wenn man überlegt, wie viel Platz es auf der Erde gibt, sind es eigentlich gar nicht so viele. Nehmen wir mal an, die gesamte Menschheit würde sich zu einem Open-Air-Konzert versammeln. Damit es kein Gedränge gibt, bekommt jeder einen Quadratmeter Platz, um den Bands zu lauschen. Dann würde die gesamte Bevölkerung locker in die Hälfte von Schleswig-Holstein reinpassen, denn selbst dieses kleine Bundesland hat noch 15,8 Milliarden Quadratmeter. Geprobt hat man das hier schon in Wacken beim Metal-Festival. Deutschland gilt mit 229 Einwohnern pro Quadratkilometer schon als dicht besiedeltes Land. Doch würden sämtliche 80,5 Millionen Deutsche an einem Wochenende nach Sylt fahren, hätte jeder mehr als einen Quadratmeter Platz. Unglaublich, dass die Gesamtbevölkerung unseres Landes auf diese kleine Insel passen würde, und zwar so, dass noch jeder seine Arme ausstrecken könnte. In Frankreich haben die Leute mit 103 Einwohnern pro Quadratkilometer sogar doppelt so viel Platz pro Person wie Deutsche. In der Mongolei teilen sich 1,9 Menschen einen Quadratkilometer, es war sicher nicht leicht, sie bei einer Volkszählung aufzuspüren. Das am dünnsten besiedelte Land der Welt ist Nunauut mit nur 0,2 Menschen pro Quadratkilometer. Von der Existenz dieses autonomen Landes im Norden Kanadas haben nur die wenigsten gehört, aber wer sollte auch von ihm berichten? Doch eine Zahl sollten wir uns wirklich merken: In den Niederlanden leben im Schnitt 408 Leute auf einem Quadratkilometer und damit ziemlich genau doppelt so viele wie bei uns. Holland ist wahnsinnig effizient und lieferte noch 2013 jährlich für eine halbe Milliarde Euro landwirtschaftliche Güter nach Russland, also in das flächenmäßig größte Land der Erde. Können wir nicht von den Holländern lernen, wie wir den Globus satt bekommen? Die Landmasse der Erde beträgt 150 Millionen Quadratkilometer. Wenn wir jetzt mal den unbewohnbaren Teil abziehen, also Wüsten, Eisflächen, Gebirge ab 2000 Metern Höhe und Berlin-Marzahn, bleiben immer noch 48 Millionen Quadratkilometer übrig. Besiedelten wir die mit jeweils 408 Leuten, könnten auf unserem Planeten mehr als 19 Milliarden Menschen leben, alle hätten genug zu essen und jede Familie dazu noch einen Strauß Tulpen auf dem Tisch.

Ein neuer Prophet: Michael Braungart

Wer wie ich eine linke bürgerliche Erziehung genossen hat, weiß eines ganz genau: Wer konsumiert, zerstört die Welt. Unsere Schuhe werden von Kindern genäht, mit jeder Flugreise und bei jeder Autofahrt sind wir persönlich für die Klimaerwärmung verantwortlich. Wenn wir hier eine Plastiktüte benutzen, hat sie bald ein verzweifelter Delphin auf der Nase. Obwohl wir so fleißig recyceln, landet eine riesige Menge Müll in den Meeren und kommt mit den Fischen zurück auf unseren Teller und in unsere Körper. Unsere alten Kühlschränke ruinieren die Landschaft in Afrika, wo sie ausgeschlachtet werden. Um die Welt zu retten, wäre es besser, so wenig Verpackungsmüll wie möglich zu produzieren, und für einen möglichst kleinen CO_2-Fußabdruck wäre es am besten, wenn wir einfach zu Hause blieben. Auch ein frühes Ableben wirkt sich positiv auf unsere persönliche CO_2-Bilanz aus. Da unser Wirtschaftssystem aber darauf ausgerichtet ist, dass die Bevölkerung konsumiert und sich damit am Wachstum beteiligt, ist Umweltschutz bisher immer wachstumsbremsend gewesen. Alles, was gut für die Natur ist – die Stilllegung von landwirtschaftlichen Flächen, der Verzicht auf den Mallorca-Urlaub, das neue Sofa und ein Motorrad zum Spaß –, ist zugleich schlecht für die Wirtschaft. Auch der Schutz des Lebensraums von Fledermäusen, Laubkröten und dem Stint, die überraschenderweise immer dort wohnen, wo gerade eine Autobahn, ein ICE-Tunnel oder eine neue Landepiste gebaut werden soll, scheint der technischen Weiterentwicklung im Weg zu stehen. Klimaneutrales Reisen, wie ausgedehnte Radtouren oder Wanderungen, bringt einfach nicht so viele Jobs wie Kreuzfahrten. Nur wer sich einreden lässt, er könne nicht mit seinem alten Fahrrad losfahren und eine Wanderung nicht ohne die neue Jack-Wolfskin-Jacke antreten, sichert ein paar Jobs bei Globetrotter. Mit dieser Logik geraten wir in das Dilemma, dass wir uns entscheiden müssen: Entweder sind wir für die Wirtschaft oder für die Umwelt. So entstand der Vorwurf an die Ökos, sie wollten die Gesellschaft in die Steinzeit zurückkatapultieren, in die heile

Welt der Höhlenmenschen, die zwar in intakter Natur, aber ohne jedweden Komfort ihr Leben fristen mussten und sich CO_2-neutral in ihrer Höhle den Arsch abfroren. Umgekehrt wird der Wirtschaft und Parteien, die ihrem Wohlergehen Vorrang einräumen, vorgeworfen, sie wollten den Planeten ausplündern, bis der letzte Flecken vergiftet ist. Dass Wirtschaft die Natur zerstört, zeigt sich auch in dem Umstand, dass sie sich nach Wirtschaftskrisen immer am besten erholte. Nie wurde die Elbe schneller sauber als nach dem Zusammenbruch der DDR-Wirtschaft. 25 Prozent Arbeitslosigkeit in Brandenburg – verlassene Ortschaften ohne junge Menschen sind zwar trist, ermöglichten aber Wölfen die Rückkehr in Gebiete, aus denen sie für Jahrhunderte vertrieben worden waren. Wachstum und Natur sind einfach nicht unter einen Hut zu kriegen. »Doch!«, sagt der Chemiker Michael Braungart. Er hat sich ein geniales System ausgedacht, das er »Cradle to Cradle« nennt. Also von der Wiege zur Wiege, das ganz anders sein soll als das altbekannte »von der Wiege bis zur Bahre«. Denn bei Letzterem steht am Ende der Tod, Braungart aber möchte vom Leben zum Leben denken, und das geht so: Bisher stellen Unternehmen ihre Produkte immer möglichst billig her, ist ja klar, denn sie wollen einen möglichst guten Gewinn erzielen. Deshalb sind viele Produkte voller minderwertiger Substanzen, die krank machen, und voller Bauteile, die sich auf dem Müll zu Gift verwandeln. Hochwertige Rohstoffe werden so wenig wie möglich eingesetzt, da der Hersteller seine Produkte nie wiedersieht und auch nicht sehen will. Dafür muss er die Rohstoffe, die er für die Produktion von Socken, Plasmafernseher und Computer benötigt, immer wieder aufs Neue aus der Erde holen, sodass unser Planet tatsächlich in vielen Bereichen leer geplündert wird. Aber Michael Braungart schafft es, den Knoten zu durchschlagen. Er will, dass zukünftig alle Produkte entweder der Biosphäre oder der Technosphäre zugeordnet werden können. Erstere müssen kompostierbar sein, und dazu könnten auch Schuhe, Kleidung und ein Teil der Möbel gehören. Produkte der Technosphäre bestehen aus Stoffen, die man endlos wiederverwerten kann. Da Autos nach fünfzehn Jahren langsam ihren Geist aufgeben und Laptops schon nach fünf Jahren, könnte man den Menschen diese Dinge auch nur für diesen Zeitraum verkaufen und mit einem Pfand versehen, das sie am Ende zurückbekommen, wenn sie den Gegenstand wieder abgeben. Eine Pfandflasche ist auch aus höherwertigem Material als eine dünne Einwegflasche, denn die Brauerei möchte gerne noch mal Bier in die Flasche füllen und noch mal und noch mal. Ein altes Notebook kann man natürlich nicht wie eine Einwegflasche behandeln, es einsammeln, neue Programme hochladen und als Neugerät wieder ins Regal stellen, aber mit den in ihm enthaltenen Rohstoffen geht das. In jedem Auto steckt Eisenerz, Bauxit, anderes Aluminium, Kupfer und viele weitere Stoffe, die sich in einer Technosphäre endlos wiederverwenden ließen, wenn man sie denn recycelte. Braungart schwebt vor, dass ein Autokonzern die Flotte von verkauften Wagen, die auf den Straßen umherfahren, nach einiger Zeit als Rohstofflager betrachten könnte und nicht als Schrott. 1000 Euro Pfand bei Abgabe, da kommt man mit Leergut nicht so schnell ran. Der Clou an dieser Idee: Endlich wäre Konsum nicht mehr schlecht für die Umwelt, sondern neutral oder sogar gut. Wenn Turnschuhe zu Humus würden, könnte man so viele wegschmeißen, wie man wollte, sogar direkt in den Wald hinein.

Michael Braungart hat mir wieder Hoffnung gegeben. Denn ich mag es eigentlich, wenn die Städte in der Weihnachtszeit hell erleuchtet sind. Die Jahreszeit ist dunkel genug, es wird tapfer dagegen angeleuchtet – und das geht eigentlich *gar* nicht. Denn Lampen verbrauchen Strom. Bis vor wenigen Jahren hat diese Adventsbeleuchtung der Shoppingzentren in der Tat Unsummen an Geld gekostet. Wer an die Umwelt dachte, verzichtete deshalb auf Adventsbeleuchtung. »Dann gehen gleich alle Lichter aus!«, ist ein alter Einwand von Wirtschaftsenthusiasten gegenüber Ökos. Doch nach einer seltsamen Übergangsphase, in der die 100-Watt-Birnen verboten wurden und sich die Menschen mit scheußlichen Energiesparbirnen herumplagen mussten, die so schwer waren, dass Schreibtischlampen in die Knie gingen und sich über Büchern keine rechte Lesefreude einstellen wollte, ist heute die Zeit der LED-Lampen angebrochen. Sie verbrauchen nur einen Bruchteil der Energie und leuchten dafür sogar freundlicher. Wie es dazu kam? Wieder nur durch Innovation. Auch hier gelang es Unternehmen, eigenes Wachstum zu generieren, eben nicht durch eine weitere schamlose Ausbeutung des Planeten, sondern durch das Gegenteil.

Die Globalisierung des Glücks

Geld ist für die Wirtschaft so überlebensnotwendig wie Wasser für unseren Körper. Doch auch hier ist es eine Frage der Dosis, ab wann es schadet. Wir können Wasser nicht nur trinken und Pflanzen damit aufziehen, wir können auch Menschen darin ertränken, Felder überschwemmen und es für die Bewässerung von Golfplätzen verschwenden. Geld kann nicht nur Waffen kaufen und Ungleichheit erzeugen – es kann auch zur Finanzierung neuer Unternehmen dienen, Lehrer und Krankenschwestern bezahlen und dem Bäcker um die Ecke den neuen Backofen ermöglichen. Ob wir es wollen oder nicht, wir machen jeden Tag Geschäfte – nur womit Geschäfte gemacht werden dürfen, das können wir zu einem großen Grad selbst bestimmen und dürfen es keinesfalls »der Wirtschaft« überlassen. Die Gesellschaft definiert über Gesetze und Proteste, was geht und was nicht. Gerade in der Bankenkrise war sichtbar, dass Staaten bei Weitem die größeren Reserven haben als Unternehmen. Daher dürfen wir uns nicht der Ohnmacht hingeben und wegen der Auswüchse am Kapitalmarkt Geld generell verdammen – da könnte man auch Bücher verbieten, mit der Begründung, Hitlers »Mein Kampf« sei auch als Buch erschienen.

Aber wenn es nicht das Geld ist, das Schuld hat am Elend auf der Welt, wer ist dann dafür verantwortlich? Die Konzerne? Die Banken? Die Konsumenten? Welches System könnte die Probleme lösen? Ein Sozialismus ohne Privateigentum? Die soziale Markwirtschaft? Oder ein freier Kapitalismus? Wenn alle an sich denken, bekommt doch auch jeder was ab!? Der Untergang des Kapitalismus wurde schon in vielen Büchern prophezeit, seine Endphase beschworen, auf die nur noch der Zusammenbruch folgen könne. Das Ende der USA wurde ebenso oft vorhergesagt, doch das Land ist aus jeder Krise wiederauferstanden, sie sind trotz all der schlechten Ernährung wahnsinnig zäh, diese Amerikaner.

Die Antwort ist, es gibt leider keinen Schuldigen, denn die Macht- und Ohnmachtsstrukturen auf der Erde sind kompliziert. Wer als Lkw-Fahrer Container aus dem Freihafen in Hamburg abholt und nach Frankfurt bringt, schlecht bezahlt wird und sich den Rücken kaputt macht, ist Opfer. Kauft er am Samstag bei KiK Klamotten für seine Kinder, unterstützt er damit üble Produktionsbedingungen in Fernost. Wir sind die Guten, die anderen die Bösen, dieses primitive Weltbild kennen wir von den rechten Ideologen. Sie zeigen gern auf Ausländer, Geflüchtete und früher auf Juden, die an allem schuld sein sollen, und fordern deutsche Arbeitsplätze nur für Deutsche und »Deutsche, kauft nur deutsche Produkte«. Viele können darüber lachen, weil die rechte Ideologie so primitiv ist und deshalb auch nur für Vollpfosten attraktiv erscheint. Doch ist man von links keinen Deut besser, wenn man ebenfalls mit dem Finger auf ein immer gleiches Feindbild zeigt. Banken und Konzerne, hinter denen Schuldige aus Fleisch und Blut in Gestalt von Bankern und Managern stehen. Wir sind die Guten mit dem reinen Herzen, dort sind die anderen. Gegen Privatisierungen, gegen Globalisierung – die für sich genommen mal gut und mal schlecht sein können – für Verstaatlichungen und einen Spitzensteuersatz von 75 Prozent. Hätte dieses System jemals Wohlstand erzeugt, ich wäre sofort dabei. Ist nicht wenigstens Globalisierung schlecht? Der schwedische Professor Hans Rosling untersuchte zweihundert Staaten über den langen Zeitraum der letzten 180 Jahre in Hinsicht auf Lebenserwartung, Kindersterblichkeit und Einkommen. In jedem Land, das sich vom reinen Agrarland zur wirtschaftlichen Moderne aufgemacht hat, sterben weniger Kinder als früher, leben die Menschen länger und haben ein höheres Einkommen, auch wenn in den einzelnen Ländern oft Verhältnisse herrschen, die hart und ungerecht sind. China, das lange nur für Billigproduktion unter schrecklichen Bedingungen stand, interessiert sich seit einiger Zeit sehr für Umweltschutz. Die Ausbeutung verlagerte sich nach Bangladesch, inzwischen in afrikanische Länder. Für jedes dieser Länder ist die Wahrscheinlichkeit groß, es den anderen gleichzutun und die Leiter des Wohlstands weiter hochzuklettern. Was die Verschmutzung der Flüsse betrifft, kann das Deutschland der 60er- und 70er-Jahre des letzten Jahrhunderts durchaus mithalten. Bis in die 60er-Jahre brannten auch Tausende von industriellen Schornsteinen in den Stadtteilen. Was die Lebensverhältnisse betrifft, ging es den Armen in Deutschland bis 1910 auch nicht besser. Aber die Chancen auf eine Entwicklung zum Besseren sind riesig.

Der österreichische Soziologe und in vielen weiteren Fächern gelehrte Paul Watzlawick wies in seinem Werk eindringlich darauf hin, dass es keine Wahrheit gibt und Menschen, die versuchen, eine zu finden, die Welt sehr selektiv wahrnehmen und sich so ihre Vorstellung von der Wirklichkeit konstruieren. Wer der Meinung ist, die Globalisierung fördere die Ausbeutung der Menschen weltweit, wird jede Nachricht, die diese Annahme untermauert, abspeichern und kann sie auf der nächsten Party zum Besten geben. Übersehen werden dabei all die Fortschritte, die die Menschen weltweit für sich errungen haben. Wahrheit, wie wir sie empfinden, ist nach Watzlawick immer eine Konstruktion. Das Schlimme ist, sie kann noch so konstruiert sein, wenn sie in sich schlüssig ist, kann man ihr mit Logik nicht beikommen, wie im Falle des von Watzlawick gerne angeführten Mannes, der immer in die Hände schlug.

»Warum schlagen Sie denn immer die Hände zusammen?«, wunderte sich jemand.

»Ich verjage die Elefanten«, erwiderte er. Auf den Einwand »Aber hier sind doch gar keine Elefanten« folgte sofort die Antwort: »Sehen Sie, es wirkt schon!«

Das macht die Demontage von Ideologen so schwierig, denn während die Demokratien mit ihren Marktwirtschaften den bisher größten Wohlstand der jüngeren Geschichte hervorgebracht haben, sind deren Systeme dennoch voller Widersprüche und unvollkommen. Ideologien von links wie von rechts haben zu jedem Problem eine Antwort, auch wenn es immer dieselbe ist. »Ausländer brechen in unsere Häuser ein!« – »Aber bei dir ist doch noch nie eingebrochen worden.« – »Hier gibt es ja auch keine Ausländer.« Von anderer Seite hört man: »Der Kapitalismus ist am Ende, die USA werden untergehen!« – »Aber im Moment sinkt doch wieder die Arbeitslosigkeit, die Wirtschaft läuft, die FED will sogar wieder den Leitzins anheben.« – »Das sind ja gerade die Anzeichen für das nahende Ende, die Ruhe vor dem Sturm!«

Was Demokratie und die soziale Marktwirtschaft zur besten Basis für unser Leben macht, ist, dass sie Systeme sind, die auf den Ausgleich gegensätzlicher Interessen bedacht sind. Damit entsprechen sie unserem Organismus. Der Stoffwechsel in unserem Körper funktioniert nach demselben Prinzip. Er ist ein permanentes Austarieren verschiedener Substanzen, die ins Gleichgewicht gebracht werden wollen. Unser Klima und das tägliche Wetter sind ebenfalls das Resultat von nicht endenden Ausgleichsbewegungen warmer und kalter Luftmassen. Selbst, wenn wir Menschen es beeinflussen, das Klima selbst sucht immer den Ausgleich. Auch unsere Parlamente sind voller Ausgleichbewegungen zwischen den verschiedensten Interessen. Das Parlament als Institution wurde mal irgendwo als gezähmter Bürgerkrieg bezeichnet. Wie schön, wenn nur noch mit Worten geschossen wird. Doch gerade das Vertrauen in unseren Bundestag oder das Europaparlament ist gering und immer weniger Menschen machen von ihrem Wahlrecht gebrauch. Sie verzichten also bewusst darauf, ihren Beitrag zu den notwendigen Ausgleichsbewegungen zu leisten. Wenn Wahlen etwas ändern würden, wären sie verboten, ist ein alter Spontispruch. Dabei ist die Wahrheit: Wahlen können viel ändern. Das mussten im Juni 2016 auch die Briten feststellen, die davon ausgegangen waren, dass ihr Kreuz für den Austritt aus der EU, den sogenannten Brexit, eh nichts ändern würde. Wenn Wahlen nichts ändern, zum Beispiel in den sechzehn Jahren in denen in Deutschland immer wieder Helmut Kohl regierte, dann weil die Mehrheit keine Änderung will, sondern das wählt, was schon zuvor gewählt worden war. Deswegen dürfen wir die Demokratie nicht zu etwas erklären, was sie nicht ist. Sie ist eben kein unveränderbarer Betonklotz, dem es egal ist, was um ihn herum geschieht. Die Demokratie ist wie eine offenherzige, aber deshalb vor allem verletzbare Mutter, weil sie uns immer wieder die Wahl lässt, sie gut oder schlecht zu behandeln.

Wir können ihr Vertrauen in unsere Vernunft auch missbrauchen. So wurde einst Adolf Hitler von vielen Deutschen demokratisch gewählt, ein Umstand den wir niemals vergessen sollten. Nachdem er durch eine Wahl an die Macht kam und diese Macht nutzte, um die Demokratie in Ketten zu legen und die Diktatur einzuführen, stellte sich die viel wichtigere Frage: Was ändert sich, wenn Wahlen verboten sind? Alles. Im Faschismus und auch im Kommunismus werden die Menschen entweder auf Linie gebracht oder weggesperrt, oft sogar ermordet. Nur in der Demokratie reden Leute miteinander, die völlig unterschiedlicher Meinung sind. Sie ist deshalb wie eine Familie, auch dort kann man sich nicht aussuchen, mit wem man verwandt ist und stöhnt über Onkel Klaus. Doch Mama hat uns mit ihrer Einladung mal wieder genötigt, uns mit ihm an den Kaffeetisch zu setzen. In den sozialen Netzwerken machen wir uns diese Mühe nicht und treffen somit auch nicht mehr auf Onkel Klaus. Wer von der eigenen Meinung zu weit abweicht, wird dort kurzerhand »entfreundet«. So treffen im Netz Nazis, Veganerinnen und Freunde von lustigen Katzenvideos in hermetisch getrennten Freundeskreisen auf Gleichgesinnte, während hinter einer unsichtbaren Wand die Hölle der Meinungen beginnt. Nur in der Familie trifft die Tochter Silke, die alle Grenzen für alle Menschen öffnen möchte, auf Sätze wie: »Ach das ist doch Quatsch. Wenn wir keine Ausländer reinlassen, gäbe es auch genug Arbeit!« Wenn sie mutig ist, sagt sie dem Onkel ordentlich die Meinung, vielleicht sagt sie auch nur: »Ach, nicht schon wieder die Leier, iss deinen Kuchen und sei still!« Egal wie sie auch reagiert, entscheidend ist, dass hier noch zusammengesessen wird, vor allem weil die Mutter mit ihren Einladungen Druck macht. Und genauso macht es die Demokratie. Immer wieder treffen wir da auf die Onkel Klaus dieser Welt. Jeder darf sein Halbwissen und Unwissen aufs Neue verbreiten, das macht die Demokratie aus. Sie ist die permanente Suche nach der Wahrheit und jeder Depp darf mitreden. Und nur das Finden eines Gleichgewichts der verschiedensten Ideen und Strömungen führt zu Eleganz. Eine gute Surferin formt eine Richtung aus dem Wind, den Wellen, der Strömung und dem sich aufbäumenden Material. Auch Equilibristen, Tänzerinnen und Snowboardfahrer machen nichts anderes, als das Gleichgewicht in Bewegung und Gegenbewegung zu suchen. Ich wähle bewusst diese schönen Bilder, weil unsere Wirtschaft und unsere Demokratie von beidem mehr vertragen könnten. Das Finden eines Kompromisses zwischen den Bedürfnissen der geschützten Mauereidechsen nahe Stuttgart und Ulm und der neuen Bahnstrecke dort, also zwischen Umwelt und Wirtschaft, scheint mühselig. Wir können diese mühseligen Verhandlungen aber auch als Zeichen der Schönheit einer Gesellschaft sehen, die tatsächlich versucht, Widersprüchliches unter einen Hut zu bekommen und sich dafür auch noch viel Zeit nimmt.»Was? Es kostet wie viele Millionen, die Eidechsen umzusiedeln? Und wie lange verzögert sich der Ausbau der Strecke?« Darüber kann man in anderen Teilen der Welt sicher nur lachen. Doch die Anmut, die auf Ausgleich bedachten Systemen innewohnt, muss dringend entdeckt und benannt werden. Denn sie bilden nicht nur den kleinsten gemeinsamen Nenner, sondern die beste Lösung für unser Leben. All die auf Ausgleich und Vernunft Bedachten können sich aber von Scharfmachern und Hasspredigern noch einiges abgucken. Die Vernunft braucht mindestens ebenso knackige Parolen wie der Extremismus, denn nur die bleiben bei den Leuten im Schädel hängen. Hans Rosling fand zum Thema gefühlte Überbevölkerung den wunderbaren Satz:»Wir sind nicht zu viele, wir sind nur zu dumm.« Wenn wir wissen, was uns wichtig ist, sollten wir uns nicht scheuen, es klar zu benennen, damit es auch alle kapieren. Wenn die Vernünftigen zu leise sind und die Unvernünftigen zu laut, kann man nur Unheilvolles hören.

Was das Thema Geld und Wirtschaft anbelangt, treffen wir dann auf all den Schwachsinn, der auch durch seine Wiederholung nicht wahrer wird.»Das ist doch nur gut für die Konzerne!« Als wenn alles, was für große Unternehmen schlecht ist, automatisch gut für die Bevölkerung wäre. »Die Ausländer nehmen uns die Arbeitsplätze weg.« – »Das hat doch alles der CIA mit den USA eingefädelt!« – »Als Sparer wird man enteignet.« – »Es geht doch nur ums Öl!« und immer wieder der Klassiker: »Irgendwann werden sie merken, dass man Geld nicht essen kann.« Dabei ist die Wahrheit, dass Geld Gift und Medizin zugleich sein kann. Es kommt auf die Anwendung an. Natürlich kann man Geld nicht essen, welcher Trottel hat es jemals probiert? Wer jedoch Geld hat, kann Brot kaufen, wer hungert, hat meist auch kein Geld. Doch gerade bei Letzterem kann Geld in Form von Krediten, hier auch Mikrokredite genannt, dafür sorgen, dass mehr Brot erzeugt werden kann als zuvor. Scharfmacher und Ideologen haben viele, viel zu viele Fans, aber die Welt retten werden die Netten. Hin und hergerissen zwischen Ansprüchen und Wirklichkeit gilt es jeden Tag, eine neue Balance zu finden. Dabei ist es doch eigentlich ganz einfach:

Die Politik ist dafür da,
dass unser Leben sicher ist.
Die Wirtschaft ist dafür da,
dass unser Leben komfortabel ist.
Und die Kunst ist dafür da,
dass unser Leben schön ist.

»Das unterhaltsamste Buch, das je über das Mittelalter geschrieben wurde.«

The Guardian

Ian Mortimer

Im Mittelalter

Handbuch für Zeitreisende

Aus dem Englischen
von Karin Schuler
Piper Taschenbuch, 432 Seiten
Mit 38 Abbildungen auf Tafeln
€ 12,99 [D], € 13,40 [A]*
ISBN 978-3-492-30713-0

Nicht berühmte Herrscher, grausame Kriege oder denkwürdige Ereignisse sind das Thema des Historikers Ian Mortimer, sondern der Alltag der Menschen im Mittelalter: Wie feierten sie? Worüber lachten sie? Wie liebten sie? Mortimer beschreibt, wie es in den engen Gassen roch, welche Mahlzeiten sich die Bewohner zubereiteten und wie man sich auch ohne Handy und SMS in Windeseile verständigte. Endlich ein Buch, das zeigt, dass Geschichte nicht nur studiert, sondern auf einer Zeitreise erlebt werden kann!

PIPER

Leseproben, E-Books und mehr unter **www.piper.de**

Wenn Dummheit epidemisch wird

Michael Schmidt-Salomon
**Keine Macht
den Doofen**

Piper Taschenbuch, 128 Seiten
€ 6,99 [D], € 7,20 [A]*
ISBN 978-3-492-27494-4

*Cover- und Preisänderungen vorbehalten

Finanzakrobaten, die mit Milliarden jonglieren, aber das kleine Einmaleins nicht beherrschen. Politiker, für die nur Stimmen zählen statt Argumente. Religiöse Fanatiker, die uns mit modernsten Waffen ins Mittelalter zurückbomben wollen: Hinter der globalen Misere steckt, so Schmidt-Salomon in seiner mitreißenden Streitschrift, eine einzigartige, weltumspannende Riesenblödheit. Ein Aufruf zum Widerstand gegen den Irrsinn unserer Zeit.

PIPER

Leseproben, E-Books und mehr unter **www.piper.de**

Schluss mit der Suche nach dem perfekten Leben!

Rebecca Niazi-Shahabi
Scheiß auf die anderen
Sich nicht verbiegen lassen
und mehr vom Leben haben

Piper Taschenbuch, 208 Seiten
€ 9,99 [D], € 10,30 [A]*
ISBN 978-3-492-30833-5

Sind Sie ausgeglichen? Führen Sie ein inspirierendes, spannendes Leben? Nein, aber Sie arbeiten daran? Lassen Sie es! Sofort! Lehnen Sie sich zurück, denn ab heute ist Schluss mit dem Selbstfindungszwang. Pfeifen Sie auf Ratschläge, die schwer mit der Realität vereinbar sind, und machen Sie es sich im Wartezimmer des Lebens lieber bequem, als bei der Jagd nach Traumjob und Traumkörper den Spaß komplett zu verpassen. Denn niemand ist glücklicher, beliebter oder spiritueller als Sie selbst – und schon gar nicht jene, die einem ständig erzählen, was man wollen soll.

PIPER

Leseproben, E-Books und mehr unter **www.piper.de**